现代背景下的乡土重构

——龙脊平安寨经济与社会变迁研究

李富强 著

科学出版社

北京

图书在版编目（CIP）数据

现代背景下的乡土重构——龙脊平安寨经济与社会变迁研究／李富强著．—北京：科学出版社，2009
 ISBN 978-7-03-024182-5

Ⅰ．现… Ⅱ．李… Ⅲ．①乡村–农村经济–研究–龙胜各族自治县②乡村–社会变迁–研究–龙胜各族自治县 Ⅳ．F327.674 K281.8

中国版本图书馆 CIP 数据核字（2009）第 028585 号

责任编辑：宋小军　杨明远／责任校对：陈玉凤
责任印制：赵德静／封面设计：王　浩

科 学 出 版 社 出版
北京东黄城根北街 16 号
邮政编码：100717
http://www.sciencep.com

中国科学院印刷厂 印刷
科学出版社发行　各地新华书店经销
*

2009 年 3 月第 一 版　　开本：B5（720×1000）
2009 年 3 月第一次印刷　　印张：16 1/4
印数：1—2 000　　字数：350 000

定价：60.00 元
（如有印装质量问题，我社负责调换）

目　　录

第一章　绪论 …………………………………………………………… (1)
　第一节　选题意义 …………………………………………………… (4)
　第二节　学术史回顾 ………………………………………………… (12)
　　一、中国乡村社区研究历程 ……………………………………… (12)
　　二、现代背景下社会变迁的社会人类学理论脉络 ……………… (27)
　第三节　研究思路、资料来源和框架结构 ………………………… (33)
　　一、研究思路 ……………………………………………………… (33)
　　二、资料来源 ……………………………………………………… (40)
　　三、框架结构 ……………………………………………………… (46)

第二章　社区背景 ……………………………………………………… (49)
　第一节　位置、历史、人口、聚落 ………………………………… (50)
　第二节　区域背景与联系 …………………………………………… (55)
　第三节　传统生产·周期·仪式 …………………………………… (69)
　　一、传统生产实践 ………………………………………………… (69)
　　二、年度周期和仪式制度 ………………………………………… (77)
　第四节　社区内源结构 ……………………………………………… (80)
　　一、"栏" …………………………………………………………… (80)
　　二、"勒栏"和"泰瓦" …………………………………………… (87)
　　三、寨老制度 ……………………………………………………… (89)

第三章　制度、市场与经济变迁 ……………………………………… (93)
　第一节　传统生存经济 ……………………………………………… (94)
　第二节　近代以来的经济内卷化 …………………………………… (100)
　　一、半殖民地背景下的小农经济内卷化 ………………………… (100)
　　二、集体制下的内卷化 …………………………………………… (107)
　第三节　改革开放后内卷化经济的突破 …………………………… (119)

第四章　权威与秩序重构 ……………………………………………… (137)
　第一节　寨老统治的蜕变与维系 …………………………………… (138)
　第二节　民国"新政"和寨老边缘化 ……………………………… (147)

第三节　人民公社制及村庄"国家化" ……………………………… (157)
　　第四节　村民自治：国家与农民关系的再建构 …………………… (165)
第五章　总结与思考 ……………………………………………………… (181)
　　第一节　重构中的转型："平安模式" ……………………………… (182)
　　第二节　转型中的失衡："3·25事件"的警示 …………………… (188)
　　第三节　重构与调适：迈向繁荣与和谐 …………………………… (197)
参考文献 ………………………………………………………………… (207)
附录1　马城寨宗支 …………………………………………………… (219)
附录2　龙脊乡廖氏家谱 ……………………………………………… (242)
附录3　依古历碑 ……………………………………………………… (243)
附录4　兴安县西外区龙脊团添丁会布告 …………………………… (244)
附录5　Liaokangying 1996年9月19日日记 ………………………… (245)
附录6　Liaokangying 1997年2月28日日记 ………………………… (246)
ABSTRACT …………………………………………………………… (248)
后记 ……………………………………………………………………… (252)

第一章 绪论

> 中国社会一村落社会也。求所谓中国者，不于是三十万村落其焉求之。
>
> ——梁漱溟①

> 乡村只是整个中国社会的一部分，我从这部分的认识中得来的看法自不免亦有所偏。……我决不敢说乡村之外的中国是不重要的，更不敢相信乡村可以和其他部分隔绝了去解决它的问题。我只能说在乡村里可以看到中国大部分人民的生活，一切问题都牵连到这些在乡村里住的人民。我也相信目前生活最苦的是住在乡村里的人民，所以对他们生活的认识应当是讨论中国改革和重建的重要前提。
>
> ——费孝通②

也许是生在农村，长在乡野，自小惯看了稼穑的艰辛，也许是受人类学"向下看"的学科秉性感染，笔者每每喜读学者先贤有关"乡土"的著作，而且在阅读之时，每每不由自主地为中国人文社会科学前辈们那深切的"乡土关怀"所震撼。掩卷思量，不难理解前辈们浓重的"乡土情结"其实是历史的必然。因为近代以来，当"西学东渐"，中国人文社会科学逐步建立、成长之际，也正是中国农业文明受到西方工业文明强烈冲击，"乡村危机"爆发并日益加深之时，素有"忧国忧民"传统和"救世济民"抱负的中国知识分子深刻地认识到乡村问题是中国社会的根本性问题，所以，他们研究乡村不是为发思古之幽情，而是把自己的学术追求、人生目标乃至历史使命与"乡土中国"，紧紧地结合在一起，孜孜探索复兴中国的道路。费孝通下面一段话颇能反映当时一些学者的使命感：

> 即使我承认传统社会曾经给予若干人生活的幸福或乐趣，我也决不愿意对这传统有丝毫的留恋。不论是好是坏，这传统的局面已经走了，去了。最主要的理由是处境已变。在一个已经工业化了的西洋的旁边，决没有保持匮乏经济在东方的可能。适应于匮乏经济的一套生活方式，维持这套生活方式的价值体系是不能再帮助我们生存在这个新的处境里了。"悠然见南山"的情境尽管高，尽管可以娱人性灵，但是逼人而来的新处境里已找不到无邪的东篱了。我不反对我们能置身当年情景欣赏传统的幽美，但这欣赏并不应挡住我们正视现实：这一个利用自然动

---

① 梁漱溟. 河南村治学院旨趣书. 见：许纪霖, 编选：内圣外王之境——梁漱溟集. 上海：上海文艺出版社, 1998：149.

② 费孝通. 乡土重建. 见：民国丛书·第三编（14）. 上海：上海书店, 1948：152.

力、机器和庞大组织的生产方法；这人口汇集，车如流水的都市；这财富累积，无厌求得的社会；这疾如流星，四通八达的交通；这已经发现了利用原子能的新世界。①

光阴荏苒，岁月如歌。一百多年来，中国在追求工业化、现代化的道路上，历尽坎坷，百折不挠②。现如今，中国依然是农业人口占绝对比例的农民国家，虽然农村收入有相当程度的提高，但城乡差距越拉越大；虽然农村中一部分农户富裕了起来，但贫困户亦比比皆是；虽然一些地区的村社经济有所发展，但一些地方村社经济衰退，农业凋敝，大批农民背井离乡，源源不断涌入城市，农村生活冷落，文化萧条；一些地方农民与基层政府关系紧张，一些地方甚至黑恶势力泛滥成灾。凡此种种，令人忧心。言称"危机"固有人以为是言过其实，但"农民真苦，农村真穷，农业真危险"③ 却是人民心底的呐喊，它警醒人们，乡村依然是中国现代化的瓶颈，"三农"问题依然是中国现代化的根本性问题。"建设社会主义新农村"既是对现实的回应，也是对历史使命的担当，它的提出和开展更使乡村成为政界、学界等社会各界关注与着力的重点和焦点。如果说乡土中国如何面对"现代"的挑战，是 20 世纪中国知识分子关注的主要问题之一的话，这个问题也注定是新世纪知识分子必须关注的重要问题。近 20 年来，中国人文社会科学界的"乡村研究热"，实际上是对 20 世纪上半叶乡土中国研究的认同、回归、反思和拓展。从某种意义上说，有着共同使命的新老世纪的中国知识分子心灵是相通的，我们完全可以而事实上也是在与前辈们进行超越时空的"对话"中，获得对乡土社会及其变迁的新认识。所以，笔者在此要向人们展现广西一个偏僻村寨——平安寨在现代背景下所发生的经济社会文化变迁，希冀能在薪火相传的乡村研究传统中，为乡土中国如何面对"现代"这个老课题、大课题的探讨尽绵薄之力，为建设富裕、繁荣、和谐的社会主义新农村贡献自己的一孔之见。

---

① 费孝通. 乡土重建. 民国丛书，第三编（14），上海：上海书店，1948：9~10.
② ［美］吉尔伯特·罗兹曼. 中国的现代化，国家社会科学基金"比较现代化"课题组译. 南京：江苏人民出版社，2005：6~7. 温铁军. 百年中国一波四折. 读书，2001（3）：3~11.
③ 2000 年 3 月，时任湖北省监利县棋盘乡党委书记的李昌平，怀着对中国共产党的赤诚之心和对农民的深切同情，直言上书当时的中华人民共和国总理朱镕基，痛陈"农民真苦，农村真穷，农业真危险"，引起高度重视，朱镕基等中央领导动情批复，由此在当地引发一场"痛苦而尖锐的改革"，"三农"问题于是在全国范围内备受社会各界关注。见：李昌平. 我向总理说实话. 北京：光明日报出版社，2002.

英国人类学家谢林（Teodor Shanin）曾经说过："知识——尤其是农村的知识——对社会的重大意义只有农村本身的复杂性与难以捉摸足以相比，知识有巨大的力量，可以影响人类而使之动员，能够制造变迁也能中止变迁。这一切可以使乡民社会研究者的生活感到刺激而有价值，甚至是具有突破性与革命性。"① 倘若能通过此一研究，或以此研究为新起点，使笔者的生活更具价值，不亦为人生一大幸事乎？

第一节 选题意义

平安寨是一个历史悠久的壮族村寨，20 世纪五六十年代，民族学前辈们曾经对这个村寨进行过调查，调查材料于 1984 年出版②。在前辈们的笔下，这里的人民以农为主，兼有手工业和零星商业，"保持着较完整的自给自足的自然经济"③。笔者初次到这个寨子是 1992 年为完成广西民族研究学会与泰国艺术大学联合开展的"壮泰传统文化比较研究"的子项目之一"壮泰体质人类学比较研究"，到该寨对村民进行了为期 7 天的体质测量和调查④。当时笔者对这个村寨的印象与五六十年代的调查者的记录差不多：经济落后，民风古朴，是民俗学者"采风"和民族学者研究"原始残余"的好去处。其实，当时很多文人学者都有此印象。所以，尽管交通不便，但常有摄影者前来光顾，一者因为这里有一片梯田，自然风光壮观秀美，二者因为这里风俗古朴。1995 年笔者就曾带领泰国一家电视台前往该寨拍摄壮族民族风情。但自 20 世纪 90 年代末以来，由于公路开通，游客蜂拥而至。随着旅游业的发展，村中非农产业迅速壮大：村民普遍经营餐饮、家庭旅社和工艺品销售；大批青壮年劳动力从事"抬轿子"（将游客抬到山上观景点）业务；酿酒、织锦等手工业也得到了恢复和发展。相应的，村中的经济社会关系趋于复杂：旅游公司介入旅游经营，并到村中经营酒店等；大批外来经营者来此租赁或与本村村民合作经营旅馆、铺面等；村民之间借贷、合作经

---

① 谢林. 乡民经济的本质与逻辑. 见：沃尔夫（Eric R. Wolf）. 乡民社会，张恭启译. 台北：巨流图书公司，1983：204~205.

② 樊登，粟冠昌，李干芬，等. 龙胜各族自治县龙脊乡壮族社会历史调查. 见：广西壮族自治区编辑组. 广西壮族社会历史调查（第一册）. 南宁：广西民族出版社，1984：69~152.

③ 同上：88.

④ 该调查成果见：李富强，朱芳武. 壮族体质人类学研究. 南宁：广西人民出版社，1993：192~305.

营生意等经济关系也大大增加。走进寨子,变化是非常直观的:旅社和店铺招牌令人眼花缭乱、应接不暇;成群结队的中外游客在村寨中游逛;几年前还憨厚木讷的农民用带有浓重土音的普通话甚至结结巴巴的英语在招揽生意或与游客讨价还价;还有一批外来的"陌生人"落户寨中与村民共处,或经营酒店、饮食店、足浴按摩店,或销售旅游纪念品、工艺品等。将之与几年前那闭塞、贫穷的平安相比,如今的平安开放、富裕,俨然一座小城市,"现代"得直教人难以置信。但富裕、繁荣的背后,也存在一些问题,如与政府和旅游公司的对立情绪,村民认同感减弱等。于是,一个有关平安"不变"与"变"的问题嵌入脑海:为什么几十年上百年来,平安几乎没什么变化,而20世纪末期以来,短短十多年间变化如此迅速?这些变化有何内在依据?变化的逻辑是什么?这些变化对村民来说意味着什么?平安寨的变迁——这无疑是一个"乡土重构"的过程——对于我们理解中国的乡土重建有何意义?要回答这个问题,笔者以为需要将平安寨置于"中国"乃至"世界"这个宏大悠长的时空场景中来考察。

关于从研究村落来了解"乡土中国"的意义,费孝通先生早有论述:

> 村庄是一个社区,其特征是,农户聚集在一个紧凑的居住区内,与其他相似的单位隔开相当一段距离(在中国有些地区,农户散居,情况并非如此),它是一个由各种形式的社会活动组成的群体,具有其特定的名称,而且是一个为人们所公认的事实上的社会单位。[①]

> 以全盘社会结构的格式作为研究对象,这对象并不能是概然性的,必须是具体的社区,因为联系着各个社会制度的是人们的生活,人们的生活有时空的坐落,这就是社区。每一个社区都有它的一套社会结构,各制度配合的方式。因之,现代社会学的一个趋势就是社区研究,也称作社区分析。[②]

尽管借村庄研究来认识中国社会的努力在20世纪五六十年代遭到质疑和批评,可是在七八十年代得以复兴[③]。也许在"后现代"和"全球化"的今天,作为农业社会基本单位的村庄,其在人类社会活动中的位置,确已不如以往那么重要,但在中国,村庄既曾经是"关乎人文以化成天下"中"化"的对象,又与现代社会文明进程构成矛盾关系,因而它必然备受到现代知识分子关注[④]。正如

---

① 费孝通. 江村农民生活及其变迁. 兰州:敦煌文艺出版社,1997:14.
② 费孝通. 乡土中国生育制度. 北京:北京大学出版社,1998:91~92.
③ 王铭铭. 社会人类学与中国研究. 北京:生活·读书·新知三联书店,1997:25~61.
④ 王铭铭. 走在乡土上——历史人类学札记. 北京:中国人民大学出版社,2003:25.

王铭铭指出：

> 按照社会理论提供的历史目的论图景，在我们这样一个时代，无论是国家法权建设，还是"全球化"，都意味着作为"乡土本色"的村庄的消逝。可是，正是在这样一个时代，中国的社会科学家们却重新发现了村庄的重要意义。与上个世纪三四十年代一样，"乡土重建"的呼声融在"现代化"的涛声中。①

本选题的首要意义正在于它可以成为认识"乡土中国"及其变迁的努力的一部分，从而具有其应有的学术价值和现实意义。

需要特别指出的是，笔者所研究的村落是一个地处边陲的少数民族村落。尽管中国社会文化人类学研究一直是以少数民族社会历史文化为主要研究对象②，但旨在认识"乡土中国"的严格意义上的社区研究，以少数民族村落为对象的不多。这一方面可能是由于人们有一个思维误区，即认为只有汉人能代表中国；另一方面可能与人类学学科发展的历史有关。因为在中国开创社区研究的是受功能学派影响较深的吴文藻、费孝通和林耀华等学者，当时包括功能学派创始人马林诺斯基（B. K. Malinowski，或译为马林诺夫斯基、马凌诺夫斯基，等。——笔者）在内的一批人类学大家，都对人类学转向"文明社会"或"复杂社会"研究有所期待。马氏曾在1938年为费孝通于英国出版的《江村经济》（英文名 *Peasant Life of China*）作序时袒露心声：

> 我们中间绝大多数向前看的人类学者，对我们自己的工作感到不耐烦，我们厌烦它的好古、猎奇和不切实际，虽然这也许是表面上的，实际并不如此。但我的自白无疑是真实的，我说过："人类学，至少对我来说是我们过分标准化的文化的一种罗曼蒂克式的逃避。"
>
> 然而补救的办法近在咫尺，如果允许我再引述我的一些其他看法的话，我认为"那面向人类社会、人类行为和人类本性的真正有效的科学分析的人类学，它的进程是不可阻挡的"。为达到这一目的，研究人的科学必须首先离开对所谓未开化状态的研究，而应该进入对世界上为数众多的、在经济和政治上占重要地位的民族的较先进文化的研究。本书以及在中国和其他地方开展的广泛的工作，证实了我的预言："未来的人类学不仅对塔斯马尼亚人、澳洲土著居民、美拉尼西亚的特罗布里恩

---

① 王铭铭. 走在乡土上——历史人类学札记. 北京：中国人民大学出版社，2003：22.
② 翁乃群. 山野研究与走出山野——对中国社会文化人类学的反思. 广西民族学院学报（哲学社会科学版），1997，(3)：17~23.

德群岛人和霹雳的俾格米人有兴趣,而且对印度人、中国农民、西印度群岛黑人、脱离部落的哈勒姆非洲人同样关注。"①

正因如此,他高瞻远瞩地盛誉费孝通研究汉人社会的《江村经济》为"人类学实地调查和理论工作发展中的一个里程碑"②。而兼具实地研究精神和实际应用价值的"中国功能学派"受此理念的影响,其研究自然以研究汉人社会为主。尽管我们注意到费孝通先生的社区研究是从对广西大瑶山的瑶族研究开始的,当时"中国功能学派"的一些学者亦曾开展了对少数民族的社区研究,如田汝康先生对芒市傣人的研究③,林耀华先生对凉山彝家的研究④等,但该派的主流和特色无疑是汉人社区研究。

在 20 世纪五六十年代,中国人类学被取消,功能主义等西方理论受到批判,幸存的"民族学"几乎完全专注于少数民族的研究,虽然也在政府组织下开展了许多以某一村落或某一区域为单位的田野调查和研究,取得了大批资料,但这些调查大多是"社会历史调查",而非规范的社区调查,因为这些调查的指导思想是僵化的社会发展史理论,他们调查研究的目的是要把少数民族历史文化作为"活化石",以之说明宏观的、"模式化"的人类社会发展规律。所以,他们的调查不可与参与观察式的社区调查相提并论,他们的调查报告也难以与合乎学术规范的民族志同日而语。有学者在研究了我国 20 世纪 50 年代的民族调查后指出:

> 我国在 50 年代组织民族调查时,是凭借国家的力量组建调查团和访问团,调查成员的生活和工作都按照调查团的统一安排去进行集体管理,调查人的个人活动余地并不大,调查的手段又仅只限于简单的访谈或开座谈会听取汇报。在这样的情况下,调查人员事实上是浮在被调查社会之外的人群实体。所谓尊重风俗习惯和宗教信仰,无非是把被调查对象的风俗习惯和宗教信仰,视为发生在身边的外在之物,漠然处之,不去干预就可以了。以后虽然提出了"三同"问题,……但为时很短,切入被调查社会欠深,根本无法与真正的参与式调查相比。即使"同吃、同住、同劳动",照样可以把被调查民族的风俗习惯和宗教信仰漠然置之,或者有意识加以回避,在类似的调查中,调查人的固有生活习俗和信仰,都不会与被调查对象发生正面冲突。但是若真正要求调查人

---

① 费孝通. 江村农民生活及其变迁. 兰州:敦煌文艺出版社,1997. "序"第 5 页.
② 同上"序"第 3 页.
③ 田汝康. 芒市边民的摆. 上海:商务印书馆,1946.
④ 林耀华. 凉山彝家. 上海:商务印书馆,1947.

从事参与式的调查，搜集被调查对象全方位的文化资料，情况将会变得大不一样。①

中国人类学界长期受"社会历史"调查研究模式的影响，直至今日，对少数民族的调查研究不可谓少，但以社区研究法开展的少数民族研究，特别是有较大影响的研究，不可谓多②。在中国传统的"民族研究"中，少数民族的历史文化实际上往往被视为中国乃至人类过去的"历史残余"，而非中国的"现实"，其对于中国社会文化的意义被漠视和抹杀。然而，不争的事实是，中国自古就是一个统一的多民族、多族群国家。诚如费孝通先生所指出：

> 中华民族作为一个自觉的民族实体，是近百年来中国和西方列强对抗中出现的，但作为一个自在的民族实体则是几千年的历史过程所形成的。……它的主流是许许多多分散独立的民族单位，经过接触、混杂、连接和融合，同时也有分裂和消亡，形成一个你来我去、我来你去、我中有你、你中有我，而又各具个性的多元统一体。③

显然，在多元一体格局中，要全面了解中国，不能仅限于研究汉族，还要深入研究汉族与周边少数民族以及与受汉文化影响的东亚社会之间的互动关系。1936年，吴文藻在为《广西省象县东南乡花篮瑶社会组织》④ 所写"导言"中

---

① 刘峰. 民族调查通论. 贵阳：贵州民族出版社，1996：233.

② 诚然，改革开放之后，随着人类学在中国的恢复和发展，以社区研究法对少数民族进行调查研究也不是绝无仅有。如胡起望、范宏贵对盘村瑶族的研究（见：胡起望，范宏贵. 盘村瑶族. 北京：民族出版社，1983），麻国庆对土默特左旗把什村蒙古族的研究（见：麻国庆. 农耕蒙古族的家观念与宗教祭祀——土默特左旗把什村的传统与变迁. 见：王铭铭，主编. 人文世界：中国社会文化人类学年刊（第一辑）. 北京：华夏出版社，2001：59~80），彭雪芳对贵州者岩布依族村寨的研究、张晓对贵州三家寨苗族的研究、吴兴旺对云南沙锅寨白彝的研究、薛金玲对云南雾南岗干彝的研究、李富强对广西田林那善壮族的研究、纳日碧力戈对田林各烟屯瑶族的研究、李土玉对田林渭额瑶村的研究（见：翁乃群，主编. 南昆八村——南昆铁路建设与沿线村落社会文化变迁. 北京：民族出版社，2001），梁永佳对云南喜洲白族的研究（见：梁永佳. 地域的等级——一个大理村镇的仪式与文化. 北京：社会科学文献出版社，2005），褚建芳对芒市傣族村寨的研究（见：褚建芳. 人神之间——云南芒市一个傣族村寨的仪式生活、经济伦理与等级秩序. 北京：社会科学文献出版社，2005）等。

③ 费孝通. 中华民族多元一体格局. 北京大学学报（哲学社会科学版），1989（4）：1.

④ 中华人民共和国成立后，具有侮辱性的族称已被禁止使用。"猺"已改为"瑶"。费孝通在1988年江苏人民出版社重版该书时已将"花篮猺"改为"花篮瑶"或"花蓝瑶"（见：费孝通，王同惠. 花篮瑶社会组织. 南京：江苏人民出版社，1988.）。本文不做更改，纯粹是为保持引文原貌，不代表笔者立场。特此声明。

就已明确提出了这一观点,他说:

> 我们以为欲彻底明了中国现代社会的真象和全相,除了研究汉族在边陲的移民社区,在内地的农村社区,在沿海的都市社区,和海外的华侨社区外,必须迅速的同时研究中国境内各种非汉族团的地方社区;因为满、蒙、回、藏以及西南诸土著民族,均为构成中华民国的份子,在过去和现在,均占有极重要的地位,自应列入整个社区研究和国家建设计划范围之内。①

台湾已故社会人类学家王崧兴曾将此理念加以归纳、升华,提出了中国研究的"周边与中心"理论。其主旨在通过考察汉人与周边民族的互动把握汉人社会与文化的变异性,进而探讨"中国性"(Chineseness)②。中央民族大学张海洋教授则主张,把"多元一体"作为中华民族研究的范式:

> "一体"是指中国各民族共同创造和践行的历史文化大传统,这个单数的大传统不是国内某个民族的民间文化,而是中国各族人民共同的历史文化。在当前的国际场景里,它是中国人认同的依据,也是外国人识别中国人的表征。"多元"是指中国境内各民族、族群、地域、地方的历史文化小传统。这些复数的小传统是具体的和民族民间的,它们以不同的程度和方式与大传统交织勾连,成为中国人内部不同层次的认同对象和识别表征。这个多元多层次交织而成的体系,就是中国历史文化的多元一体。采用这种范式,有利于我们在中国文化多样性的基础上把握其一致性,又能在此前提下认识其多元和多态性;这也有助于我们自觉保持和发展中国文化,为人类在下一个世纪的和平共处提供中国的方案和模式。③

由此角度看来,本研究以广西一个壮族村落为对象便具有另一层意义,即为"从边缘看乡土中国"或"从小传统看中国"提供一个案例。

如果说把一个壮族村落与汉文化联系起来,将之置于中华文明体系中来考察,是研究范式的一个重大转变的话,本研究还希望能在促进在民族研究范式的另一转变上有所作为。张海洋先生曾经指出,长期以来,我们相当一部分人一直误将社会发展史或称古典进化论、单线进化论作为马克思主义而奉为圭

---

① 王同惠. 广西省象县东南乡花篮猺社会组织. 广西省政府特约研究专刊. 1936:viii.
② 王崧兴. 中国人:その中心と周边. 见:黑田悦子, 编. 民族の出会うかたち. 东京:朝日新闻社, 1994:243~261;黄应贵, 叶春荣, 主编. 从周边看汉人的社会与文化——王崧兴先生纪念论文集. 台北:"中央研究院"民族学研究所, 1997:1~33, 259~267.
③ 张海洋. 评"民族概念"与民族研究的可能范式. 见:王铭铭, 主编. 人文世界:中国社会文化人类学年刊(第一辑). 北京:华夏出版社, 2001:213.

桌，乃至今天，它仍是中国人对少数民族及其文化的主流看法，中国民族学人类学研究的支配范式。这种范式视少数民族社会文化为"原始遗存"和"活化石"，把本国人民安身立命的文化当成改造对象，不仅与当今世界尊崇多元文化的主导价值格格不入，而且在实践中弊窦丛生，因而亟须抛弃，而采用文化生态学范式①。然而，如何实现此一研究范式的转变？社会发展史的研究范式旨在以各民族的材料构拟人类社会文化发展的"规律"，因而往往是"历时排列共时的文化现象"，即任意拆分文化特质组装宏观图式，而忽视文化内在联系与功能，不顾文化整体。具体研究方法主要是利用古籍、游记等文献或通过采风式的田野调查，收集各地的基本制度和文化特质，然后按照从简单到复杂、从低级到高级的"进化"法则，进行组装排列，缺乏严格意义的田野调查，少有对一个社会、文化内部结构的分析。而文化生态学的基本主张是从文化与环境相适应的角度来理解文化类型的不同。既然每一种文化都是长期适应环境的产物，都有其独特的历史，那么，每一种文化便都有其独创性和充分的价值，应该以它所属的价值体系来评价。因而包含了文化相对论的应有之义。既然文化是相对的，不能用此文化的价值评判彼文化的价值，那么，文化研究的目的就不应该是构建人类文化发展进化的宏观图式，而是要开展"微型研究"，以严格规范的田野工作，弄清社会文化内部关系与功能，即社会文化结构，探索其变迁的机制。所以，要实现民族研究范式从社会发展史到文化生态学的转变，就要从社会发展史的"宏大叙事"中走出来，多开展"微型研究"，即社区研究。

倡导对少数民族的"微型研究"的另一个理由与"民族"的概念有关。长期以来，我国学术界对"民族"的认识往往受制于"原生说"，有将"民族"视为一个同一的、在时间中不断演化的民族主体，把"民族"与"文化"重叠起来，夸大"民族"的统一性的倾向。结果许多研究都是以一个民族整体为对象，动辄以某某民族的历史或某某民族的文化等为论题。其实，中国的"民族"身份首先是一种国家构建，虽然这种身份并不具有社会生活中族群互动规范的意义，但由于它连带着一系列政策措施，也成为一种普遍的身份意识。人们之所以成为"民族"，主要是因为国家这个他者的定义力量，而非社会自然发育的结果②。换句话说，中国的"民族"是通过识别而加以确定的范

---

① 张海洋. 中国的多元文化与中国人的认同. 北京：民族出版社，2006：17~19.
② 菅志翔. 国家构建中的族群身份转变——以保安族为例. 广西民族学院学报（哲学社会科学版），2004（5）：85~91.

畴，而且是由外人用客观的标准来定的，有关族体的自我观念并不构成这一标准的主要内容。民族一词和民族识别当然有其科学基础和科学原则，但像各种分类学一样，选择的标准常常受到使用因素的影响。分类是可以有其灵活性、随意性和专断性的①。所以，那种以"民族"为单位的文化研究和倒叙式的历史研究，实际上是以各地的文化特质为素材去拼凑一个文化图景，以今人的民族概念去复制历史，其意义与其说是研究，不如说是建构。就壮族研究来说，"壮族"的被"识别"，是可行的原生认同与可见的工具利益汇合的结果②，因而多少带有一定的灵活性、随意性和专断性，否则，不能解释为什么自认为"傣族"且文化特征与傣族比较接近的广西龙州金龙的"布傣"被"识别"为"壮族"③；为什么在广西与贵州边界地区，同一家族的人居于广西境内的被定为"壮族"，在贵州境内的则被定为"布依族"④。在此情况下，以"壮族"为单位的研究，如《壮族简史》⑤、《壮族通史》⑥、《壮族文化史》⑦、《人类学视野中的壮族传统文化》⑧、《壮族文化概论》⑨ 等，实际上只是学者们自觉或不自觉地参与了国家建构"壮族"的工程（当然，我们不能说这不是知识分子应该担负的使命和责任），其在多大程度上反映壮族历史、文化的真实，是大可质疑的。要深化壮族研究，应该将之置于中华民族多元一体格局下，在大

---

① [美]郝瑞. 再谈"民族"与"族群"——回应李绍明教授. 民族研究. 2002，(6)：36~40.

② 李富强. 壮族认同论. 社会科学战线，2006，(1)：163~167.

③ 广西壮族自治区编辑组. 广西壮族社会历史调查（第七册），南宁：广西民族出版社，1987：1~189. 广西壮族自治区民族事务委员会. 民族识别文件资料汇编（1951~2001）. 2001：134~148.

④ 广西博物馆研究馆员郑超雄先生曾报道了田野调查的一个发现：1991年，他到广西天峨县向阳镇治安村调查，该村村民全部是壮族，自称"布越"。房东李文庄，生于1928年，在民国时期当过村长，同时又是李姓族长。清末民初，当地李姓有一部分人迁徙到贵州定居，他的叔叔一家也去了贵州，现在每年三月三清明节仍回治安村祭祖。但他们在贵州定居的族人全部被划定为布依族，而居住在广西的族人全部被划为壮族。类似这种"一家两族"的现象，在广西天峨、南丹、西林、隆林等地屡见不鲜。见：郑超雄. 壮族文明起源研究. 南宁：广西人民出版社，2005：288~289.

⑤ 《壮族简史》编写组. 壮族简史. 南宁：广西人民出版社，1980.

⑥ 黄现璠，黄增庆，张一民. 壮族通史. 南宁：广西民族出版社，1988；张声震，主编. 壮族通史. 北京：民族出版社，1997.

⑦ 杨宗亮. 壮族文化史. 昆明：云南民族出版社，1999.

⑧ 李富强. 人类学视野中的壮族传统文化. 南宁：广西人民出版社，1999.

⑨ 梁庭望. 壮族文化概论. 南宁：广西教育出版社，2000.

量"微型研究"的基础上,达成对壮族社会、历史、文化及其变迁的深刻认识。由此,我们看到了本研究的再一层意义。

第二节 学术史回顾

一、中国乡村社区研究历程

美国学者费正清(John King Fairbank)指出:"自古以来就有两个中国:一是农村中为数极多从事农业的农民社会,那里每个树林掩映的村落和农庄,始终占据原有土地,没有什么变化;另一方面是城市和市镇的比较流动的上层,那里住着地主、文人、商人和官吏——有产者和有权有势者的家庭。"[①] 作为一个历史悠久的文明古国,曾几何时,中国城市和市镇的繁华让"野蛮的"西方人惊慕不已。然而,斗转星移,时过境迁。19世纪末20世纪初,随着中国国门被西方列强的坚船利炮打开,中国悠久的农业文明面临着严重的危机,相形于以工业化、都市化为特征的西方文明的生机勃勃、蒸蒸日上,中国落后的农业,分散、贫穷、凋敝的乡村较之以往更引人注目。于是,中华帝国的城市淡出了西方人的视野,乡村主宰了中国的形象。美国传教士明恩溥(A. H. Smith)是反映西方中国观转变的一个标志性人物。1899年,他出版了《中国乡村生活》(Village Life in China)一书,以自己在中国农村的亲身经历和对中国农村敏锐的观察,对中国农村进行了精彩、生动的描述,明确提出"中国乡村是这个帝国的缩影",考察乡村是认识中国的最佳切入点和关键[②]。而在另一部以中国乡村生活为素材写成的著作《中国人德行》(Chinese Characteristics)中,他更明确地指出:在村庄比在城市更易于了解中国人的生活知识,必须把村庄看做是中国社会生活的一个基本单位[③]。

受此中国观的影响,高延(J. J. M. de Groot)[④] 和葛兰言(Marcel Granet)等西方人类学的先驱者也把乡村作为理解中国的着眼点和出发点。高延于1877年

---

① [美] 费正清. 美国与中国, 张理京, 译. 北京: 世界知识出版社, 2001: 20.
② [美] 明恩浦. 中国乡村生活, 午晴, 唐军, 译. 北京: 时事出版社, 1998: 1.
③ [美] 明恩浦. 中国人德行, 张梦阳, 王丽娟, 译. 北京: 新世界出版社, 2005: 4~5.
④ 高延(J. J. M. de Groot, 1854~1921),是荷兰籍汉学家、进化论人类学家,国内一些学者译为"德格鲁特"、"德格如特"或"高龙",但据2005年11月3日法国学者施舟人(Kristofer Shipper)在中国人民大学所作的演讲"欧洲人类学对汉人社会的研究"(The European Anthropology of China)称,J. J. M. de Groot 自己取中文名为高延,故本文称之为高延。

来到中国,深入厦门南蒲(Nanputt)寺一带做田野调查,先后在厦门居住了12年。1882年,他根据自己所收集到的厦门城乡民间仪式材料和文献材料,写成《厦门岁时记:中国人的民间信仰研究》。1892年,又写成《中国宗教系统》(*The Religious System of China*)一书。在他看来,中国民间宗教的基础是古代的泛灵信仰和儒道的社会伦理与宇宙观,它所反映的是中国人处理社会关系的逻辑和对世界的看法。作为中国古典传统的衍生形态,要对之进行研究必须熟知中国上古和中古文献。因而他对中国民间宗教社会文化意义的探讨,是通过田野调查,然后综合古代文本而展开。葛兰言是法国年鉴学派学者,对中国的研究成果主要有《古代中国的节庆与歌谣》(1936年以法文出版)和《古代中国的舞蹈与传说》①。与高延一样,他也在中国长期居住(1911~1913年间),但与高延不同,他未做田野调查。他对中国的研究所采用的方法是古代社会史和文化史的方法。尽管高延认为田野中之所见,乃是上古"大传统"衰退的后果,葛兰言却认为田野文化乃是上古"大传统"的源泉,两人观念的差异和矛盾显而易见,但二者都将乡村看成人类学的中国研究必须重视的"基础"。他们从不同的角度开创了"以村见国"的记述方式②。

然而,以规范的人类学田野工作方法对中国乡村进行调查研究的历史,现在学术界一般都认为是由美国学者葛学溥(D. H. Kulp)开启的。葛学溥大约在1913年来到中国,在上海沪江大学任社会学系主任和教授。他曾于1918年、1919年和1923年间,多次组织学生利用假期对华南沿海地区的凤凰村进行调查③,并以调查所得为基础,于1925年写成《华南农村生活——家族主义社会学》(*Country Life in South China: the Sociology of Familism*)在哥伦比亚大学出版④。葛学溥认为:对中国这样广大区域生活进行概括是危险的,"要真正了解当代中国人的社会生活,不能仅收集抽象的资料,也不能仅对一般兴趣的题目进行分类,而是应该选择某些群体、村落和地区进行深入的研究,分析详尽的资

---

① [法]葛兰言(Marcel Granet). 古代中国的节庆与歌谣,赵丙祥,张宏明,译. 桂林:广西师范大学出版社,2005. "译序".

② 王铭铭. 社会人类学与中国研究. 北京:生活·读书·新知三联书店,1997:226.

③ "凤凰村"是葛学溥给所调查的村子起的一个学名。该村的真实名称是溪口村,现隶属广东省潮安县归湖镇。一些外国学者认为,葛学溥没有亲往凤凰村进行过调查,调查乃由他的学生完成,但周大鸣经调查认为不确。见:周大鸣. 重访凤凰村. 读书,1998,(9):68~70.

④ 周大鸣于2006年将该书译为中文由知识产权出版社出版,译名为《华南的乡村生活——广东凤凰村的家族主义社会学研究》。

料，并利用资料进行相关和交互分析以发现中国社会的功能、社会发展的过程和未来的趋势。"① 在他心目中，村落是中国社会的基础，"村落不仅居住着中国的大部分人口和经营农业，在现代贸易的相互渗透和交往频繁的情况下，村落研究更具有国际的意义"②，可是以往对乡村生活的研究过于概括的结论，影响了其权威性和可信性，因而"在中国每一个大区内选择一个村落进行调查是有意义的"③。《华南农村生活——家族主义社会学》一书以乡村民族志的方式，全方位地描述和分析了凤凰村的人口、经济、政治、教育、婚姻和家庭、宗教信仰和社会控制等。葛学溥创造性地提出了"家族主义"这个核心概念，认为家族主义是一种社会制度，所有的行为、标准、思想、观念都产生于或围绕着基于血缘聚居团体利益的社会制度。家族是所有价值判断的基础和标准。一切有利于家族的事务、行为都会采纳、推广，反之，就会视为禁忌、加以修正和限制。村落所有的其他制度，包括政治制度、社会控制、宗教信仰、亲属制度都围绕家族主义这一核心。作者还提出了中国社会研究的一些基本概念。尽管以现在看来，葛学溥对凤凰村的调查不乏调查不深、阐述不清之处，但该书却对汉学人类学具有开拓性意义。书中的一些概念、观点和资料常为以后从事中国研究的中外人类学家所讨论和引用④。葛学溥的这一研究不仅如容观琼先生所说是导致人类学从部落社会走向乡村研究的里程碑⑤，而且开中国村落社区研究之先河。

在西方社会人类学的影响和带动下，20 世纪三四十年代，中国社会人类学者加入到了中国乡村研究的队伍之中。吴文藻、费孝通、林耀华、杨庆堃、李安宅、徐雍舜、田汝康、张之毅、李有义等一批比较倾向于功能学派的社会人类学者，积极深入乡村，以参与观察和访谈的方法开展田野调查，初步创立了有中国特色的乡村社区研究范式，在众多的中国乡村研究中，独树一帜，自成一派，称"比较社会学派"、"社区研究派"，或以其主要基地燕京大学冠名为"燕京社会学派"。关于其风格，"社区研究在当时被认为是这个学派的特色。在社会学学

---

① ［美］丹尼尔·哈里森·葛学溥. 华南的乡村生活——广东凤凰村的家族主义社会学研究，周大鸣译. 北京：知识产权出版社，2006：2.
② 同上：XIII.
③ 同上：1.
④ 周大鸣. 凤凰村的追踪研究. 广西民族学院学报（哲学社会科学版），2004，(1)：33~38.
⑤ 周大鸣. 凤凰村的变迁：《华南的乡村生活》追踪研究. 北京：社会科学文献出版社，2007：1.

科里可以说是偏于应用人类学方法进行研究社会的一派，在社会人类学里可以说是偏于以现代微型社区为研究对象的一派，即马林诺斯基称之为社会学的中国学派"①。

"社会学的中国学派"内众学者各有不同的治学特点。如林耀华从《义序宗族的研究》② 到《金翼》③，主要以"宗族"为分析性概念研究中国乡村社会④；费孝通从《花篮瑶社会组织》⑤、《江村经济》⑥ 而《云南三村》⑦ 而《乡土中国》⑧，通过调查研究不同类型的中国农村，升华对中国社会的认识，提出了"乡土中国"的概念。但从微观到宏观提出概念，在实地调查中生发和创造通论的研究方法构成了"社会学中国学派"的特色。由于该派学者多具有深厚的西学背景，他们的很多研究成果都很快以西文发表，更重要的，他们借鉴却不套用西方人类学的前沿理论，而是从对中国乡村的实地研究中提出本土理论，因而能够在与西方学术界的对话中，快速提升学术造诣。20 世纪三四十年代的中国社会人类学研究接近其至达到了国际水平。

然而，到 20 世纪 50~70 年代，中国内地的社会学、人类学被判定为"资产阶级学科"而取消。期间虽有一些零星的社会人类学的乡村研究，如澳大利亚悉尼大学人类学系主任 W. R. 葛迪斯教授于 1956 年到江村进行了为期 4 天的访问调查，1963 年发表了《共产党领导下的中国农民生活——对开弦弓村的再调查》⑨；1957 年，费孝通重访江村，写成《重访江村》于《新观察》1957 年第

---

① 潘乃谷. 但开风气不为师——费孝通学科建设访谈. 见：潘乃谷，马戎，主编. 社区研究与社会发展. 天津：天津人民出版社，1996：53.
② 林耀华. 义序的宗族研究（附拜祖）. 北京：生活·读书·新知三联书店，2000.
③ 林耀华. 金翼：中国家族制度的社会学研究，庄孔韶，林宗成，译. 北京：生活·读书·新知三联书店，1989.
④ 阮云星. 义序：昔日"宗族乡村"的民俗节庆. 广西民族学院学报（哲学社会科学版），2000，（3）：20~26，91. 阮云星. 宗族研究中的"义序"与"义序研究"中的宗族. 见：庄孔韶，主编. 汇聚学术情缘——林耀华先生纪念文集. 北京：民族出版社，2005：214~224. 蓝林友. 义序与中国宗族研究范式. 广西民族学院学报（哲学社会科学版），2001，（3）：44~51.
⑤ 费孝通，王同惠. 花篮瑶社会组织. 南京：江苏省人民出版社，1988.
⑥ 费孝通. 江村农民生活及其变迁. 兰州：敦煌文艺出版社，1997.
⑦ 费孝通，张之毅. 云南三村. 北京：社会科学文献出版社，2006.
⑧ 费孝通. 乡土中国 生育制度. 北京：北京大学出版社，1998：3~95.
⑨ [美]大卫·阿古什. 费孝通传，董天民译. 郑州：河南人民出版社，2006：199；W. R. 葛迪斯. 共产党领导下的中国农民生活——对开弦弓村的再调查. 见：费孝通. 江村农民生活及其变迁. 兰州：敦煌文艺出版社，1997：349~464.

11 期、第 12 期发表①，但大陆学者的乡村人类学研究几乎完全停止，海外学者由于无法进入中国内地这个广阔的"田野"，只能通过在香港、台湾或海外华侨社区开展田野工作，探究中国人的行为方式和文化观念，或借助以往的田野调查和历史文献来把握中国乡村社会。

正在此时期，海外社会人类学界对 20 世纪三四十年代"社会学中国学派"的乡村社区研究法进行了反思。反思的焦点是个别村落社区的微型研究能否或如何概括中国国情。

英国社会人类学家利奇（Edmund Leach）对中国乡村社区研究概括中国国情的意图和可能性不以为然。他认为："这种研究没有，或者不应自称代表任何意义上的典型。它们也不是为了阐明某种一般的论点和预设的。它们的意义在于它们本身。"② 但这显然有悖于费孝通等人通过微型社区研究认识中国的本意或理想。费孝通在后来与利奇进行"缺席的对话"时就说：

> 我也同意，解剖一个农村本身是有意义的，所以是有趣的。但我必须老实说，我的旨趣并不仅限于了解这个农村。我确有了解中国全部农民生活，甚至整个中国人民生活的雄心。调查江村这个小村子只是我整个旅程的开端。因此如果 Edmund 看法是正确的，就是从个别不能概括众多，那么我是走入了死胡同了。所以我必须正视 Edmund 所指出的问题，并在实践中证明他的看法是似是而非的。从个别出发是可以接近整体的。③

与利奇不同的是，英国人类学家莫里斯·弗里德曼（Maurice Freedman）和美国人类学家施坚雅（G. William Skinner）等人虽然也指出以 20 世纪三四十年代中国乡村社区方法难以理解整个中国，但他们并没有完全否定社区研究在认识中国中的作用，在反思过程中，他们实际上把主题转换成为乡村社区研究如何概括中国国情的问题。

弗里德曼对 20 世纪三四十年代中国乡村社区研究的反思，肇因于他无法到中国内地对他的研究对象做田野调查的困境。作为一位汉学人类学家，他对中国的研究是从研究新加坡华侨社区开始的。20 世纪 50 年代，他将注意力从东南亚华侨转向中国东南部的宗族组织。但由于当时政治气候的影响，他无法进入中国

---

① 费孝通. 重访江村. 见：费孝通. 江村农民生活及其变迁. 兰州：敦煌文艺出版社，1997：227～251.

② Edmund. Leach, Social Anthropology. London and New York: Fontana. 1982：127.

③ 费孝通. 费孝通文集（第十二卷）. 北京：群言出版社，1999：45～46.

大陆开展田野调查,所以他于1958年出版的《中国东南的宗族组织》(Lineage Organization in Southeastern China)并非以第一手田野调查材料为基础写成,而是借助前人的田野调查材料,结合历史文献写成的作品。他在该书前言一开始就交代得很清楚:

> 本书是社会人类学作品,但不是建立在田野调查基础上的研究。它研究的是中国问题,却不是由汉学家来撰写的。为了解释为什么我要冒险写一本关于中国的书,必须追溯到我作为一个田野人类学家曾经研究过的课题。1949年和1950年,在殖民地社会研究院(Colonial Social Science Research Council)的资助下,我完成了对生活在新加坡殖民地的华人家庭与婚姻的课题研究。在从事这一课题研究以及随后的岁月中,就我在新加坡调查得来的材料和阅读用欧洲语言写作的关于福建、广东两省汉人社会性质的作品,我一直在思考它们的重要性。起初激起我兴趣的是这两个省份是东南亚华人的故乡,但是,我后来发现这些材料可以说明具有一般社会意义的问题。如果政治和学术环境允许,我可能早已去了中国东南地区,对我感兴趣的问题进行第一手的研究;然而,事实证明,广东对于我来说,只是惊鸿一瞥,那只是1955年在香港和澳门所作的一次飞行旅游时所看到的。①

他还不无遗憾地说:

> 中国的乡村社会将很可能变得令人难以认识。假如中国在这些情况发生之前允许田野调查,我们将运用第一手材料进行写作,以此反思摇椅上的人类学家所进行的研究。否则,本书的结论很显然肯定是尝试性的。②

然而,在无奈与遗憾之余,弗里德曼意识到,"对于研究过去的汉人社会还有文献的材料尚未被充分地利用,……与福建和广东环境有关的地名词典和其他书籍能够告诉我们许多有必要知道的事实"③。通过这一研究,他进而感悟到,"通过历史学研究和社会学田野作业,在现代政治和亲属研究的框架内,汉学家和人类学家应该能够全面地研究中国东南的宗族组织"④。这一感悟为他后来对中国乡村社区研究的反思埋下了伏笔。

---

① [英]莫里斯·弗里德曼. 中国东南的宗族组织,刘晓春,译. 上海:上海人民出版社,2000. "前言"第1页.
② 同上:"前言"第2页.
③ 同上.
④ 同上:178.

1962 年，弗里德曼在皇家人类学会上发表了题为"社会人类学的中国时代"（*A Chinese Phase in Social Anthropology*）的演讲。在这次演讲中，弗里德曼将自己在困境中研究中国社会的实践和感悟升华为一种方法论的反思。他对以费孝通为代表的"现代中国社会学派"的方法论提出了质疑和批评，说：

> 马林诺夫斯基在费研究中国农民的书的序言中写道，"现代中国社会学派的方法论基础"是坚实可靠的。"通过熟悉一个小村落的生活，我们犹如在显微镜下研究可以看到中国的缩影"。而后，马林诺夫斯基向我们呈现了对费今后工作的期望，包括有朝一日"广泛综合他自己和同事的著作，为我们展示一幅描绘中国文化、宗教和政治体系的综合性图景"。确实，费后来写了一些论述他自己社会本质的概论性文章，但他未能实现他老师为他描绘的规划。只要他受 30 年代的人类学理念支配，他就不可能实现。他的专业技能狭窄地局限于村庄。当然，他也对工厂和其他非农事物感兴趣，但他对这些事物的研究未如他的英国老师所期待的那样增强他的能力。①

他还指出：

> 费孝通的微型社会学做得非常好，如果没有了他的书，我们对于中国社会的知识将大大贫乏。但他认为，他对村庄的理解，配以他对自己社会的激进官员式的目光，给了他了解中国社会奥秘的特别路径。依我看来，他的判断有误，因为他缺乏足够的中国历史知识以及对它更广阔制度框架的透彻理解。我想，费的错误说明人类学专注于小型社区潜藏有一种风险：这个风险在于以为熟悉地方社区就能全面理解一个社会。②

弗里德曼认为，对中国社会的研究虽存在着把人类学从原始部落研究拓展至文明社会的潜能，但中国社会与传统人类学研究的原始部落存在着根本的不同，它是一个历史悠久、社会高度分化的"有历史的文明社会"。在这样一个复杂社会里，社区不是社会的缩影。在研究小型、简单的原始部落基础上形成的功能主义社区研究方法，根本不足以反映其社会事实和特点。因而，像马林诺夫斯基等人那样以为，简单地把功能主义的社区研究方法"移植"到中国社会研究中，在不同村落社区中反复实施，便可以理解整个中国社会，是错误的。社会人类学

---

① Maurice. Freedman, A Chinese Phase in Social Anthropology. In The British Journal of Sociology, Vol. 14, No. 1, Mar., 1963: 3.

② 同上：9~10.

者不能用村落研究的数量"堆积出"一个中国来。唯有把注意力放在社会整体之上，借鉴历史学和社会学研究文明史和大型社会结构的方法和成果，走出社区，在较广阔的空间跨度和深远的时间深度探讨社会运作机制，才能真正理解中国①。

施坚雅反思中国乡村社区研究的思路历程却又不同于弗里德曼。它缘起于自己在中国的一次田野调查经历。1949年夏天，施坚雅在四川进行村庄人类学的田野调查。当时的人类学家尚未开始注意城市，大部分人集中精力于研究小型原始社会，虽有少数学者将注意力转到农业社会，但亦仅限于研究村庄。然而，他在四川调查时却发现，当地大型村庄很少，大都是由集市联系在一起的小村落。于是他放弃了调查一个百来户村庄的预定计划，转而重点考察一个包括2500来户既分散又有联系的从属于集市的经济区域。这项研究拓展了他的视野，使他超越孤立地研究个体村庄的局限，而注重于探索一个范围更大的地域内部社会经济结构的性质②。

1964~1965年间，施坚雅根据自己1949~1950年在四川的实地调查，发表《中国农村的市场和社会结构》系列论文，明确地向以村落社区研究中国社会的人类学传统方法提出了挑战：

> 研究中国社会的人类学著作，由于几乎把注意力完全集中于村庄，除了很少的例外，都歪曲了农村社会结构的实际。如果可以说农民是生活在一个自给自足的社会中，那么这个社会不是村庄而是基层市场社区。……农民的实际社会区域的边界不是由他所住村庄的狭窄的范围决定，而是由他的基层市场区域的边界决定。③

在施坚雅看来，村落社区不是中国的缩影，真正意义上的"中国"是宏观经济区域及其内部所包容的活动与变迁规律及其所体现出来的国家力量与社会经济力量的并存④。因而，施坚雅在研究中国农村社会结构时，力图摆脱传统人类学对中国乡村的专注，把关注点拓展到了村落以外的集镇和经济网络。他强调，要理解中国，必须以区域中的市场级序为中心开展研究。

---

① Maurice. Freedman, A Chinese Phase in Social Anthropology, In The British Journal of Sociology. Vol. 14, No. 1, Mar., 1963: 1~19.
② [美]施坚雅, 主编. 中华帝国晚期的城市, 叶光庭, 等, 译. 北京: 中华书局, 2000. "中文版序言"第9页.
③ [美]施坚雅. 中国农村的市场和社会结构, 史建云, 徐秀丽, 译. 北京: 中国社会科学出版社, 1998: 40.
④ 王铭铭. 社会人类学与中国研究. 北京: 生活·读书·新知三联书店, 1997: 135.

受弗里德曼和施坚雅等人影响,新老社会人类学者深入思考社区如何反映中国的问题。于是,中国乡村社区研究的新探索开始了。香港和台湾于60年代中期开放之后,很快被西方学者想象为中国社会之"代用品"或"实验室"①。大批欧美人类学家纷至沓来,云集港台地区开展田野调查,写出了不少村庄民族志作品,如波特(Jack. M. Potter)的《资本主义与中国农民——一个香港村庄的社会经济变迁》(*Capitalism and the Chinese Peasant*, 1968)、裴达礼(Hugh D. R. Baker)的《一个中国宗族村庄:上水》(*A Chinese Lineage Village*: Sheung Shui, 1968)、华琛(James L. Watson)的《移民与中国宗族——文氏在香港与伦敦》(*Emigration and Chinese Lineage*: *The Mans in Hongkong and London*, 1975)、葛伯纳(Bernard Gallin)的《新兴》(*Hsin Hsing*, Taiwan, 1966)、马杰莉·沃尔夫(Margery Wolf)的《林家》(*The House of Lin*, 1968)、戴瑙玛(Norma Diamond)的《鲲身,一个台湾渔村》(*Kun Shen, A Fishing Village in Taiwan*, 1969)、焦大卫(David Jordan)的《神、鬼与祖先》(*God, Ghosts and Ancestors*, 1972)、孔迈隆(Myron Cohen)的《合家与分家》(*House United, House Divided*, 1976)、郝瑞(Steven Harrell)的《犁头村》(*Ploughshare Village*, 1982)、桑高仁(Steven Sangren)的《一个中国社区的历史与魔力》(*History and Magical Power in a Chinese Community*, 1987)等②。这些作品多表现出不同以往的研究旨趣和方法。受欧美人类学家及其作品的影响,台湾社会人类学的乡村社区研究蔚然成风,并通过学术本土化讨论和科际整合研究的实践探索着"研究村落,超越村落"的途径③。

中国内地于20世纪70年代末对外开放之后,前来开展乡村调查研究的海外社会人类学者络绎不绝。如曾于1975~1978年间通过对移居香港的陈村村民的访谈,深入了解毛泽东时代陈村的政治和经济生活,并于1984出版了《陈村:毛泽东时代一个中国农村社区的近代历史》(*Chen Village*: *The Recent History of a Peasant Community in Mao's China*)的陈佩华(Anita Chan)、赵文词(Richard Madsen)和安戈(Jonathan Under),在1988~1989年间来到陈村做实地考察,采访村民,调查陈村在邓小平时代的变迁,于1996年推出了增订本《当代中国

---

① 王建民,张海洋,胡鸿保. 中国民族学史·下卷(1950~1997). 昆明:云南教育出版社,1998:273.
② 孙庆忠. 海外人类学的乡土中国研究. 社会科学,2005(9):122~128. 王建民,张海洋,胡鸿保. 中国民族学史·下卷(1950~1997). 昆明:云南教育出版社,1998:282.
③ 王建民,张海洋,胡鸿保. 中国民族学史·下卷(1950~1997). 昆明:云南教育出版社,1998:266~303.

农村历沧桑：毛邓体制下的陈村》①。萧凤霞（Helen Siu）在 1977~1986 年间对新会县环城公社进行多次调查，于 1989 年出版了《华南的代理人与受害者》(*Agents and Victims in South China*)。弗里曼（Edward Friedman）、毕克伟（Paul G. Pickowicz）和赛尔登（Mark Selden）在 1978~1987 年间共 18 次到河北省饶阳县五公村等进行调查，于 1991 年出版了《中国乡村，社会主义国家》(*Chinese Village, Socialist State*)。波特夫妇在 1979~1985 年间多次到东莞市茶山镇开展集镇和村落调查，于 1990 年出版了《中国农民：革命的人类学》(*China's Peasants: the Anthropology of a Revolution*)。黄树民于 1984~1985 年间到福建林村进行田野调查，1989 年出版了《林村的故事：1949 年后的中国农村变革》。这些调查研究不仅刺激了大陆乡村社区研究的复苏，而且以其新理念、新方法、新成果促进了中国乡村社区研究的创新发展。

而中国内地的本土学者，自 20 世纪 70 年代末 80 年代初人类学社会学恢复以来，立足中国社会现实，积极借鉴国外理论，大力开发学术传统，努力在本土化和国际化的结合中创造特色，实现创新。中国乡村社区研究的传统因之得到了继承和发展。1981 年，重获学术生命不久的费孝通为准备他赴英接受英国皇家人类学会 1981 年赫胥黎纪念奖章的演讲，三访江村。以后，又不断重访，并指导学生在村里做调查。在费孝通等老一辈社会人类学家的鼓励、支持和推动下，80 年代中期开始，村庄民族志研究已在福建、上海、江浙、华北等地逐步展开。90 年代之后，乡村社区调查风起云涌，村落民族志犹如雨后春笋。折晓叶的《村庄的再造——一个超级村庄的社会变迁》、《社区的实践——超级村庄的发展历程》、王铭铭的《社区的历程》、《村落视野中的文化与权力》、庄孔韶的《银翅》、牛凤瑞的《一个华北自然村落》、毛丹《一个村落共同体的变迁——关于尖山下村的单位化的观察与阐释》、阎云翔的《礼物的流动——一个中国村庄中的互惠原则与社会网络》、《私人生活的变革：一个中国村庄里的爱情、家庭与亲密关系 1949~1999》、于建嵘的《岳村政治——转型期中国乡村政治结构的变迁》、吴毅的《村治变迁中的权威与秩序——20 世纪川东双村的表达》等不胜枚举的村落社区研究，与海外学者对乡村中国的研究，汇成 20 世纪 80 年代以来中国村落研究的新热潮，成为中国社会人类学研究的新亮点。

不论是中国学者，还是外国学者，不论是在大陆还是在台湾或香港做田野调

---

① 陈佩华（Anita Chan）、赵文词（Richard Madsen）、安戈（Jonathan Under）. 当代中国农村历沧桑——毛邓体制下的陈村，孙万国，杨敏如，韩建中，译，香港：Oxford University Press（China）Ltd.，1996：1~8.

查和研究，20世纪60年代之后的中国乡村社区研究，绝大多数都不再将村庄当作中国的缩影，而是将注意力集中在村庄与作为"中国"的关系上，致力于建构一个能够把具体的村落研究升华为对中国乡村乃至整个中国社会的认识的分析框架。建构此分析框架的方式或途径当然多种多样，但努力的方向无非是在时空的纵横中将村庄社区与"中国"相勾连。

在20世纪五六十年代遭受汉学人类学质疑和批评费孝通先生，其实毕生都在探寻勾连村庄与"中国"的框架。如果不是由于历史的原因，致使费孝通等人中断了乡村社区研究的工作，并与国际学术界失去联系，或许就不会有弗里德曼等人的"反思"。因为早在20世纪40年代，费孝通已经意识到了村落社区研究的局限，并积极地开始了探索。继江村的调查研究之后，他有意识地选择不同类型的村庄进行调查，形成了《云南三村》，该书的英文名称就是《中国内地农村的三个类型》（*Three Types of Village in Interior China*）。在随后出版的《乡土中国》的中，他初步提出了以"格式"概念突破村落社区研究的思路：

> 社区分析的初步工作是在一定时空坐落中去描画出一地方人民赖以生活的社会结构。在这一层上可以说是和历史学的工作相通的。社区分析在目前虽则常以当前的社区作研究对象，但这只是为了方便的原因，如果历史材料充分的话，任何时代的社区都同样可作分析对象。
>
> 社区分析的第二步是比较研究，在比较不同社区的社会结构时，常会发现每个社会结构都有它配合的原则，原则不同，表现出来结构的形式也不一样。于是产生了"格式"的概念。①

到20世纪80年代，复出的费孝通开始在理论和实践上回应弗里德曼等人的质疑和批评。他从自己在20世纪40年代的社区研究实践中升华出"类型比较法"，希望借此超越具体村落社区研究，达成对中国农村的认识。他在1987年为《云南三村》重版所作的序言写道：

> 我明白中国有千千万万的农村，而且都在变革之中。我没有千手万眼去全面加以观察，要全面调查我是做不到的。同时我也看到这千千万万个农村，固然不是千篇一律，但也不是千变万化，各具一格。于是我产生了是否可以分门别类地抓出若干种"类型"或"模式"来的想法。我又看到农村的社会结构并不是个万花筒，随机变化出多种模样的，而是在相同的条件下会发生相同的结构，不同的条件下会发生不同的结

---

① 费孝通. 乡土中国生育制度. 北京：北京大学出版社，1998：91~92.

构。条件是可以比较的，结构因之也可以比较的。如果我们能对一个具体的社区，解剖清楚它社会结构里各方面的内部联系，再查清楚产生这个结构的条件，可以说有如了解了一只"麻雀"的五脏六腑和生理循环运作，有了一个具体的标本。然后再去观察条件相同的和条件不同的其他社区，和已有的这个标本作比较，把相同和相近的归在一起，把它们和不同的和相远的区别开来。这样就出现了不同的类型或模式了。这也可以称之为类型比较法。

  应用类型比较法，我们可以逐步地扩大实地观察的范围，按着已有类型去寻找条件不同的具体社区，进行比较分析，逐步识别出中国农村的各种类型。也就由一点到多点，由多点到更大的面，由局部接近全体。类型本身也可以由粗到细，有纲有目，分出层次。这样积以时日，即使我们不可能一下认识清楚千千万万的中国农村，但是可以逐步增加我们对不同类型的农村的知识，逐步综合，接近认识中国农村的基本面貌。①

可是，费孝通也十分清楚地意识到"类型比较法"虽不失为认识中国农村的一种方法，却不足以认识中国社会和文化。所以，1982年之后，他把社区研究领域从农村扩大到小城镇，把小城镇看成城乡结合部，进行深入调查研究，提出了"模式"的概念，而后，又从小城镇研究延伸到经济区域研究，提出了"区域发展"的概念②。通过"模式"和"区域发展"的概念，他将村落社区与小城镇、经济区域联系起来，走出了社区研究。费孝通在1996年所撰《重读〈江村经济·序言〉》一文中，对此进行了理论总结：

  直到80年代，我第二次学术生命开始时，才在总结过去的实践中，清醒地看到了我过去那种限于农村的微型研究的限度。我在60年代提出的"类型"概念固然可以帮助我解决怎样去认识中国这样的大国对为数众多、结构不同的农村的问题。但是后来我明白不论我研究了多少类型，甚至把所有多种多样的类型都研究遍了，如果把所有这些类型都加在一起，还不能得出"中国社会和文化"的全貌，因为像我所研究的江村、禄村、易村、玉村等的成果，始终没有走出"农村社区"这

---

① 费孝通.《云南三村》序. 见：费孝通, 张之毅. 云南三村. 北京：社会科学文献出版社，2006：6~7.
② 费孝通. 农村、小城镇、区域发展. 北京大学学报（哲学社会科学版），1995，（2）：4~14.

个层次的社区。整个"中国文化和社会"却不等于这许多农村所加在一起的总数。农村不过是中国文化和社会的基础,也可以说是中国的基层社区。基层社区固然是中国文化和社会的基本方面,但是除了这基础知识之外还必须进入从这基层社区所发展出来的多层次的社区,进行实证的调查研究,才能把包括基层在内的多层次相互联系的各种社区综合起来,才能概括地认识"中国文化和社会"这个庞大的社会文化实体。用普通所熟悉的现成概念来说就是中国文化和社会这个实体必须包括整个城乡各层次的社区体系。①

与费孝通主要着眼于产业类型和经济发展而勾连村落社区和城市及经济区域的视角异曲同工的是,中国台湾的社会人类学者自20世纪70年代以来,主要通过"祭祀圈"、"信仰圈"、"方言群"或"族群"的研究,建构"市场体系范式"、"祭祀圈范式"、"婚姻市场理论范式"和"区域性文化变异范式"等,将小社区与整个乡镇甚至更大的范围联系起来。他们所开展的"浊大计划"、"闽台计划"等项目不仅研究范围超出了农村聚落,而且在方法上强调了文字史料的重要性,促成了社区研究与汉学、史学等多学科的结合②。社区研究的创新,带来了理论的突破。台湾社会人类学家提出的"从周边看汉人的社会与文化"的理论③,从某种意义上说,便是在把社区与大社会联系起来研究的过程中提炼出来的,如今这一理论在汉人社会与文化研究中发挥着巨大影响。

在中国乡村社区研究的新探索中,"国家与社会"分析框架被广泛运用。如《文化、权力与国家——1900~1942年的华北农村》以国家权力与区域—地方权力网络糅合的模式,解释了华北农村20世纪前半叶的历史进程④;《中国农民:革命的人类学》着眼于国家对农民和社会结构的影响,对华南茶山20世纪40年

---

① 费孝通. 重读《江村经济·序言》. 见:马戎,周星,主编. 田野工作与文化自觉(上). 北京:群言出版社,1998:22.

② 庄英章. 汉人社会研究的若干省思. "中央研究院"民族学研究所集刊,1996,80:27~35;庄英章. 历史人类学与华南区域研究——若干理论范式的建构与思考. 历史人类学学刊,2005,3(1):155~169;张珣,江灿腾. 当代台湾宗教研究导论. 北京:宗教文化出版社,2004:210~237,485~502. 王建民,张海洋,胡鸿保. 中国民族学史·下卷(1950~1997). 昆明:云南教育出版社,1998:287~303.

③ 黄应贵,叶春荣,主编. 从周边看汉人的社会与文化. 台北:"中央研究院"民族学研究所,1997.

④ [美]杜赞奇. 文化、权力与国家——1900~1942年的华北农村,王福明,译. 南京:江苏人民出版社,1994.

代至 80 年代的社会历程深入考察，阐述了毛泽东时代基层社会运转机制、中国人的情感社会建构、婚姻与家庭、计划生育、共产党的道德和组织原则、社会分层、城乡差别、集体经济的瓦解、联产承包责任制的实施及招商引资等过程①；《当代中国农村历沧桑：毛邓体制下的陈村》描述了国家与社会互动背景下陈村近 40 年的变迁②；《华南的代理人与受害者》考察了国家权力下沉农村社会并建立行政控制的过程③；《中国乡村，社会主义国家》通过对河北五公村的考察，探讨了中国共产党在战争时期和胜利后在华北农村所推行的一系列改革对农村社会和农民的影响④；《林村的故事》通过描述林村党支部书记叶文德的人生经历，分析了中国农村社会变迁过程中国家对村落政治文化的改造⑤。还有国内学者的《村落视野中的文化与权力：闽台三村五论》⑥、《岳村政治——转型期中国乡村政治结构的变迁》⑦ 和《村治变迁中的权威与秩序——20 世纪川东双村的表达》⑧ 等，他们分析的主轴都是通过审视"国家"力量如何影响"社会"，"社会"如何回应冲击，从而将小村庄与大国家串联了起来。

"文化过程"、"社区史"等研究方法兴起，成为中国乡村社区研究新探索的重要方法。例如，自 20 世纪 80 年代以来，科大卫（David Faure）、陈其南、萧凤霞（Helen Siu）、陈春声、刘志伟、郑振满、蔡志祥等中外历史学家和人类学家合作在珠江三角洲、香港、潮汕和闽南等地区对明清历史进行批评性的反思研究，形成了一个历史人类学的"华南学派"。这个学派以"文化过程"或"文化实践"研究方法关注平民史、日常生活史和当地人的想法，对过往的精英史、事

---

① S. H. Potter and J. M. Potter, China's Peasants：The Anthropology of a Revolution, Berkeley：Cambridge University Press, 1990.

② 陈佩华（Anita Chan），赵文词（Richard Madsen），安戈（Jonathan Under）. 当代中国农村历沧桑——毛邓体制下的陈村，孙万国、杨敏如、韩建中，译. 香港：Oxford University Press（China）Ltd., 1996.

③ Helen F. Siu, Agents and Victims in South China, Yale：Yale University Press. 1989.

④ 弗里曼（Edward Friedman），毕克伟（Paul G. Pickowicz），赛尔登（Mark Selden）. 中国乡村，社会主义国家，陶鹤山，译. 北京：社会科学文献出版社，2002.

⑤ 黄树民. 林村的故事：1949 年后的中国农村变革，素兰，纳日碧力戈，译. 北京：生活·读书·新知三联书店，2002.

⑥ 王铭铭. 村落视野中的文化与权力：闽台三村五论. 北京：生活·读书·新知三联书店，1997.

⑦ 于建嵘. 岳村政治——转型期中国乡村政治结构的变迁. 北京：商务印书馆，2001.

⑧ 吴毅. 村治变迁中的权威与秩序——20 世纪川东双村的表达. 北京：中国社会科学出版社，2002.

件史和国家的历史权力话语持批评态度①。在具体的研究中，他们把个案的、区域的研究置于对整体历史的关怀之中，注意从中国历史的实际和中国人的意识出发理解传统中国社会历史现象，从不同地区移民、拓殖、身份与族群关系等方面重新审视传统中国社会的国家认同，又从无时不在、无处不在的国家制度和国家观念出发理解具体地域中"地方性知识"与"区域文化"被创造与传播的机制。在追寻区域社会历史的内在脉络时，特别强调"地点感"和"时间序列"的重要性②。随着该学派高水平研究成果日益丰硕，影响与日俱增，其研究方法愈来愈受学术界的关注和重视。

　　王铭铭的《社区的历程——溪村汉人家族的个案研究》是运用"社区史"方法开展村落社区研究的代表作之一③。为了避免三四十年代社区民族志的"无时间性"和社会达尔文主义"宏大历史叙事"的"无地方感"，把村庄社区与时间和空间广阔的国家与社会关系史勾连起来，该书试图采用一种社区史的叙述框架，提供闽南村庄与超越社区的国家与社会力量之间关系的历史视野④。尽管曾有历史学家对该书提出尖锐批评⑤，该书亦确有田野资料难以支撑其与西方理论"对话"的明显不足，然作者采用历时性的叙述架构，将溪村的社区历程与中国大历史联系起来进行阐述，不仅"超越"了村落的空间，而且"充实"了"村落的历史"⑥，诚为一种难能可贵的探索。英国社会人类学家王斯福（Stephan Feuchtwang）对该研究评价说："社会结构、经济组织、规则和权威的包罗万象的形成在过去一直是社会学和人类学的主要研究对象。不过，在社会学和人类学的论述中，很少包容结构形式的转型和改造过程。溪村的研究提出了在结构的研究中包容历史过程的观点。在这里，'历史学'意味着对结构转型过程的研究。结构变迁的过程不是简单的单线历史。溪村的个案研究不仅是一个村落历史的叙说，它的漫长而广博的故事告诉我们许多社会形态如何在同一社区的获得自我表

---

① 张小军. 历史的人类学化和人类学的历史化——兼论被史学"抢注"的历史人类学. 历史人类学学刊，2003，1（1）：1～28.
② 陈春声. 走向历史现场. 见：张应强. 木材之流动：清代清水江下游地区的市场、权力与社会. 北京：生活·读书·新知三联书店，2006：Ⅰ～Ⅶ.
③ 王铭铭. 社区的历程——溪村汉人家族的个案研究. 天津：天津人民出版社，1997：5～9.
④ 王铭铭. 走在乡土上——历史人类学札记. 北京：中国人民大学出版社，2003：24.
⑤ 曹树基. 中国村落研究的东西方对话——评王铭铭《社区的历程》. 中国社会科学，1999（1）：119～133.
⑥ 刘朝晖. 超越乡土社会：一个侨乡村落的历史文化与社会结构. 北京：民族出版社，2005：17.

现的方式。这些社会形态是大的政治、经济、文化系统背景下产生的,而且在不同的时代以不同速度变化。"①"江村的研究已成为模式,溪村也可以被作为模式对待。当然,在其他的个案研究中,可能发现不到溪村的制度,因为在中国其他地方家族和节庆可能不如溪村流行。不过在中国和中国以外的地区,历史的写作可以采用溪村的模式。"② 王斯福的评价是否公允,姑且不论,溪村的研究对于中国乡村社区研究的启迪作用是不容忽视的。

综而观之,自中国进入"现代"以来,"乡土中国"便凸显在人们的面前。社会人类学通过村落社区研究来体现其"乡土关怀",形成了中国乡村社区研究的学术传统。这一传统在 20 世纪五六十年代经历过反思之后,得到了传承和发展。学者们为实现研究村落、认识中国的学术追求,在突破功能主义的"封闭性社区整体论"和"无历史"局限的努力中,造就了中国乡村社区研究的新特点和趋势。

二、现代背景下社会变迁的社会人类学理论脉络

"近代世界体系的成长,为当前的世界带来了一个'现代的时代'(the age of modernity)。无论是西方的资本主义民族—国家还是非西方的新民族—国家,都是以确立这个'现代的时代'为号召而奠定其权力基础的。它们共同地把迈向这个时代的历程和手段称为'现代化'。"③ 关于现代背景下社会变迁的理论,传统社会人类学中有两大学术传统和学术流派:一是以西方发达国家的现代化为研究对象的现代化理论(theories of modernization);一是以拉丁美洲、非洲和东亚发展中国家的社会发展为研究对象的发展理论(theories of development)。而中国学者以中国现代社会变迁为研究对象提出的社会转型理论(theory of social transformation)是与前两大传统和流派构成三足鼎立格局的新理论流派④。

现代化理论产生和兴盛于 20 世纪五六十年代。其现实背景是由于第二次世界大战后,新的科技革命很快治愈了西方资本主义世界的战争创伤,在 20 世纪中后期实现了持续高速的经济增长,许多学者对西方资本主义制度产生了敬仰和

---

① 王铭铭. 社区的历程——溪村汉人家族的个案研究. 天津:天津人民出版社,1997. "序"第 2 页.
② 同上:"序"第 3 页.
③ 王铭铭. 变迁·现代性·文化思考. 见:马戎,周星,主编. 田野工作与文化自觉(下). 北京:群言出版社,1998:1371.
④ 孙立平. 社会转型:发展社会学的新议题. 社会学研究,2005,(1):1~24.

崇拜，开始从理论上论证其优越性和合理性。冷战局面的形成及第三世界国家发展经济的急切性也加强了一些学者对西方社会制度的信仰。于是，一些理论家试图对西方的现代化经验进行概括和抽象，将之推广到发展中国家，从而实现"现代化"。现代化理论产生后，不仅为西方发达国家广泛接受，而且很快在许多发展中国家传播和扩散，一时成为主导理论。

现代化理论的主要代表人物有帕森斯（Talcott Parsons）、霍斯利兹（Berthod F. Hoselitz）、列维（Marion J. Levy）、英格尔斯（Alex Inkeles）、艾森斯塔德（Samuel N. Eisenstadt）、麦克莱兰（David McClelland）等。他们继承了古典社会学关于社会变革与进化的"两极论"，武断地认定西方社会是现代社会，西方社会所具有的特征是现代社会的特征。而与西方社会不同的非西方社会是传统社会，其社会的特征是在与西方社会特征比较和对立中得以理解和定义的。传统社会与现代社会二分法是现代化理论展开所有理论分析的基础。他们认为，在传统社会与现代社会之间，存在一个"中心点"，只有突破这一中心点，传统社会才能进入现代社会。现代化是传统社会自然而然地通过进化的不同阶段而进入某种稳定成熟状态的"内生性变迁"。非西方发展中国家之所以未能实现现代化，是因为缺乏"追求现代化的意志力"，原因在于本土文化的"传统性"。既然现代化是从传统社会向现代社会的过渡和转化，现代化最早出现于西方，而且是西方文明自身发展起来的，因而非西方发展中国家实现现代化的唯一途径就是西方化[1]。现代化理论虽能给人们以某些启迪，但它"是一种过于简单的发展理论，它缺乏两点基本内容，一是充分的历史阐释，二是足够的结构分析"[2]。其观点中所体现的西方中心主义、社会进化论、传统与现代对立观、发展内因论等，谬误和偏颇也是明显的。所以，20世纪60年代之后，它在尖锐的批评声中失去了主导理论的地位。

现代化理论的影响力日渐式微之时，立足于研究发展中国家的发展理论兴盛起来，影响越来越大。发展理论主要包括依附理论和世界体系理论。

依附理论是以马克思的社会理论为基础，借鉴缪尔达尔（Gunnar Myrdal）、普雷维什（Raul Prebisch）等经济学家的理论观点，在挑战现代化理论的过程中产生的。20世纪60年代之后，一些非西方发展中国家践行现代化理论的不良经济社会后果日益显露。这些国家实行现代化理论所主张的"西方化"和"经济增长第一"的发展模式，积极对西方开放，引进西方资本，输入西方科

---

[1] 张琢，马福云. 发展社会学. 北京：中国社会科学出版社，2001：66~73.
[2] [英] 安德鲁·韦伯斯特. 发展社会学，陈一筠译. 北京：华夏出版社，1987：38.

技，优先发展经济，尽管取得了较快的经济增长，但经济政治和社会问题更加突出：经济上，与发达国家的差距拉大，发达国家通过跨国公司控制发展中国家的经济命脉，把经济危机转嫁到发展中国家；政治上，受西方发达国操纵，军事政变频繁，政权更迭，直接危及人民生命财产安全，严重阻碍了经济社会发展；在社会上，贫富分化日益严重，人口增长迅速，劳动力过剩，农村凋敝，城市恶性膨胀。所有这些现象说明，以现代化理论为指导追求现代化，不仅不能带来社会的全面发展，反而使发展中国家被纳入了世界资本主义体系，沦为了西方发达国家的附庸。于是，拉丁美洲、非洲等地的一些学者从西方发达国家与非西方发展中国家的不平等关系入手，提出了依附理论。该理论的主要代表人物有弗兰克（Andre G. Frank）、阿明（Samir Amin）、桑托斯（Santos）等。

与现代化理论基于"传统社会"和"现代社会"二分法对非西方发展中国家的不发达进行分析相类，依附理论以"中心国家"（西方发达国家）和"边陲国家"（非西方发展中国家）的二分展开理论分析。但与现代化理论注重社会内部因素，用"传统性"来解释非西方发展中国家的不发达不同，依附理论注重社会外部因素，用"中心"与"边陲"之间的不平等关系解释非西方发展中国家的不发达：西方发达国家利用不平等的世界政治经济格局和不平等的国际贸易关系控制和剥削非西方不发达国家，是非西方不发达国家不发达的原因，因而，西方与非西方的中心化与依附化、发达与欠发达是同一过程的两个方面，非西方发展中国家与西方发达国家联系越紧密越不能实现现代化，唯有摆脱西方发达国家的剥削和控制才能发展，发展与依附水火不容①。

依附理论主要是从拉丁美洲和非洲的实践经验中提升建构起来的。20世纪70年代中期之后，随着日本、韩国、新加坡、台湾、香港等东亚国家和地区的崛起，依附理论的偏颇、局限和谬误愈来愈清晰地显现在人们面前。于是，由沃勒斯坦（Immamuel Wallerstein）及其同事提出的世界体系理论便逐渐取而代之成为主导性理论。

受依附理论、结构主义、法国年鉴学派等多种社会理论影响的世界体系理论，用系统的观点来分析整个世界及其组成部分的发展变化，认为社会变迁乃产生于一个特定的体系。当代社会体系只有一个，即最初形成于16世纪并延续至今的资本主义世界经济体系。这个体系会自然生发出核心、半边陲和边陲三个层次，构成它的基本结构。此基本结构会保持不变，直至世界体系崩溃。但一个国

---

① 张琢，马福云. 发展社会学. 北京：中国社会科学出版社，2001：80~91.

家或地区在世界体系中的地位是可以改变的,当然这不仅取决于自身的努力,而由世界体系的整体状况决定,发展的意义就在于改变自己在世界体系中的位置,实现由边陲向半边陲甚至向核心位置的提升。

世界体系理论比起现代化理论和依附理论来严谨、周密了许多,但仍有不少不完善之处,如其"结构决定论"的观点、以整体研究代替具体国家历史传统和发展道路探讨的倾向、循环论色彩浓厚等,都招致了尖锐的批评。而随着世界体系理论主导地位的动摇和丧失,自 20 世纪七八十年代之后,在国际学术界,发展理论没有了主导理论,而呈现出分化与综合的新趋势①。

正是在这个时候,中国认识到"发展是硬道理",实行改革开放,重启现代化运动,积极建设社会主义现代化。重获生机的中国社会学人类学在考察中国现代化的百年历程,探讨中国现代化道路、中国现代社会变革等诸多问题时发现:历史悠久、文化传统深厚的中国现代化与西方国家的现代化有很大的差别;近现代以来,或许在某个时期中国与西方发达国家构成依附关系,中国处于世界体系基本结构的"边陲"地位,但是否一直是依附关系,是否一直处于世界体系之中,也大可质疑;因而不论是现代化理论、依附理论,还是世界体系理论,都不完全适用于解释和概括中国波澜壮阔的现代社会变迁和现代化过程。如何解释和概括中国现代社会变迁和现代化过程中各式各样的社会现象和问题?中国的学者们孜孜不倦地开展着自己的理论探索。到 20 世纪 80 年代末期 90 年代初,一个以中国现代社会变迁为对象的社会人类学理论——社会转型论逐渐浮出水面。1989 年,郑杭生在《中国社会学年鉴 1979~1989》中发表《转型中的中国社会和成长中的中国社会学》一文,首次提出"社会转型"概念。1992 年,李培林在《中国社会科学》第 5 期发表《另一只看不见的手:社会结构转型》,对社会转型问题作了比较系统的阐述。此后,有关中国社会转型、转型社会和转型中的中国社会的研究成果不断涌现。据不完全统计,仅 1994~2003 年,各报刊发表的有关社会转型的文章就有 200 多篇②。各种论著也是目不暇接,如《转型中的中国社会》(黑龙江人民出版社,1994 年)、《中国社会转型中的社会问题》(中国人民大学出版社,1996 年)、《当代中国农村社会转型的实证研究》(中国人民大学出版社,1996 年)、《转型中的中国社会和中国社会的转型》(首都师范大学出版社,1996 年)、《从传统向现代快速转型中的中国社会(1994~1995)》(中国人民大学出版社,1996 年)等,不胜

---

① 张琢,马福云. 发展社会学. 北京:中国社会科学出版社,2001:105~116.
② 郭德宏. 中国现代社会转型研究评述. 安徽史学,2003,(1):87~91.

枚举。除了概念和理论阐述外，一批学者还围绕社会转型的一些基本问题和基本方面开展了一系列的实证研究①。同时，学界同行还多次召开学术研讨会就社会转型问题进行交流和研讨，如华中师范大学于1995年10月召开"社会转型与文化变迁国际学术研讨会"；上海哲学学会与华东师范大学人文学院于2000年3月联合召开"社会转型与社会心态学术研讨会"；《近代史研究》编辑部与武汉大学中国传统文化研究中心于2000年11月联合召开"中国近代化史与社会转型学术研讨会"②。大约到20世纪末21世纪初，中国社会转型理论已基本形成并兴盛起来。

"社会转型"（Social Transformation）是社会转型理论的核心概念。尽管关于"社会转型"的定义，历来是见仁见智，众说纷纭③，但人们大多同意其最宽泛的含义乃指社会从传统型向现代型转变。"社会转型"强调的是社会结构的转型。社会转型理论之所以以"传统型社会"和"现代型社会"的术语区别于"传统社会"和"现代社会"，如同郑杭生所说，是为了避免重蹈现代化理论将传统与现代对立起来的覆辙。他们认为，传统和现代这两者除了有相互矛盾、相互对立的一面，事实上还有相互依存、相互吸收的一面。就中国社会来说，尽管传统因素还这样那样地起着主导作用，但是现代因素也显现在社会生活的各个方面，早就不是那种典型的传统社会了，而且分别看来，纯粹传统的东西也很难找到，总是多多少少、程度不同带有一些现代的特点，可以说是你中有我，我中有你；同时，传统因素不仅可以转化为现代因素，而且如果方针和做法正确，还可以成为促进现代化的深层因素。即使将来现代因素实际上起主导作用了，传统因素也仍然会以不同的方式在社会生活的各个方面存在，成为现代生活中一个不可缺少的部分，那时，也不可能是纯粹的现代社会④。以此观点看来，中国现代社会变迁是一个全面、深刻且非常复杂的过程，这个过程既不仅仅是现代化，也不仅仅是发展，而是一个现代性生长与传统性隐退及融合的过程，用"社会转型"来概括是适宜的。就社会整体而言，它是一个从传统因素占主导地位的社会转变为现代因素占主导地位的社会的过程。但在这一总的过程之下，既有从传统

---

① 郑杭生．社会转型论及其在中国的表现——中国特色社会学理论探索的梳理和回顾之二．广西民族学院学报（哲学社会科学版），2003，(5)：62～73．

② 胡瑞琴，俞祖华．近代中国社会转型问题研究综述．青岛大学师范学院学报，2006，(3)：57～64．

③ 郭德宏．中国现代社会转型研究评述．安徽史学，2003，(1)：87～91．

④ 郑杭生．中国社会的巨大变化与中国社会学的坚实发展——以社会运行论、社会转型论、学科本土论和社会互构论为例．江苏社会科学，2004，(5)：46～52．

向现代的转变，又有现代向传统的转变，还有传统向传统的转变，以及现代向现代的转变。这些进程在中国现代社会变迁中同时交叉显现，构成了中国现代社会变迁的鲜明特点。

自 1840 年以后，中国社会进入了社会转型期，成为一个转型社会，这是社会转型理论的一个基本判断。为了深入分析中国社会转型漫长的历史过程和复杂的社会事象，把握中国社会转型的特点，社会转型理论的学者们提出了"社会转型度"和"社会转型势"两个基本工具概念。所谓社会转型度，是衡量社会转型状况的一个范畴，它由社会转型的速度、广度、深度、难度、向度五个次级概念构成。社会转型速度衡量社会转型的快慢程度；广度衡量社会转型所涉及的社会领域范围；深度衡量社会转型在经济、政治、文化、社会生活和价值体系等方面纵深发展的程度，以及社会转型在社会结构各层间递进的策划能够度；难度衡量社会转型促进和阻碍因素的消长；向度是指现代化道路的选择。社会转型势指的是社会转型能力，是分析一个国家或地区、一个社会或社区社会转型能力、转型态势、转型趋势不平衡的概念工具。社会转型度和社会转型势构成了社会转型理论把握中国社会转型的两大视角①。20 世纪 90 年代以来，学者们以此为主要的基本线索，开展了一系列的社会转型研究。

社会转型理论是中国学者在认真考察中国数千年历史发展轨迹的基础上，总结归纳中国现代社会变迁的实际情况提出的。作为由中国本土学者建立起来的原创理论，相形于从国外引进的现代化理论、依附理论和世界体系理论因"水土不服"而苍白无力，社会转型理论显示出了旺盛的生命力，因为"从社会转型的视角来考察近代中国的发展过程，有助于全景式地把丰富多彩的近代历史展现出来并便于把握其发展规律"②。尽管目前社会转型理论的内涵尚不乏模糊、粗糙之处，尚未形成一个统一、系统而严密的体系，但作为一种理论视角，它对中国现代社会变迁复杂过程具有强大解释力和高度概括力，而且，这一理论视角是开放的，随着社会的发展变化和研究的不断深入，社会转型理论也在与时俱进，不断充实、完善自己。如有的学者提出，面对信息化浪潮席卷全球的世界大势，要以社会转型"农业—工业—信息业"的"三分范式"和工业化、信息化的"社会双重转型论"，取代"农业—工业"的"二分范式

---

① 郑杭生，主编．当代中国农村社会转型的实证研究．北京：中国人民大学出版社，1996：3～53．

② 孙占元．中国近代化问题研究述评．史学理论研究，2000，(4)：131．

转型论",赋予"社会转型"概念新的内涵①。有的学者认为,"现代社会"是对转型社会良性发展后果的一种总体概括。在人类社会由旧式现代性向新型现代性转向的潮流之下,人们对社会转型的指向现代社会有更新和深化认识的必要,因而要以社会互构论对社会转型论作补充和拓展②。而另一些学者,则关注现实,针砭时弊,以创新理论的抱负和深厚的社会关怀,直面中国社会转型过程中出现的各种社会现象和问题,从中概括和升华出新概念、新观点。最引人注目的是,近年来,孙立平先后出版了《断裂——20世纪90年代以来的中国社会》③、《失衡——断裂社会的运作逻辑》④和《博弈——断裂社会的利益冲突与和谐》⑤等著作,提出了"断裂社会"、"权利失衡"、"利益博弈"、"结构先于制度定型"、"底线失守"、"上层寡头化"、"下层民粹化"等概念和观点,大大拓展了中国转型社会研究的议题,丰富了社会转型理论的内涵⑥。现如今,社会转型理论已经成为研究中国现代社会变迁最重要的理论范式之一,有的学者还提出了创建转型社会学倡议⑦。

第三节 研究思路、资料来源和框架结构

一、研究思路

从回顾中国乡村社区研究历程和梳理现代背景下社会变迁的社会人类学理论脉络中获取灵感和思路是非常必要和重要的。平安寨虽然是一个边远的少数民族村落,但它和全国所有村落一样,自古与村落外的世界有千丝万缕的联系,特别是随着交通等条件的改善和进步,平安寨成为旅游胜地之后,世界各地游客从四

---

① 王雅林. 社会转型理论的再构和创新发展. 哈尔滨工业大学学报(社会科学版),1999,(1):44~49.

② 王道勇. 现代性延展与社会转型——从概念体系角度考察社会转型论与社会互构论的统合性. 学习与实践,2007,(2):109~115.

③ 孙立平. 断裂——20世纪90年代以来的中国社会. 北京:社会科学文献出版社,2003.

④ 孙立平. 失衡——断裂社会的运作逻辑. 北京:社会科学文献出版社,2004.

⑤ 孙立平. 博弈——断裂社会的利益冲突与和谐. 北京:社会科学文献出版社,2006.

⑥ 郭于华. 转型社会学的新议程——孙立平"社会断裂三步曲"的社会学述评. 社会学研究,2006,(6):195~211.

⑦ 孙立平. 转型与断裂:改革以来中国社会结构的变迁. 北京:清华大学出版社,2004:Ⅰ~Ⅳ.

面八方络绎不绝而至，外来经营者纷至沓来与村民一起参与旅游业及相关行业的经营，小小平安寨不仅内部关系更加盘根错节，而且融入了国内甚至国际市场，与外部世界的联系更加紧密。国家的统治从间接到直接，愈来愈深入，其影响如同市场一样，越来越不容忽视。显然，这不是一个"孤立的、简单的、未开化的部落社会"，而是一个开放的体系。从太平洋诸岛移植过来的传统"民族志方法"——将每个社会每种文化想象成一个整合的、封闭的系统来进行研究的"微型社区研究法"，不足以把握其社会文化变迁的特点。事实上，任何社会都不是完全孤立、封闭的，人类学将其研究对象划分为彼此分立的个案，并把它们想象成一个整合的、封闭的系统，是一种误导。正如埃里克·沃尔夫（Eric R. Wolf）指出，人类的接触与影响是普遍的，人类社会，不论是史前社会、原始社会，还是现代社会，都不是封闭的系统，而是开放的系统，它们都不可避免地与其他或远或近的群体发生复杂的关系，共处在蛛网和网结般的联系之中。"他们的"历史和"我们的"历史都是作为同一历史的一部分而出现的，只不过由于经济、政治或意识形态的原因而被传统研究所压制或忽略了①。所以，只有超越村落社区"边界"，将平安寨置于与中国历史及与村落以外的区域、国家甚至世界体系的联系中，对其社会结构变迁过程加以考察，才能够揭示其中的特殊性及其所蕴涵的一般性意义。

如果我们不再将这个世界视为一个个独立的社会和文化组成，而是看作总体，一个整体，一个系统；如果我们更好地理解了这个整体是如何在时间中发展的；如果我们更严肃地将人类群体置于与其他群体的网络式联系当中来考察，那么，我们对这个世界的理解就会发生变化。当我们理清了在特定人群生活中发挥作用的因果链时，我们会看到，它们也超越了任何一个群体，包含着其他群体的生活轨道②。沃尔夫在《欧洲与没有历史的人民》中所强调的这一认识可能来自他此前研究乡民社会的启发。1966年，他发表《乡民社会》（*Peasants*）一书，突破了人类学研究乡民社会的鼻祖雷德菲尔德（Robert Redfield，1897~1958）视乡民社会为文明地区的"部落单元"的理论③，与他的追随者一道，建立起乡民社会的"部分社会"理论，认为"乡民

---

① [美] 埃里克·沃尔夫. 欧洲与没有历史的人民，赵丙祥，刘传珠，杨玉静，译. 上海：上海世纪出版集团，2006：26~27.

② 同上：450.

③ [美] 沃尔夫. 乡民社会，张恭启，译. 台北：巨流图书公司，1983：3~4.

仅系复杂的大社会之一部分"①，乡民社会"结构性的变迁大致是乡民社会之外的力量造成，至少是触发"②，"乡民社会与经济的转变即是经由自动及被动变迁两者以及外在冲击与内在反应两者的交互影响"③，"必须从大社会的政策与政治社会结构求得解释"④。这些论述显然对于平安寨经济社会变迁的研究具有借鉴意义。

关键是，我们该如何实现将平安寨置于一个较大的时空联系中来考察的目标，即如何落实所期待的研究方法的转变？沃尔夫认为，当我们视人类群体在时间和空间中相互联系着，且对不同的生产方式产生的力量作出反应，我们就必然会以更具有过程性的方式来思考社会和文化。他精辟地分析道：

  一旦我们将社会的现实放在历史地变化着的、没有确定的界限的、多重的和分歧的社会联合中来看待，那么，固定的、统一的和有界限的文化就必须让位于文化丛（cultural sets）的可流动性与可渗透性观念。在社会互动的混乱状态中，群体必须利用传统形式的含混性，强加给它们以新的价值或效用，借用更符合自身利益的形式，或者创造全新的形式，以应对当前已经变化了的环境。不止如此，如果我们不再将这种互动看作是由自身原因导致的，而是对更大的经济与政治力量作出的反应，那么，我们在对文化形式作出解释时就必须考虑这个更大的情境，这个更广泛的力量场域。因而，"一种文化"最好还是被看做是一系列的过程，它们在应对可确定的决定因素时不断地对文化素材进行建构、重构与分解。⑤

依此看来，当把平安寨置于一个较大的时空联系中来考察时，我们可以将其近当代的经济社会文化变迁看做是"乡土重构"的过程。这一重构过程是不同文化相互作用的结果。要揭示这一文化互动的过程和实质，必须将之置于所处政治和经济情境中来做历史取向的分析。因而，对平安寨"乡土重构"的考察应该是与中国大社会的变迁联系起来的社区史研究。

当然，在按此思路开展研究时，笔者也注意到萨林斯（Marshall Sahlins）对世界体系理论和沃尔夫的批评：

---

① ［美］沃尔夫. 乡民社会，张恭启，译. 台北：巨流图书公司，1983：12.
② 同上：190.
③ 同上：192.
④ 同上：193.
⑤ ［美］埃里克·沃尔夫. 欧洲与没有历史的人民，赵丙祥，刘传珠，杨玉静，译. 上海：上海世纪出版集团，2006：453.

那种观念认为,西方资本主义或所谓的世界体系在全球范围内的扩张,业已将那些殖民化的、"边缘化的"人民变成了他们自身历史的消极对象,而非他们自身历史的创造者,而通过纳贡式经济关系,同样也将他们的文化转变成了水货(adulterated goods)。在《欧洲与没有历史的人民》一书中,沃尔夫(Eric Wolf)不得不坚持说,我们应当将注意力放在这些人民身上,他们是真正的历史主体,而决非仅是他们自己的屈从命运的"牺牲品和沉默的目击者"(Wolf, 1982:X)。沃尔夫之所以如此说,乃是在于,在世界体系理论的早期日子里,人类学除了为资本主义提供全球性民族志之外,看起来似乎再也无事可做了,人类学将只有提供证据的命运。因为,其他社会不再被认为拥有它们自己的"运行法则";而除了西方资本主义统治有能力赋予它们以"结构"或"体系"之外,它们就再也没有什么"结构"或"体系"可言了。但若认真思索这些观念的话,难道它们本身不恰好只不过是采取了学术形式的同样一种资本主义统治方式吗?因为西方在物质方面业已全面侵入了其他人的生活,看起来西方现在也会在知识层面上否认他人的生活具有任何文化一体性。世界体系理论恰恰变成了它所蔑视的那个资本主义的上层建筑式表达——它实乃世界体系自身的自我意识。①

在萨林斯看来,沃尔夫提请人们要将"没有历史的人民"视为历史主体,但他实际上显示给人们的却是,他们如何被吸纳进更大的体系之中,去忍受它的冲击,并成为它的代理人。这主要是因为沃尔夫如同许多世界体系论者一样,对马克思主义—功利理论(Marxist-utilist theory)情有独钟。实质上,世界体系不是一种摇摆于经济"冲击"与文化"反应"之间的比例关系的物理学。全球性物质力量的特定后果依赖于它们在各种地方性文化图式中进行调适的不同方式。所以他说:

> 我们必须将其历史进程视为一个文化过程。西方资本主义将巨大的生产力、强制力和毁坏力释放给这个世界。但确切地说,正因为这些力量是难以抗拒的,更大体系中的关系和物品同样在地方性的事物图式里面寻觅到了富有意义的位置。结果,正如新的事物获得了一种特定类型的文化一体性一样,地方社会的历史变迁也延续了被取代的文化图式。

---

① [美]马歇尔·萨林斯. 资本主义的宇宙观——"世界体系"中的泛太平洋地区,赵丙祥,译. 见:王铭铭,主编. 人文世界:中国社会文化人类学年刊(第一辑). 北京:华夏出版社,2001:82~83.

因此我们不得不去探讨，本土人民究竟如何努力运用从逻辑方面和本体论方面来说都更具包容性的东西来统合他们对于世界体系的经验：那更具包容性的东西就是他们自身拥有的世界体系。①

鉴于世界体系理论和沃尔夫的偏失，在把平安寨乡土重构与中国大社会的变迁联系起来作社区史研究的视阈下，笔者始终视平安寨近代以来的历史为一个文化过程，时刻警惕着将当地人民视为"被动的"、"消极的"对象，力图在充分展现平安寨"乡土重构"过程的极大复杂性中，揭示外来文化在地方性文化图式中调适的方式和后果。

以往，人们很自然地把"现代化"与"工业化"、"理性化"、"资本主义化"相联系，似乎"现代化"就是一种方向性极强的经济或经济观念转型。但是，近年来的思想发展却表明，"现代化"并非简单的是一个经济过程，而是一个权力和文化相互交织的复杂过程②。为了全面展现平安寨现代背景下的"乡土重构"，本文首先考察的一个过程或线索是其经济变迁。英国学者厄内斯特·盖尔纳（Ernest Gellner）在研究民族与民族主义时认为，工业化及其所带来专业化、标准化和流动性是现代社会变迁的重要因素。工业化使农业生产向"国民经济"转型，工业化所需要和导致的"高层次文化"侵入社区，排斥和压抑社区传统文化。因为，"只有由学校传授而不是由亲属传授的文化，才能赋予工业人以可用性、尊严与自尊，相应的，没有任何其他的事物能够在任何可与之相比的程度上做到这一点"③；"曾几何时，教育还是一种村舍产业活动，乡村或者氏族就可以造就人。那个时代已经一去不复返了。（对教育来说，'小的'只有附属于'大的'才会是'美好的'。）外部社会化，在地方家族关系的单位之外进行人的生产和再生产现在已经成为规范，而且必须如此。外部社会化的强制性要求，是解释国家与文化现在为什么必须联系在一起的主要线索。在过去，两者之间的联系是稀少的、偶然的、多变的、松散的，而且

---

① ［美］马歇尔·萨林斯. 资本主义的宇宙观——"世界体系"中的泛太平洋地区，赵丙祥，译. 见：王铭铭，主编. 中国社会文化人类学年刊（第一辑）. 北京：华夏出版社，2001：83~84.

② 王铭铭. 变迁·现代性·文化思考. 见：马戎，周星，主编. 田野工作与文化自觉（下）. 北京：群言出版社，1998：1371.

③ ［英］厄内斯特·盖尔纳. 民族与民族主义，韩红，译. 北京：中央编译出版社，2002：48.

往往是最低限度的。现在，这种联系是必不可少的"①。尽管中国的工业化道路曲折崎岖，步履蹒跚，但自鸦片战争以来，在自衰败、半殖民地化、革命化、现代化四个交互重叠的过程中，中国传统的发展轨道已被打破，开始被纳入现代世界发展的大潮之中。在世界变革浪潮的推动下，中国传统农业社会向适应现代工业的社会经济体制缓慢转换②。这一社会经济变革潮流及其所产生的"雅文化"势必影响到社区，与社区传统社会经济发生互动，使社区社会经济发生变化。因此，经济变迁是考察平安寨近代以来"乡土重构"的重要切入点和内容。

本文考察的另一个过程和线索是社会重构。对于"现代化"（modernization），马克思（Karl Marx）试图归结为资本主义经济；涂尔干（Emile Durkheim，或译为"迪尔凯姆"）试图归结为工业化；韦伯（Max Weber）试图归结为理性化的过程。吉登斯（Anthony Giddens）则突破了古典社会学从单一制度性角度来看待现代性和现代化的理论，从资本主义、工业主义、社会监控和军备力量四个方面阐述了现代性的制度构成与前现代社会的区别。他认为，"现代化"是社会中"配置资源"（allociatie resources）和"权威资源"（authoritative resources）同时得到高度增长的过程。所谓"配置资源"，即社会中生产和消费的资源，而"权威资源"乃行政权力制度和社会控制制度的资源③。现代社会转型除了生产力的提高、人的理性化和社会分工的发展外，更重要的是国家形态的变化。"现代性产生明显不同的社会形式，其中最为显著的就是民族—国家"④，资本主义、工业主义、社会监控和军备力量四个方面，由于与民族国家的现代体系紧密联系在一起，组成了一种建立在国家主权基础上，却又必然要削弱这种主权的、必然具有全球化倾向的现代社会结构⑤。而由传统国家（traditional state）、绝对主义国家（absolutist state）到民族—国家（nation-state）的过程，是社区内部人民从地方性制约中解放出来，直接面对国

---

① [英]厄内斯特·盖尔纳. 民族与民族主义，韩红，译. 北京：中央编译出版社，2002：51.

② 罗荣渠. 现代化新论. 北京：北京大学出版社，1993：238～243.

③ [英]安东尼·吉登斯. 民族—国家与暴力，胡宗泽，赵力涛，译. 北京：生活·读书·新知三联书店，1998：1～6.

④ [英]安东尼·吉登斯. 现代性与自我认同，赵旭东，方文，译. 北京：生活·读书·新知三联书店，1998：16.

⑤ 文军. 承传与创新：现代性、全球化与社会学理论的变革. 上海：华东师范大学出版社，2004：53～54.

家的全民性规范、行政监视、工业管理、意识形态的影响和制约的过程①。虽然吉登斯对现代性的理解及其对现代化的论述明显具有欧洲中心论的色彩，他所谓"传统国家"、"绝对主义国家"和"民族—国家"的概念及其演进顺序，倘若生搬硬套，难免会误读中国的历史，但从世界历史范围来看，民族—国家和各种国家体系的建立，确是近代社会的主导过程之一，对很多社会过程发生了不可忽视的影响。中国近代以来对现代性（modernity）的追求，也确实经历了"国家政权建设"的过程，国家政权扩展、延伸到了乡村。因此，本文将循此线索，以"政治—社会史"的研究路径②，从政治切入社会，在"政治—社会"的分析框架下，通过考察平安寨传统权力结构与下沉的国家政权的互动过程，对其社会重构作深入解读。

这一研究思路与杜赞奇对近代以来中国乡村变迁的思考所见略同。杜赞奇在《文化、权力与国家——1900~1942年的华北农村》开篇即指出：

> 在20世纪前半期的乡村中国，有两个巨大的历史进程值得注意，它们使此一时期的中国有别于前一时期。第一，由于受西方入侵的影响，经济方面发生了一系列的变化；第二，国家竭尽全力，企图加深并加强其对乡村社会的控制③。

而当把经济变迁和社会重构结合起来考察的时候，笔者认识到，平安寨的"乡土重构"过程实质上是一个社会转型的过程。特别是20世纪90年代末，平安寨进入了一个社会转型加速期，它正在超越"乡土性"，从一个农业的熟人社会向非农业的、开放的、匿名的现代型社会转变，其间不仅经历着从农业社会到信息社会的跨越，经历着从前现代性到现代性的转变，而且经历着从旧式现代性向新型现代性的转变④。因而对平安寨"乡土重构"的考察不仅要在社会转型理

---

① ［英］安东尼·吉登斯. 民族—国家与暴力，胡宗泽，赵力涛，译. 北京：生活·读书·新知三联书店，1998：1~212.
② 徐永志、戴巍. 政治—社会史：深化史学研究的新路径. 史学月刊，2007,（1）：117~122.
③ ［美］杜赞奇. 文化、权力与国家——1900~1942年的华北农村，王福明，译. 南京：江苏人民出版社，1994：1.
④ 新型现代性是一个与旧式现代性相对应的概念，是对现代性概念内涵和外延的积极拓展。旧式现代性是指那种以征服自然、控制资源为中心，社会与自然不协调、个人与社会不和谐，自然和社会付出双重代价的现代性。新型现代性是指那种以人为本，人与自然双盛，人和社会双赢，两者关系协调和谐的现代性。目前，旧式现代性的负面后果日益显著，旧式现代性已深陷危机之中，人类正由旧式现代性向新型现代性转变。这是不可抗拒的世界潮流。（参见：郑杭生. 新型现代性及其在中国的前景. 学术月刊，2006,（2）：21~24.）

论的观照下，展现其复杂过程，还要把其在社会转型过程中出现的"社会断裂"、"权利失衡"、"利益博弈"等社会现象和图景，置于社会转型的基本背景框架下进行分析和论述，以揭示其内在本质和逻辑，为建构和谐社会提出对策思路。

二、资料来源

本文立论所依据的资料主要有三个来源：一是笔者的田野调查；二是民间碑刻、谍谱、地方史志、官方统计及当地文人笔记；三是前人的调查和研究文献。

（一）田野调查

笔者初识平安寨至今已有10多年，早在1992年笔者就到该寨进行过体质人类学调查，而后又多次到当地做过短期的采风，但真正严格意义上的社会文化人类学的田野调查是从2006年暑假期间开始的。当时笔者为了确定博士毕业论文的田野点，到该寨作了为期1个月的"预调查"。后来，在2007~2008年间，又到当地开展了为期共约6个月的调查。由于笔者不是要全面展示一个中国乡村社会的人文类型，我们的田野调查不是面面俱到，而是具有强烈的问题取向。问题发现于笔者对平安寨当下状况的考察：一方面，1990年代末期以来，由于旅游的兴盛，平安寨非农经济飞跃发展；另一方面，寨子与旅游公司和县乡政府关系有欠融洽。那么，其非农经济是如何发展起来的？它对村民意味着什么？为什么经济发展没有带来社会的和谐？如何才能使经济与社会和谐发展？笔者正是带着这些问题从上述两条线索展开调查和研究的。调查主要采用参与观察、深度访谈（depth interview or unstructural interview）和半结构性访谈（semi-structured interview）的方法进行。调查的第一步是一种"普查式"的调查。笔者在助手的协助下，挨家挨户地作家户基本情况的普查，并与村民就村寨的一些公共话题作开放式漫谈。第二步是在参与观察他们日常生活的过程中，与村干部、村民、教师和外来经营者、打工者等作深度访谈和半结构性访谈（图1-1）。具体访谈对象，既有一定的选择性，又有一定的随机性。选择性是指调查者在选定访谈对象时尽量考虑到了不同的身份、地位和角色。随机性是由于当地是旅游风景区，中外游客来来往往，村民们忙于"做生意"，且由于旅游发展之后，该寨成为各种媒体和学者关注的焦点，村民对各种调研司空见惯，常常无暇或不愿接受访谈，因而，调查者在进行访谈调查时有相当大的随意性，往往是有时间、愿意谈的多采访。这也是我们在田野调查时遇到的困难之一。旅游的发展，使该寨几成"村庄

a.入户访问村民

b.访问村支书

c.访问寨老

d.路边随机访谈

图1-1 笔者田野调查工作剪影

里的都市",越来越多的"陌生人"或长或短地进入村庄,人际关系愈来愈复杂,疏离感渐生渐增,调查者难以在短期内融入社区生活,"走进"他们的心灵。这其实是人类学者在复杂社会做调查时常遭受到的困扰。为了体现复杂社会的"多声音",我们在平安寨内的调查对象尽量包容不同地位、身份、角色的人们,同时,考虑到复杂社会中社区内外千丝万缕的联系,本研究还把田野调查的范围扩大到村寨之外,所以,我们调查的第三步是就在寨中发现的问题,走访了县乡相关部门和旅游公司及其负责人。于是,新的挑战随之产生。由于平安寨与旅游公司和县乡政府因旅游利益分配问题关系有欠融洽,我们既要争取各方对我们调查的支持,又不能卷入他们矛盾纠纷当中。可是,村民要么把我们视为"上头来的人",戒备重重,要么期望我们"为民请命";其他各方倒不会期望一介书生能为他们争取什么利益,但却唯恐我们调查到什么"内幕"而"爆料",对他们不利。

在此情况下,我们的调查必须既定点于村寨又超越村寨,调查者既要通过"移情"和"换位",进入各种调查对象的"脑袋",又要自如地游走于各方之间，超越各方的利益和立场，以增强研究者立场观点的独立性、公正性。为了从这些矛盾中走出一条道路，我们在调查和民族志撰写中，综合考虑"主位"（emic）和"客位"（etic）的立场，尝试实践格尔兹（Clifford Geertz）所谓的"深描"（thick description）方式——"解释解释的解释"，即对当地人对经验现象的本土解释进行解释①。同时，在文本中力图使用克利福德（James Clifford）倡导的多音位（polyphonic）模式，让人类学家、合作研究者和田野居民等一系列相关参与者的言语体现在文本上②。

（二）民间碑刻、谍谱、文人笔记及地方史志和官方统计资料

民间碑刻、谍谱和文人笔记是调查者在村寨调查时很注意收集的资料。因为这些文本有可能反映草根的历史和乡土的文化。幸运的是，当地碑刻丰富③，族谱相当完整，更有一位当地德高望重的"寨老"廖老师（退休小学老师，已于2005年逝世）遗留下1982~2005年的日记，其中包含有大量可用于分析当地政治经济和社会生活的资料。

作为一项超越村落的社区史研究，本研究还注意从地方史志、官方统计资料获取分析和立论资料。一般说来，中国地方史志为官方所修，所关注的对象比较宏观，很少有一个村寨的资料，但关于一个较大区域的史志记录，可为理解一个村寨的历史和文化提供背景资料。平安寨所属龙胜，因地处湘桂边陲，直至清代才作为一个独立建制出现，现存方志最早者为道光26年（1846年）《龙胜厅志》。在此之后，民国时期亦纂有龙胜地方志，但只是手稿。1992年出版有新修《龙胜县志》。至于统计资料，由于多以行政区划为单位，直接以平安寨为统计单位是旅游发展起来之后才有，这些资料大多保存在县旅游局。不过，笔者在调查中从一个老会计手中得到了一些五六十年代的原始账目，虽不完整，却弥足珍贵。

（三）前人的调查和研究文献

有关平安寨及其所属区域龙脊的民族学人类学调查和研究，目前所知最早者

---

① 克利福德·格尔兹. 文化的解释. 纳日碧力戈，等，译. 上海：上海人民出版社，1999：3~39.
② 庄孔韶，主编. 人类学通论. 太原：山西教育出版社，2002：522.
③ 在20世纪五六十年代的民族调查中，调查组已将其中大部分碑刻收集整理，发表于广西壮族自治区编辑组. 广西少数民族地区碑文、契约资料集. 南宁：广西民族出版社，1987.

是五六十年代国家全国人大民族委员会和国务院民族事务委员会组织的调查组的调查，调查资料在1984年整理为《龙胜各族自治县龙脊乡壮族社会历史调查》由广西民族出版社出版①。这些资料对于我们了解新中国成立前和解放初期当地壮族社会历史提供了一定的帮助。可惜的是，该调查与当时其他的民族社会历史调查一样，"由于调查工作被规定要'为当前政治服务'、'为中心工作服务'，很多值得调查的问题被忽略或禁止调查；调查报告中充满了术语和套话，有用的资料很少；由于各种干扰，即便是可以调查的有限问题，亦常为了诠释经典著作、领袖言论或现行政策而不惜曲解实际情况"②。

当地籍学者黄钰，20世纪五六十年代曾参与调查组的调查工作，他1990年发表的《龙脊壮族社会文化调查》是积长期调查和观察写成的调查报告，尽管多为表面之描述，仍不失为了解当地壮族传统社会文化的重要资料③，可与《龙胜各族自治县龙脊乡壮族社会历史调查》互为对照。

日本国立民族学博物馆民族学家塚田誠之曾于1978~2000年间多次到龙胜龙脊进行考察，于2000年同时出版了《壮族社会史研究——明清时代を中心として》④和《壮族文化史研究——明代以降を中心として》⑤，其中有专门论述龙脊壮族社会和文化的章节。前者通过对龙脊寨老制这一具体现象的分析，理清壮族社会发展至今的脉络，说明明清时代广西很多地方的壮族在"汉化"过程中开始佃农化，独立的社会体制解体，但在这个历史潮流中，由于社会经济条件的不同，社会变化存在着地域差异。后者通过考察龙胜龙脊的莫一大王节，洞察壮族在文化的形成过程中如何在吸收汉族文化的同时，保持自己的独立性，形成地域差异性。由于此二书所论述的资料来源于作者自己的田野调查，其研究的方法是将壮族置于具体自然地理环境，与汉族及其他民族的关系中来考察，分析深度在一定程度上超越了中国学者的研究，是重要参考文献。

---

① 樊登，粟冠昌，李干芬，等．龙胜各族自治县龙脊乡壮族社会历史调查．见：广西壮族自治区编辑组．广西壮族社会历史调查（第一册）．南宁：广西民族出版社，1984：69~152.
② 汪宁生．文化人类学调查——正确认识社会的方法．北京：文物出版社，2002：8.
③ 黄钰．龙脊壮族社会文化调查．广西民族研究，1990，(3)：86~93.
④ ［日］塚田誠之．壮族社会史研究——明清时代を中心として．吹田市：国立民族学博物馆，2000.
⑤ ［日］塚田誠之．壮族文化史研究——明代以降を中心として．东京：（株）第一书房，2000.

1999年3月~2003年8月，郭立新参与台湾"中央研究院"主题研究计划"亚洲季风区高地与低地的社会与文化"的子计划之一——魏捷兹主持的"云贵高原的亲属与经济"研究计划，及何翠萍主持的另一个子计划"交换、生命仪礼与人观：中国西南族群区域研究"，五上龙脊，考察当地壮族文化，先后发表有《亲属称谓、婚姻与继嗣：以桂北龙脊壮族为例》①、《清晰与模糊：龙脊壮族十八世纪至二十世纪中叶土地制度研究》②、《界限与共享：龙脊壮寨社会空间模式分析》③、《打造生命：龙脊壮族竖房活动分析》④、《荣耀的背后：龙脊壮族丧葬仪式分析》⑤和《天上人间——广西龙胜龙脊壮族文化考察札记》⑥等，其调查和研究颇具结构主义色彩，不仅为我们进一步研究当地壮族提供了新的资料，而且提供了新的研究视角。

2001~2004年间，中共广西壮族自治区党校宋涛教授主持的国家社会科学基金项目"西部大开发与西南少数民族生活方式变革问题研究"曾对龙脊壮族生活方式变革进行个案研究，项目成员之一广西民族研究所的黄润柏在对龙脊金竹寨进行了长时间田野调查的基础上，发表了系列论文《试论壮族农民的职业分化——龙胜金竹寨壮族生活方式变迁个案研究之一》⑦、《壮族乡村家庭消费结构的变迁——广西龙胜金竹寨壮族生活方式变迁研究之二》⑧、《壮族婚姻家庭生活方式的变迁——龙胜金竹寨壮族生活方式变迁研

---

① 郭立新．亲属称谓、婚姻与继嗣：以桂北龙脊壮族为例．见：魏捷兹，编．云贵高原的关系称谓——"云贵高原的亲属与经济"计划第一年度期末报告会议论文集．1999；73~105.

② 郭立新．清晰与模糊：龙脊壮族十八世纪至二十世纪中叶土地制度研究．见："云贵高原的亲属与经济"第二次学术讨论会论文，南宁：2000.

③ 郭立新．界限与共享：龙脊壮族社会空间模式分析．见：周建新、黄兴球，主编．首届中国与东南亚民族论坛论文集．北京：民族出版社，2005；75~85.

④ 郭立新．打造生命：龙脊壮族竖房活动分析．广西民族研究，2004，(1)：36~42.

⑤ 郭立新．荣耀的背后：龙脊壮族丧葬仪式分析．中南民族大学学报，2005，(1)：57~61.

⑥ 郭立新．天上人间——广西龙胜龙脊壮族文化考察札记．南宁：广西人民出版社，2006.

⑦ 黄润柏．试论壮族农民的职业分化——龙胜金竹寨壮族生活方式变迁个案研究之一．广西民族研究，2002，(1)：43~47.

⑧ 黄润柏．壮族乡村家庭消费结构的变迁——广西龙胜金竹寨壮族生活方式变迁研究之二．广西民族研究，2002，(2)：25~31.

究之三》①。这些成果后来改写收入了项目最终成果《传统裂变与现代超越——西部大开发与西南少数民族生活方式变革问题研究》②一书。尽管这些论文只是展现了当地壮族生活方式变化的趋势和方向，没有能够描绘出传统文化与外来文化互动的过程，因而没有揭示变化的规则，但提供的资料和线索值得参考。

随着当地旅游业的快速发展，一些学者从旅游管理或旅游人类学的角度切入，对平安寨及其所属龙脊进行调查研究，发表了一些成果。如《广西龙脊梯田景区生态旅游开发的生态环境保护》③、《龙脊壮族旅游景区建设与可持续发展的考察研究》④、《龙胜少数民族民俗风情旅游景点开发与管理现状的调查研究》⑤、《广西龙脊地区旅游开发中民俗文化的价值化》⑥、《基于社区的旅游管理模式实证研究——以桂林龙脊梯田景区为例》⑦、《龙脊梯田景区家庭旅馆发展对策研究》⑧、《民族社区旅游利益分配与居民参与有效性探讨——以桂林龙胜龙脊梯田景区平安寨为例》⑨、《民族旅游多元利益主体非和谐因素探讨——以广西龙胜平安村为例》⑩、《农村社区生态旅游开发的居民满意度及其影

---

① 黄润柏. 壮族婚姻家庭生活方式的变迁——龙胜金竹寨壮族生活方式变迁研究之三. 广西民族研究，2002，(3): 62~66.
② 宋涛等. 传统裂变与现代超越——西部大开发与西南少数民族生活方式变革问题研究. 北京: 民族出版社, 2006: 289~314.
③ 成官文，王敦球，秦立功，等. 广西龙脊梯田景区生态旅游开发的生态环境保护. 桂林工学院学报, 2002, (1): 94~98.
④ 杨树喆, 吴建冰, 杨艺, 等. 龙脊壮族旅游景区建设与可持续发展的考察研究. 广西右江民族师专学报, 2003, (5): 76~85.
⑤ 廖国一. 龙胜少数民族民俗风情旅游景点开发与管理现状的调查研究. 桂林旅游高等专科学校学报, 2004, (1): 41~43、48.
⑥ 徐赣丽. 广西龙脊地区旅游开发中民俗文化的价值化. 广西民族研究, 2005, (2): 195~201.
⑦ 钟泓. 基于社区的旅游管理模式实证研究——以桂林龙脊梯田景区为例. 集团经济研究, 2005, (8): 131~132.
⑧ 梁钟荣. 龙脊梯田景区家庭旅馆发展对策研究. 零陵学院学报, 2005, (3): 49~51.
⑨ 吴忠军, 叶晔. 民族社区旅游利益分配与居民参与有效性探讨——以桂林龙胜龙脊梯田景区平安寨为例. 广西经济管理干部学院学报, 2005, (3): 51~55.
⑩ 黄海珠. 民族旅游多元利益主体非和谐因素探讨——以广西龙胜平安村为例. 广西社会科学, 2006 (10): 68~71.

响——以广西桂林龙脊平安寨为例》① 等，这些成果主要关注乡村社区旅游经济发展与民族文化资源的开发利用、生态环境保护、社会和谐等问题，从不同方面为我们的研究提供了资料和启迪。此类研究中，《民俗文化与民俗旅游》②和《民俗旅游与民族文化变迁——桂北壮瑶三村考察》③ 是集大成者。前者对龙胜（包括龙脊）的民俗文化特点和民俗旅游开展的历史、现状及进一步发展对策等有较系统阐述。后者以龙脊三个村庄为例，考察了从自然村成为民俗旅游村过程中民族文化的变迁，指出民俗旅游不仅体现了民族和地方文化的多样性，而且带来商品化、表演化、城市化等冲击，并在此基础上提出了民俗旅游村建设与民族文化保护的建议。

此外，有学者从礼物交换角度研究龙脊壮族社会文化变迁，发表了《礼物交换与人际互动——广西龙脊壮族的馈赠礼俗考察》④。虽调查不够深入，新资料不多，亦给人以启发。

三、框架结构

本研究把平安寨作为一个社会透视单位，以社会转型理论为观照，用民族志的框架，通过对其在现代化背景下乡土重构过程进行论述，展现其经济、社会变迁的方式与图景，揭示其内在法则和逻辑。全文共分5章：

第一章，绪论。阐述选题的动机和意义，回顾中国乡村社区研究历程，梳理现代背景下社会变迁的社会人类学理论脉络。在把握社会人类学乡村社区研究特点和趋势、厘清社会人类学研究中国现代社会变迁理论取向的基础上，明确研究思路，并介绍研究方法及资料来源。

第二章，社区背景。描述所研究村寨——平安寨的位置、历史沿革、人口规模、聚落形态，所处区域背景及其与周边村寨的联系，传统生产实践、年度周期和仪式制度及社区内源结构。

第三章，制度、市场与经济变迁。展现近代以来，平安寨从生存经济历经"内卷化"，直至改革开放后突破"内卷化"重围的经济变迁过程和轨迹。

---

① 唐晓云，吴忠军. 农村社区生态旅游开发的居民满意度及其影响——以广西桂林龙脊平安寨为例. 经济地理，2006，（5）：879～883.

② 吴忠军. 民俗文化与民俗旅游. 南宁：广西民族出版社，2001.

③ 徐赣丽. 民俗旅游与民族文化变迁——桂北壮瑶三村考察. 北京：民族出版社，2006.

④ 钟福民. 礼物交换与人际互动——广西龙脊壮族的馈赠礼俗考察. 广西社会科学，2006，（1）：95～98.

第四章，权威与秩序重构。通过描述近代以来平安寨寨老统治的蜕变与维系、民国"新政"和寨老边缘化、人民公社制及村庄国家化及村民自治对国家与农民关系的再建构，展现其村寨政治的重构历程，揭示其在经济走出"内卷化"陷阱的同时，所面临的社会失序现象。

第五章，总结与思考。阐释平安寨在现代背景下经济变迁过程中，所走出的经济发展道路——平安模式，及其对中国的现代化探索的意义；以"3·25事件"为例，分析平安寨在社会转型过程中显现的社会不和谐现象的原因；提出实现经济繁荣与社会和谐发展有机统一的构想。

第二章 社区背景

第一节　位置、历史、人口、聚落

平安寨隶属于广西壮族自治区龙胜各族自治县和平乡平安村。龙胜各族自治县位于广西的东北部，湘桂边陲。地处东经 109°43′28″~110°21′14″，北纬 25°29′21″~26°12′10″之间。东临资源、兴安，南邻灵川、临桂，西连融安、三江，北毗湖南城步，西北与湖南通道接壤。面积约 2370.80 平方公里。其境"万山环峙，五水分流"，东、南、北高而西低。越城岭由东北而西南，逶迤绵延，故县境崇山万叠，峭壁千寻。浔江的上游桑江自东而西横贯中部，流入三江，其支流分南流和北流水系，集县境之水于一渠，故龙胜又称桑江。两汉、三国时属荆州武陵郡镡成县；晋至隋属始安郡（郡治桂林）；唐属灵川县；五代至明属义宁县。明嘉靖（1522~1566 年）时曾于义宁县城西北 30 里设桑江司巡检，治理义宁县西北（今龙胜县境）庶政。清乾隆六年（1741 年），吴金银起义被平定之后，清廷认识到桑江"虽曰边徼，实粤西之藩篱，桂林之肘腋，其人为苗为瑶为伶为僮为侗错处并居，言语不通，衣服异制，历代皆羁縻之，为刑政所不及"[①]，遂在桑江司管辖的义宁县西北部署"龙胜理苗分府"（亦称龙胜厅），直属桂林府，设"理苗通判"统理全府庶政，并将"桑江司"移驻龙胜，改称"龙胜司"。（"龙胜"的涵义，有人解释为"龙虎相斗，虎败归山，因而取龙胜"，可笔者疑为一汉文记壮语音的地名，其含义应从壮语考据。）另增设"广南司"辖今龙胜平等乡、瓢里乡一带。民国期间（1912~1949 年），改"龙胜厅"为"龙胜县"，初属桂林府（道），1927~1941 年属桂林行政监督区，1942 年 3 月~1944 年 4 月间直隶广西省政府，1944 年 5 月后属桂林行政督察第 8 区和第 15 区。中华人民共和国成立后，仍称"龙胜县"，属桂林专区。1951 年 8 月，实行民族区域自治，改称"龙胜各族联合自治区（县级）"，1955 年 9 月改称"龙胜各族联合自治县"，1956 年 12 月改称"龙胜各族自治县"[②]。据统计，民国二十二年（1933 年），龙胜共有 14760 户，65291 人，其中，男 35451 人，女 29840 人[③]。1949 年，龙胜县共有 20432 户，87855 人，其中，壮族 17703 人，占总人口 20.2%；汉族 21867 人，

[①] 周诚之. 龙胜厅志. 道光丙午季夏刊好古堂藏版，中华民国二十五年（1936 年）影印本：1~2.
[②] 龙胜县志编纂委员会. 龙胜县志. 上海：汉语大词典出版社，1992：1~2.
[③] 广西省政府民政厅. 民国二十二年度广西各县概况·龙胜县. 南宁：南宁大成印书馆，1934：8.

第二章 社区背景

占 24.9%；侗族 23562 人，占 26.8%；瑶族 14162 人，占 16.1%；苗族 10560 人，占 12%。1982 年，龙胜各族自治县共有 31153 户，151680 人，其中，壮族 31289 人，占总人口 20.6%；汉族 37998 人，占 25.1%；侗族 38567 人，占 25.4%；瑶族 23783 人，占 15.7%；苗族 20023 人，占 13.2%。现在，龙胜各族自治县下辖 1 个镇、8 个乡、119 个村（街）、1665 个村民小组。据 2002 年统计，共有人口 165803 人，其中，壮族 33739 人，占全县总人口 20.3%；汉族 37643 人，占总人口 22.7%；瑶族 27396 人，占总人口 16.5%；苗族 23930 人，占总人口 14.4%；侗族 43017 人，占总人口 25.9%。①

和平乡位于龙胜各族自治县南部，距县城 12 公里，东经 110°03′，北纬 25°44′，南接临桂县，东邻灵川县，西连县城龙胜镇，北面是泗水乡和江底乡。明万历 39 年（1611 年）前，属兴安县管辖。万历 39 年后，划归义宁县。清代属龙胜厅龙胜司官衙塘。民国元年（1912 年），改厅为县，县下设团，龙胜县初设东、西、南、北四团，后又改为东、西、南、北、中五团。今和平乡境地属南团。民国五年（1916 年），县下改设区，龙胜县设 7 个区：上北区、下北区、上西区、下西区、东区、南区、中区。和平乡境属南区。民国二十二年，改区设乡，龙胜县共设 16 乡，159 村。和平乡境属镇南乡。中华人民共和国成立之初，龙胜全县设 4 区、17 乡、108 村。和平乡境属南区。1952 年 5 月，全县改设 6 区、71 乡。和平乡境属二区。1958 年 8 月起，实行人民公社建制。龙胜初设 7 个人民公社，1961 年 5 月改设 18 个，辖 177 个大队，1963 年 5 月改设 8 区（公社）、71 乡（大队），1969 年 2 月又改设 9 个公社、87 个大队。期间和平乡境属和平公社。直至 1984 年，政社分开，和平公社改称和平乡。"和平"作为一个建制名称出现是在 1958 年，来源于"和平圩"，而"和平圩"原名"官衙"，因为清代属官衙塘，称官衙寨。1953 年改称"和平圩"，取各族人民和睦相处之意。和平乡亦确是少数民族聚居之地。据统计，1933 年镇南乡共有 1262 户，6075 人，其中，男 3359 人，女 2716 人②。1964 年，和平公社共有人口 10679 人，其中，壮族 4937 人，占 46.23%；汉族 1759 人，占 16.47%；侗族 19 人，占 0.18%；瑶族 3932 人，占 36.82；苗族 26 人，占 0.24%。1982 年，和平公社共有人口 15160 人，其中，壮族 6792 人，占 44.8%；汉族 2349 人，占 15.49；侗族 63 人，占 0.42%；瑶族 5922 人，占 39.06%；苗族 33 人，占 0.22%。现在

---

① 此类数据未注明出处者，源于笔者在县档案馆或统计局查阅的资料。下同。
② 广西省政府民政厅．民国二十二年度广西各县概况·龙胜县．南宁：南宁大成印书馆，1934：7.

和平乡下辖15个行政村，182个村民小组。据2002年统计，和平乡总人口为15586人，其中，壮族人口6767人，占总人口43.42%；瑶族人口6341人，占总人口40.68%；汉族2368人，占总人口15.19%；苗族65人，占总人口0.42%；侗族45人，占总人口0.29%。

平安寨位于和平乡中部偏北，距乡政府所在地和平圩约6公里（图2-1），北靠中禄村，西邻龙脊村，南临金江村。该寨曾称"毛呈"、"茅城"、"马城"、"平瑶"，"平安"之名承因"平瑶"而来，据说是1933年国民党政府镇压了当地瑶民起义之后所改，取"和平安定"之意。按当时建制，平安寨属龙胜县镇南乡13村之一的平安村。1952年5月，平安寨属龙胜县二区龙脊乡。1961年5月~1963年5月，属和平公社平安大队。1963年5月~1984年8月，属和平区

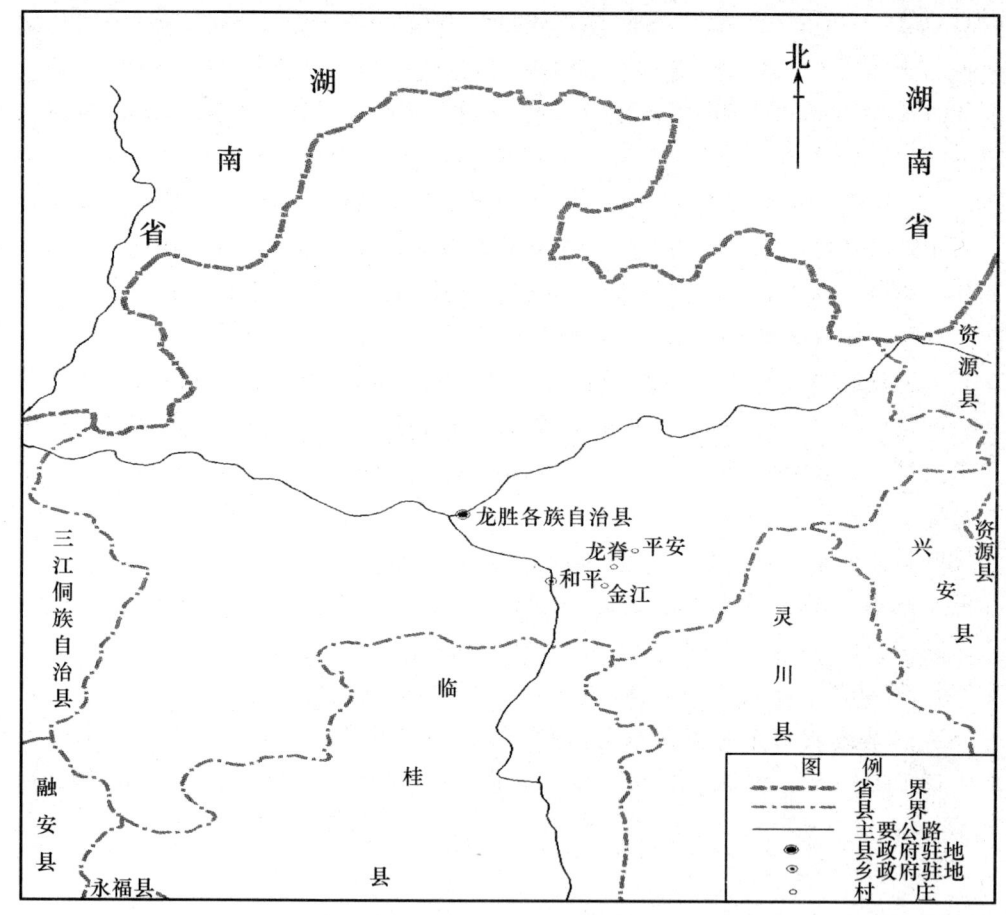

图2-1 平安寨位置示意图

（公社）龙脊乡（大队）。1984年8月至今，属和平乡平安村。

平安寨的绝大部分村民为廖姓（除少数嫁入或入赘者外）。他们自称"布越（pu^{33}yei^{24}）"，当地汉人和瑶人称之为"壮族"、"壮人"或"本地人"。但追根溯源，其祖先可能是从外地迁来。据有的学者研究，桂东和桂北的壮族多是明清时期从桂西迁来，动因与中央王朝为经营广西，从桂西征调狼兵屯守有关①。2006年笔者收集到平安寨村民于1988年依世代口耳相传的历史传说整理的族谱《马城寨宗支》文本②，其中有如下一段文字：

窃思三才之间，人为之上先烈，有生气，有操作，有文明礼貌，有伦理五常。古今往来，纲常不紊。追思木本水源，尽管江流万脉，水乃同源。我始祖于海外而来，幸得莫一大王制止狂风大浪，带我始祖飘洋渡海，来到山东省东昌府长德街大巷口人氏，廖广道、廖广元、廖广兴三兄弟于闲神王二年二月初一离开山东，来到广西庆远府思恩县南丹州金兰乡。洪武二年（朱元璋二年，即公元1369年）大房广道北上移居全州弩箭，二房广元居住灵川廖家塘，三房广兴（又名广德）子万甫居住兴安县富江洞明塘口。万甫育公承，承育良浦、良还二子。良还公之子廖胜鸾育二世廖贵朝，次子廖胜伟。伟育贵相，贵相之妣育文莊，文莊之妣育钦明、钦义、钦宗（又名钦楼）三子。钦宗之子廖世邦，世邦之妣育下友直、友顺、友义、友荣、友孝、友才、友谅七子。我们是友才之后裔。友才之妣韦氏育尔瑚、尔玑，居溶江，尔宁、尔瑷（瑷授正九品官）。我们是尔瑷后裔，瑷之妣育登仁、登太和仕洵。仁、太二公因家发生大灾而迫逃到龙脊廖家宅。后太公返回溶江，仁公独居龙脊廖家。仁公之子曰恩，恩之子曰齐，育三昆玉各分居住。金弥长房，才量次房，公额季房。额分来马城下宅，额之妣育公江。公江之妣育公律。公律之妣育朝田、胡袜二子分居，朝田居住下宅为始立居（下宅由此另述）。胡袜分居中宅为始立居，育下公耍、公因、公协，育下昌公育洲公（中宅由此另述）。胡袜再娶大河龙甸塘八滩宅石宜发遗孀，石宜发之子（随母下塘）长大跟随廖姓氏由石姓改为廖姓，其名廖立公为田宅始祖。立公育下四子诺公、水公、分公、灵公。诺公育五子，即眦公、恶公、利公、腹

---

① 苏建灵．明清时期壮族历史研究．南宁：广西民族出版社，1993：22～24．
② 《马城寨宗支》见本文附录1，其中文字可能有一些文句不通或意义不明之处，为了保持资料原始性，原文照录。——笔者注。

公、列公。水公育果公。

据此推测，平安寨建寨已有 400 多年的历史。其始祖乃从南丹迁来。最早开基于下宅，而后是中宅，最后是上宅（或称田宅）。

对于平安寨早期的人口规模，因资料缺乏，不甚明了。但经过长期的繁衍，新中国成立后平安寨已是一个规模较大的村落。1964 年，平安寨共有 141 户，人口 607 人，其中，男 297 人，女 310 人。1982 年，平安寨共有 148 户，683 人，其中，男 335 人，女 348 人。2006 年，平安村下辖 8 个村民小组，189 户，共 763 人。而平安寨包含了 6 个村民小组，共有 167 户，662 人（表 2-1）。

表 2-1　2006 年平安寨人口分布

村民小组	户数（单位：户）	人口数（单位：人）		
		总数	男	女
总计	167	662	329	333
第 1 村民小组	40	155	72	83
第 2 村民小组	43	160	83	77
第 3 村民小组	16	65	35	30
第 4 村民小组	17	76	38	38
第 5 村民小组	34	136	69	67
第 8 村民小组	17	70	32	38

从空间分布看，如今平安寨仍有下宅、中宅和上宅之分，这是依血缘亲疏形成的聚落格局，只是界线已模糊（如图 2-2 所示）。

图 2-2　平安寨聚落格局

第二节 区域背景与联系

按当地民间俗语:"龙脊十三寨,寨寨十三家,家家十三个,个个两公婆。"平安寨是"龙脊十三寨"(廖家寨、侯家寨、平寨、平段寨、平安寨、新寨、枫木寨、龙堡寨、八滩寨、江边寨、金竹寨、黄洛寨、马海寨)之一,尽管现如今在行政区划上,龙脊十三寨分属不同的行政村(表2-2),在官方话语中,"龙脊"只是一个行政村的名称,但在民间观念里,如今的龙脊村只是狭义的"龙脊",历史上还有一个广义的"龙脊"。广义的"龙脊"是一个在自然地理和经济文化上自成一体的单元,尤其是在1949年前,龙脊甚至在政治上也一度是一个自成一体的单元,平安寨是这个单元的组成部分。

表2-2 龙脊十三寨行政分属表

序号	行政村	寨子	主要姓氏
1	龙脊	廖家	廖
2		侯家	侯
3		平寨	潘
4		平段	潘
5	平安	平安	廖
6	金江	金竹	廖
7		龙甫	潘
8		枫木	陈、廖
9		新寨	廖、潘
10		江边	潘、蒙、陈、廖
11		八滩	潘
12		黄落	潘
13	马海	马海	蒙、韦、侯

从地形地貌看,龙脊属于龙胜东部山前梯地地区。龙胜境内群山为南岭山脉越城岭山系,自东而西,有猫儿山、大南山、全数山及天平山四大山脉。猫儿山主峰位于龙胜以东兴安县与资源县交界处。龙胜境内的猫儿山山脉为其西支脉。西支脉又分两支:一支为东西走向,和平乡与江底乡、泗水乡交界处的福平包(海拔1916米)是其主峰;另一支折而向南,形成龙胜与兴安县、灵川县和临桂县的天然分界线。此支山脉有大体平行的东西两线,西线为竹山,东线为马海

山。竹山以西、福平包以北属桑江干流流域，其东和南山脚有金江沿竹山和马海山山脚自北南流，至和平汇入和平河。河流两侧的福平包、竹山和马海山坡度相对平缓，有一至三级阶地。标高1600米以上为一级台地，1000米左右为二级台地，600~800米左右为三级梯地，宜耕、宜牧、宜林。这就使龙脊成为一个相对封闭、自成一体的地理单元：北有福平包山，东西两边有马海山和竹山，只有南端和平圩为低矮的丘陵地带，是通往外界的咽喉之地。

在龙脊这个地理单元中，村落相对集中于三级梯地。壮族村寨多居于中心位置，包括平安寨在内的"龙脊十三寨"就分布于龙脊的中心区域（"龙脊十三寨"中，除黄洛寨是瑶寨外，其余均为壮寨）。而瑶族和汉族村寨主要散布于边缘地区：在龙脊北端福平包南麓的金坑（1959年前属兴安县管辖），零星分布有大寨、小寨、中禄、江柳等瑶族村寨；在竹山西侧，有另一个瑶族村寨潘内；在马海山东侧，马海以北、中禄以南有一个汉、瑶杂处的村落——黄江村；在龙脊南端和平圩镇的居民多为汉族和壮族，周围的岳武、白水、白石、摆岭等村多为壮族，只有一些村落有少量瑶族（图2-3）。

龙脊壮族主要有廖、侯、潘、陈、韦、蒙六个姓。各姓的分布多为一寨同姓，如廖家寨、平安寨、金竹寨村民均为廖姓，侯家寨村民全为侯姓，平寨、平段寨、八滩寨、龙堡寨村民均为潘姓。也有个别寨子为一寨多姓，如新寨、江边寨分布有廖、潘二姓，枫木寨有陈、韦二姓，马海寨有潘、侯、韦、蒙等姓。不同寨子的同姓村民在叙述其迁来龙脊的历史时，是彼此认同的。比如廖姓，分布于不同的寨子，1956年，广西少数民族社会历史调查组曾于平安寨发现并摘抄了一份廖家族谱，该族谱将各寨的廖姓作为一个整体叙述，因而取名《龙脊乡廖氏家谱》①。按照该族谱的记载②，龙脊廖家原籍山东，宋代时迁至庆远府南丹州。明太祖洪武二年（1369年），因瑶人造反，祖先兄弟三人逃避，长房广道迁到全州，次房广德，迁往灵川廖家塘廖家店，三房广兴迁往兴安富江洞明塘大巷口，安家耕耘基业，育男廖公，承生万甫、孙胜鸾、胜尾、玄良环、曾贵相，远孙文庄四子，钦盟、钦义、钦聪、钦耀，产男育女，安居溶江蕉岭塘。明神宗万历九年（1611年），廖公承向溶江下五排四甲潘姓人家买得10处荒山。为廖氏子孙进入龙脊创造了条件，后来廖公承的次孙登仁承受祖业，进入龙脊一带开创基业。《龙脊乡廖氏家谱》所记录的祖源记忆至今在平安寨、廖家寨和金竹寨等

---

① 广西壮族自治区编辑组. 广西少数民族地区碑文、契约资料集. 南宁：广西民族出版社，1987：204~205.

② 《龙脊乡廖氏家谱》原文见本文附录2。

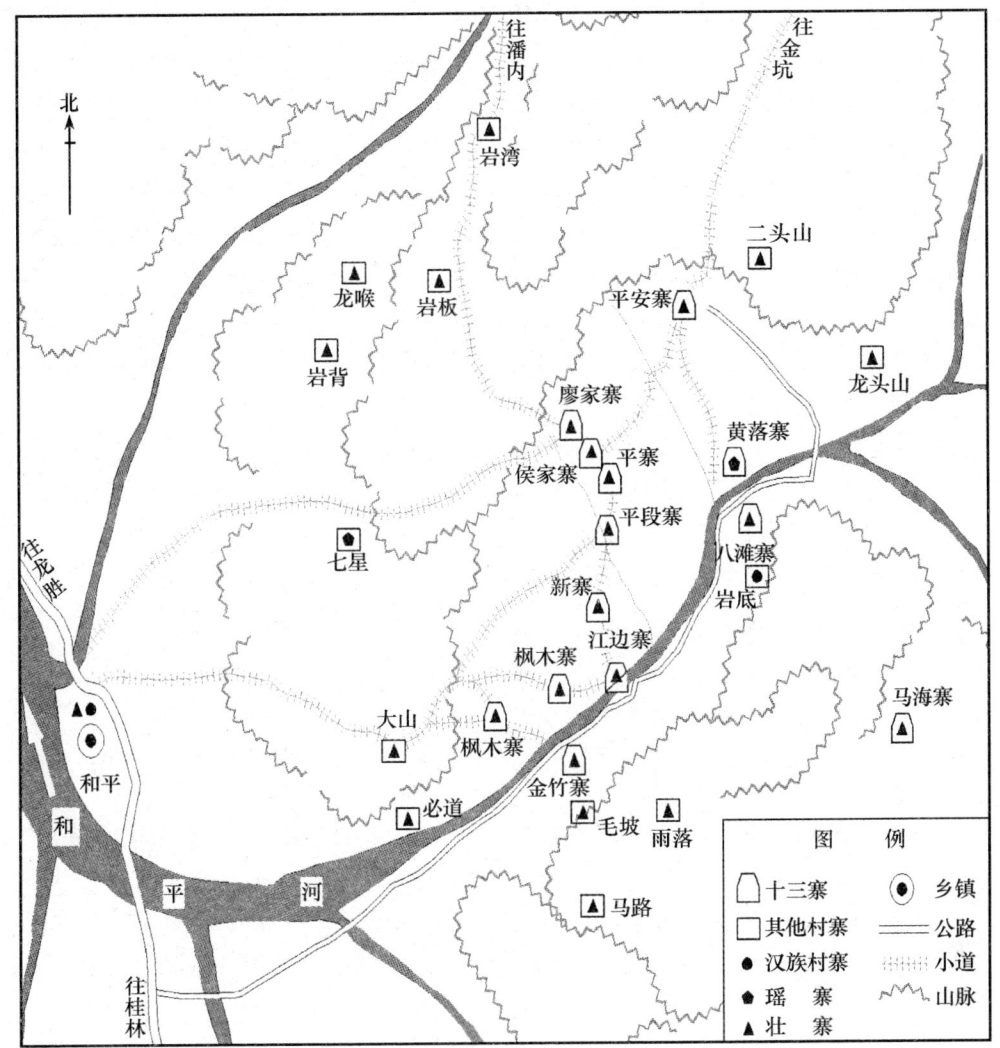

图 2-3 龙脊各族村寨分布示意图

村寨廖姓中是共享的。他们坚信廖氏是最早进入龙脊的壮族。他们的祖先迁居龙脊后，开疆辟土，创置田园，随着子孙繁衍的增多，而分居平安、新寨、金竹、马路、毛坡、雨落、双洞、桥屯、龙喉等寨①。最先来到龙脊的廖氏始祖的墓地

---

① 郭立新．天上人间——广西龙胜龙脊壮族文化考察札记．南宁：广西人民出版社，2006：42．

在八滩寨附近，1988年以前，上述廖氏各寨代表在清明节的时候去八滩寨祭扫始祖陵墓。1988年，在移民来龙脊经过的兴安县重建了祖先的墓碑后，代表们又都去兴安县扫墓了。

龙脊壮族不仅同姓内部之间彼此认同，而且各姓之间也相互认同。尽管各姓族谱（口耳相传的或见诸文本的）对来到龙脊的原因和时间的叙说有所不同，但有共同的传说："老班传下来，二十代前祖公（明成化至万历年间）就从南丹、河池带着子孙，跟着粮子（当兵人），经柳州进入桂北的永福、临桂、灵川、兴安地区，在兴安县廖家村住了一段时间，天旱粮缺，世道荒乱，六姓壮族，离开住地，溯榕江而上，翻过越城岭锅底塘大界，进入龙脊山区定居。"①

这共同的"历史"是各姓在资源分享和竞争的过程中，通过重构祖源记忆建构的。如侯姓，是在驱赶了当地瑶族之后，定居龙脊侯家寨的，因而壮语至今仍称侯家寨为"$ji^{33}yiu^{24}$"（即瑶寨之意）。为了驱逐时居侯家寨的瑶族，联合势力较大的廖家，他们声称自己的祖先乃清康乾时由南丹迁来。到龙胜后，先在瓢里金石落脚，旋迁至官衙（今和平圩），而后北进至龙脊和泗水里排。龙脊潘姓壮族原本可能是瑶人，最早迁入龙脊的廖家就是从潘姓瑶人那里购买土地开荒的，龙脊在壮人到来之前是潘姓瑶人的聚居地，至今龙脊周边的瑶族仍多为潘姓，可是为了与占优势地位的廖姓和侯姓结盟，他们也声称自己的祖先来自南丹。几年前，他们还联合起来搞了一个始祖墓②。

龙脊壮族各姓氏的认同，使龙脊在历史上成为一个以壮族为核心的政治和经济文化单元。首先，在经济文化上，壮族认同的建立，使壮族的稻作农业传统得以张扬，在龙脊发展出了堪称奇迹的梯田农业。这个过程一方面是壮族本身拓荒造田，使梯田面积大幅度增加。据五六十年代的调查，龙脊十三寨壮族从明万历年间（1573～1620年）迁入本地区后，便向原居住在这里的瑶人购买今属于龙脊十三寨辖区内的一大片土地，有些可以开荒，劳动力又能做到的，都开垦成为某一家族的私有土地了。随着时间的推移，壮族人口日益繁衍，劳动力增加，开荒的面积逐步扩大。至近代，可以开垦的都尽量地开垦耕作了③。另一方面，在壮族的影响下，周边瑶族也改变原有的经济形式，接受

---

① 黄钰．龙脊壮族社会文化调查．广西民族研究，1990，（3）：86．

② 郭立新．天上人间——广西龙胜龙脊壮族文化考察札记．南宁：广西人民出版社，2006：42．

③ 广西壮族自治区编辑组．广西壮族社会历史调查（第一册）．南宁：广西民族出版社，1984：74．

了稻作农业，开垦梯田种植水稻。明代之前，桂北龙胜一带瑶族主要以狩猎和刀耕火种为生，种植水稻很少。南宋范成大（1126～1193年）《桂海虞衡志》有载："瑶，本五溪盘瓠之后，其壤接广右者，静江之兴安、义宁、古县、融州之融水、怀远县界皆有之。生深山重溪中，椎髻跣足，不供征役，各以其远近为伍。"齐治平校补曰："瑶……各自以远近为伍，以木叶覆屋，种禾、黍、粟、豆、山芋杂以为粮，截竹筒而炊。暇则猎食山兽以续食……瑶之属桂林者，兴安、灵川、临桂、义宁、古县诸邑，皆迫近山瑶。最强者曰罗曼瑶、麻园瑶。其余如黄沙、甲石、岭屯、褒江、赠脚、黄村、赤水、蓝思、巾江、竦江、定花、冷石、白面、黄意、大利、小平、滩头、丹江、闪江等瑶，不可胜数。山谷间稻田无几，天少雨，秬稺不收，无所得食，则四出犯省地，求斗升以免死，久乃玩狎，虽丰岁，犹剽掠。"① 周去非（1135～1189年）《岭外代答》亦云："瑶人者，言其执徭役于中国也。静江府五县与瑶人接境，曰兴安、灵川、临桂、义宁、古县。瑶人聚落不一，最强者曰罗曼瑶人、麻园瑶人。其余曰黄沙，曰甲石，曰岭屯，曰褒江，曰赠脚，曰黄村，曰赤水，曰蓝思，曰巾江，曰竦江，曰定花，曰冷石坑，曰白面，曰黄意，曰大利，曰小平，曰滩头，曰丹江，曰麊江，曰闪江，曰把界。山谷弥远，瑶人弥多，尽隶于义宁县桑江寨。……瑶人耕山为生，以粟、豆、芋魁充粮。其稻田无几，年丰则安居巢穴，一或饥馑，则四出扰攘。"如果说上述文献所指范围比较宽广，不能确切地反映龙脊瑶族的状况的话，流传于龙脊北部大寨、小寨、中禄、江柳等地红瑶的《大公爷》足以折射出龙脊瑶族的生产状况。它唱道："……因为真因为，在那田高水矮（低），男人不愿装车（水车）架枧，女人不愿替夫送担。在那难得安身在处，抛土离地，逃土离乡……砍树苑，吃树尾，剥下木皮来盖屋。树烂三年吃菌子，东边砍块三千七百，四边砍块二万七千……地下瑶人，勤劳技巧，搓起麻绳，装起南山大步（装套绳捕野兽），得了山鸡白齐（寒鸡），绵羊、狻麂，大的得回桌上摆……"②。说明他们到龙脊之后先是以狩猎采集为生，而后刀耕火种种杂粮，再后来才开荒造田种水稻。龙脊瑶族大量开垦梯田种植水稻，标志着壮族文化占据了优势地位，更进一步加强了梯田农业作为龙脊主导性经济的地位。

其次，在政治上，龙脊壮族各姓氏的认同，使龙脊十三寨结成联盟，"龙

---

① 齐治平．桂海虞衡志校补．南宁：广西民族出版社，1984：41．
② 龙胜各族自治县民族局《龙胜红瑶》编委会．龙胜红瑶．南宁：广西民族出版社，2002：5．

脊十三寨"不仅仅是一个村寨数量的概念,而且成为一个联盟的名称。龙脊壮族在历史上,每个寨都是一个基本单位,人们日常生活在寨里进行,每个寨都有各自的"寨老"。"寨老"是寨里的自然领袖,是沿袭风俗,调停人民各种各样的"矛盾",主导和推动公共事业的非阶级的统率者。"龙脊十三寨"是13个寨子结成的联盟,其寨老称"大寨老",由各寨的寨老联席会议,从众寨老中民主协商推选3~5人,组成十三寨寨老组织。其职责是对内维护社会秩序,制定和执行"乡约",调解村寨纠纷等。大寨老没有族姓的限制,凡为人正派,办事公正,热心公益事业,德高望重、能说会道者,就有可能当选。十三寨寨老组织是在各寨寨老组织的基础上构成的组织,平时,各寨寨老独立行使职能,只有事情涉及多个不同寨子,才由十三寨寨老组织处理。大寨老处理案件时,要邀请有关村寨寨老共同进行,一些重大事件的处理,还要召开十三寨群众大会,按制定的"乡约"和办事常规,民主协商,共同结案。"龙脊十三寨"联盟始于何时,已难以确定,但从龙脊潘家寨人潘天洪于嘉庆初年要求革禁乾隆五十三年以来陋例的上书看①,当时龙脊十三寨已是一个界线分明的分派徭役的单位,潘天洪要求拘讯的廖海蛟是"头人"。可据调查,廖海蛟的祖父就已当过龙脊十三寨的"大寨老"。因此,可以推测,龙脊十三寨至迟在乾隆初年就已成为一个联盟体。

"龙脊十三寨"联盟是多元一体的。所谓多元,是指在"龙脊十三寨"范围内各寨具有独立性,尽管有时几个同姓寨子在清明节共同祭祀祖先,但平时人们的日常生活都在寨里进行,社神、莫一大王等对壮族人来说很重要的神的祭祀也都是以寨为单位举行;各寨(寨老)之间有时还会发生纠纷,《龙胜各族自治县龙脊乡壮族社会历史调查》就记录了这样的事例:

> 如清光绪末年,龙辅寨因一时人畜多病,真所谓"鸡不鸣,犬不吠",便去求签问卦,签卦说在寨的后背山上约两里左右,有个野坟出了"魅鬼",是那"魅鬼"作弄。于是龙辅发动全寨人去挖掘野坟,挖了一个已经绝灭的寨古村人的祖坟。本来廖家寨和毛呈寨的头人——廖益保、廖锦盛、侯永保、廖兆祥等,早就对龙辅寨的头人有了不满,常说龙辅人"刁蛮",因此便借此机会来进行打击,暗中唆使平段寨的一个人,叫他自去认是坟主,请各寨头人来评理。当时毛呈寨、廖家寨、平寨、侯家寨和平段寨合称为龙脊上段,都主张要处

---

① 广西壮族自治区编辑组. 广西少数民族地区碑文、契约资料集. 南宁:广西民族出版社,1987:155.

罚龙辅出九吊九百文钱，以备酒肉来款待上段各头人。而龙辅、枫木、金江、江边和新寨是为下段，头人有廖章富、陈玉和、潘宝林、潘永道等都为龙辅撑腰，不同意处罚。于是上段头人怂恿平段人告到龙胜官府。龙胜派一位周司官来检验，认为龙辅确实挖过别人坟山，便将龙辅的全体头人潘安息等和下段头人廖章富等押去监禁，廖益保等则沾沾自喜。结果还是下段群众向上段头人赔礼，才由上段头人廖承翰出面请求保释。①

另外，还有龙脊十三寨内部的一些村寨以独立个体的身份参加十三寨之外的一些纠纷的处理，如岩底寨（汉族村寨）入口附近留有一块光绪2年（1906年）的石碑，上面刻有对岩底寨和山脚下的江边寨在霜降以后使用金江水的规定。碑文上还刻有参与调停的7个寨老的名字，其中属于"龙脊十三寨"的枫木寨、八滩寨、江边寨、黄落寨4寨老名列其中。新中国成立前，黄江村的汉族之间总发生争水的事件，在处理这些纠纷的时候，属于"龙脊十三寨"的平安寨、黄落寨寨老和十三寨以外的路底寨的壮族寨老和黄江的汉族寨老一起参与了调解工作②。这不仅说明在调解纠纷上，壮族、汉族、瑶族的民族差异不会在表面上表现出来，而且说明"龙脊十三寨"联盟中的各村寨是独立的。

然而，"龙脊十三寨"又是一体的。倘若某个寨的寨老不能处理好纠纷的话，可以求助于"龙脊十三寨"的大寨老，大寨老亦可对各寨寨老发生影响。如龙喉寨头人廖桂元，想强行赎回已买断给了龙塘新化人的水田，新化人来龙脊请到大寨老廖益保等6人排解，廖益保与廖桂元辩论，说得后者理屈词穷，不得不自认理亏，不仅得不回那块田，反而被罚了九吊九百文钱，并且因此失去了头人地位。清同治年间，龙辅寨头人潘美仁，因家中清贫，社会困难，为人也老实，因对大寨老潘定璠等不殷勤，于是潘定璠对群众说，以后你们有事情不要请潘美仁，潘美仁因此失去了头人地位③。更为重要的是，"龙脊十三寨"的寨老组织把龙脊十三寨作为一个一体化的单位进行治理。每年春秋伊始，十三寨的寨老们集合在一起召开会议并制定乡约，再由参加会议的寨老回

---

① 广西壮族自治区编辑组．广西壮族社会历史调查（第一册）．南宁：广西民族出版社，1984：100．

② ［日］塚田誠之．壮族社会史研究——明清时代を中心として．吹田市：国立民族学博物館，2000：120～123．

③ 广西壮族自治区编辑组．广西壮族社会历史调查（第一册）．南宁：广西民族出版社，1984：100～101．

到各自的寨子召开会议通知寨民,有时还会将条文写在木板上挂在寨子的交通要道上。十三寨群众大会是"龙脊十三寨"的最高权力机关,召集十三寨群众大会是"龙脊十三寨"寨老组织处理重大事件的重要形式。据黄钰调查,从清乾隆年间到1949年,龙脊十三寨群众大会大约召开了12次(表2-3)。这12次群众大会的内容全是事关十三寨甚至整个龙脊地区的。梯田农业文化和"龙脊十三寨"联盟不仅巩固了龙脊壮族的认同,而且将此认同扩展到龙脊的瑶族和汉族,使之成为了一种区域认同。在廖家寨通往平安寨的路上,有一条石板桥,石板上有一个据说是清同治年间所刻浮雕"三鱼共首图":一个圆圈内三条鱼同向中央,于圆心共一三角形鱼首(图2-4)。对此图标,当地有一个传说:从前有三兄弟,因天灾人祸不得不分散谋生,分离前在石板上刻下"三鱼共首图",约定日后在此图前团聚。如今当地人对此有不同的解释,或说是龙脊廖家、侯家和潘家团结如一家的象征,或说是龙脊壮、汉、瑶族在抗清起义中风雨同舟、共同斗争的象征。其实,这两种解释并不矛盾,它们反映的是龙脊人认同的发展过程:由当地壮族廖家、侯家和潘家的认同,到壮、汉、瑶族的认同。

表2-3 乾隆年间到1949年历次龙脊十三寨群众大会情况

序号	年份	召集人	会议内容
1	乾隆七年(1742)	大寨老廖海蛟的祖父	切鸡头,喝血酒,筹集经费,联名上书广西布政供司,要求脱离龙胜厅,恢复到兴安县管辖。
2	嘉庆四年(1799)	大寨老廖锦盛的祖父	编制团甲组织。
3	道光二年(1822)		订立"龙脊永禁盗贼碑"。召开十三寨"户长大会",烧香、祭神、行礼,贯彻执行乡规民约条令。
4	道光二十七年(1847)	大寨老潘金龙、潘文便、潘元秀	立"盛世河碑",划分十三寨各寨与黄落寨捕鱼河段范围。
5	道光二十九年(1849)		增订"严防贼盗禁令碑",并公布贯彻。
6	光绪年间	大寨老潘元秀等	判处大惯偷、大匪犯潘仁星以"活埋"。各户派一个成人参加。
7	光绪年间	大寨老廖承干、潘丁瑶、廖益宝	判处赌徒、屡教不改的惯偷潘日星处以"沉塘"极刑。各户的户长参加。
8	民国四年(1915)	大寨老廖锦胜、潘大宝	切鸡头,喝血酒,联名上书广西当局,要求脱离龙胜厅复归兴安县管辖。

续表

序号	年份	召集人	会议内容
9	民国二十二年（1933）	大寨老廖绍光、壮族青年陈岔等	杀猪祭旗，喝血酒，推举廖绍光、陈岔为总指挥，宣誓加入"桂北瑶民起义"。
10	民国二十四年（1935）	大寨老潘元芳等	宣布撤销团局建制，停止寨老组织活动（不再选新的寨老头人），编订乡村保甲组织，推荐部分寨老担任乡村甲长。
11	民国二十四年（1935）	大寨老潘祖安，侯会廷等	宣布"龙胜县改良委员会禁令"，强迫壮、瑶群众改装易俗。
12	民国三十八年九月（1949）	龙脊六姓壮族自然领袖陈绍熙、廖炳焕、潘秀福、侯会廷、韦盛德、蒙其裕和瑶族头人潘荣廷等，以大寨老组织的名义召开十三寨大小领袖人物联席会议	出席者共21人，作脱离国民党地方政府，支持游击队解放战争决议，并推举进步青年廖康英、潘焕章、潘新富（瑶族）等14人为通讯联络员，负责传递信息，筹集粮饷，筹备召开群众大会。

资料来源：黄钰. 龙脊壮族社会文化调查. 广西民族研究，1990，(3)：86~93.

图2-4 龙脊"三鱼共首图"

"龙脊十三寨"联盟的建构和维系以一定的仪式和象征资源为基础和纽带。

保存在廖家寨的《依古历碑》① 载有当地祭祀广福大王②、莫一大王③和三将太子④的情况：清乾隆年间，"龙脊十三寨"曾共同祭祀建于裕先牛塘和李家田背的广福大王、摩王（即莫一大王）庙和三将太子庙，凡七十九载；至嘉庆甲戌即1814年，二庙宇迁移至坡牛后，合二为一，由上甲半共祭，凡四十五载；咸丰己未年即1859年，又迁移至廖家寨附近，由毛呈三寨（即平安寨的上、中、下三寨）和廖家寨、侯家寨轮流祭祀。碑文没有记述当时具体如何祭祀上述诸神，但清《古今图书集成·方舆汇编·职方典》第一千四百〇二卷"义宁县"条有祭祀广福大王的记载：当地民众"一遇丰年，即抬广福神像于乡落庙中奠祭，既遍，乃旋本庙"。可推见当初龙脊十三寨有一个共同的"本庙"，整个龙脊十三寨有一个共同的祭祀圈，而后，或许是由于官方保甲制度的影响，祭祀圈缩小为甲的范围（平安寨、廖家寨和侯家寨三寨为上甲），再后来，平安寨与廖

---

① 《依古历碑》碑文见本文附录3。

② 广福大王或称"广福侯王"、"广福王"，是赐福佑民的山川大神，主年岁丰歉、人畜瘟病。《古今图书集成·方舆汇编·职方典》第一千四百〇二卷"灵川县"条云："显震威德王庙在县西峰山中，其神三：中曰雷祖，左曰盘古，右曰广福王。岁四月初三、八月十三日，乡民作佛事以祭之。广福王，名当里人，从诸葛武侯征牂牁蛮，溺水死，浮智慧江西出，乡人立庙祀之。常著屐坐石矶钓鱼，有屐迹。五代马启南节度杜州时，神昼见，振金甲、兜鍪，挥石大呼，声若雷。又为新其祠庙。宋崇宁间，赐爵义宁侯，屡加英济广福王。"

③ 莫一大王是在桂西、桂北壮族中广受崇拜的一个神。广西河池、南丹一带祭祀莫一大王之礼甚隆，除逢年过节到其庙供奉外，每隔三、五年大祭一次，抬其雕像或画像游村，以为大敬（见：《壮族百科辞典》编纂委员会．壮族百科辞典．南宁：广西人民出版社，1993：330．）。关于莫一大王的传说在桂北、桂西北广泛流传，体裁有散文体，有诗歌体等，其形成经历了一个漫长的孕育和完善的过程（见：欧阳若修、周作秋、黄绍清，等．壮族文学史（第一册）．南宁：广西人民出版社，1986：114～133．）。有人认为莫一大王确有其人，康熙《阳朔县志》卷二"莫王古矛"说：莫一大王是龙城（今广西柳城县）人，由于征战有功，成来当地的神仙，后来又因显灵护国，最终被封为王，并在祭祀的时候被人们供奉血食。民国刘锡蕃《岭表纪蛮》则说："考桂、柳、平、梧诸属壮人，均自兰州、丹州（即东兰、南丹）迁来，丹州酋长，世为莫氏，其势力从前实广被于今之南丹、宜北、东兰、那地、凤山一带。宋太祖开宝七年，土酋莫洪燕内附，诏给牌印。宋明两代，抚水蛮屡服屡叛，惟莫氏部勒所部，出师攻贼（按当时之广西土司，岑氏势最强，而莫氏次之，其地虽小，而兵劲敢死，为诸司之冠）。嘉祐二年，莫维戬以功封湖南团练副使，治平中。莫世忍又以战功为刺史。明洪武中，又以莫氏为庆远南丹军民安抚司，世其职，以统诸夷，其族南征北伐，遂蔓延于桂粤各属。壮人所谓莫一大王，当系洪燕，或其祖父子孙。"（见：刘锡蕃．岭表纪蛮．上海：商务印书馆，1934：83．）

④ 三将太子是一个什么神？来源如何？笔者查找不到有关资料，当地民众亦语焉不详，只说是一个保佑村寨免受劫匪、强盗侵害和攻击的神。

家寨、侯家寨轮流祭祀，亦有了分离趋势。

近现代以来，辐射龙脊十三寨的"本庙"已荡然无存，从前庞大的祭祀圈已缩小为一个寨子，各村寨都有一起或单独供奉广福王、莫一大王和三将太子的庙（平安寨也曾经有莫一大王庙，庙内莫一大王的木雕像居中，左右分别摆着广福大王和三将太子的木像。只是在"文革"期间被破坏了，至今尚未修复），以一个寨子为单位举行祭祀活动（一些由若干小寨子组成的大寨子也由各小寨子轮流举行，祭祀的范围仍是一寨为单位。如马海寨对莫一大王的祭祀由五个寨轮流负责，按照老寨→中寨→六家湾寨→天寨→毛竹寨的顺序轮换。规模最大的天寨连续负责三年，第二大的中寨连续负责两年，其他寨都只要负责一年。参加者是属于马海寨的五个寨的村民），由寨老主持。各寨祭祀时间不尽相同①，可能是从前抬神"巡境"的佐证。而现代祭祀圈局限于一寨，似乎可以说明各寨的自主性增强。

与"龙脊十三寨"祭祀圈重合的是其婚姻圈。笔者调查发现，龙脊十三寨之间存在着广泛而频繁的通婚关系。在平安寨 Liaokangying（1927~2005年）所整理的家谱中，所列6位先人配偶分别来自八滩寨、龙辅寨、平段寨、路底寨、廖家寨、侯家寨，除1位外，均在龙脊十三寨的范围内。而在平安寨2006年存在的217宗婚姻中，1910年代生人的婚姻4宗，配偶来自本寨的2宗，占50%，来自龙脊十三寨范围内的4宗，占100%；1920年代生人的婚姻9宗，配偶来自本寨的4宗，占44.4%，来自龙脊十三寨范围内的9宗，占100%；1930年代生人的婚姻25宗，配偶来自本寨的14宗，占56%，来自龙脊十三寨范围内的23宗，占92%，来自龙脊十三寨外的2宗，占8%；1940年代生人的婚姻28宗，配偶来自本寨的13宗，占46.4%，来自龙脊十三寨范围内的24宗，占85.7%，来自龙脊十三寨范围外的4宗，占14.3%；1950年代生人的婚姻46宗，配偶来自本寨的21宗，占45.7%，来自龙脊十三寨范围内的41宗，占89.1%，来自龙脊十三寨范围外的5宗，占10.9%；1960年代生人的婚姻52宗，配偶来自本寨的28宗，占53.8%，来自龙脊十三寨范围内的42宗，占80.8%，来自龙脊十三寨范围外的10宗，占19.2%；1970年代生人的婚姻38宗，配偶来自本寨的19宗，占50%，来自龙脊十三寨范围内的26宗，占68.4%，来自龙脊十三寨范围外的12宗，占31.6%；1980年代生人的婚姻15宗，配偶来自本寨的2宗，占13.3%，来自龙脊十三寨范围内的4宗，占26.7%，来自龙脊十三寨范

---

① 如莫一大王节的举办日期，金竹寨是农历三月三日，平安寨、马海寨、廖家寨等是农历六月初二；广福大王节的举办日期，廖家寨是四月八日，金竹寨和平安寨是六月二日。

围外的 11 宗, 占 73.3% (表 2-4)。可见平安寨的通婚地域长期稳定地密集于龙脊十三寨的范围内。

表 2-4 平安寨婚入配偶地域分布

出生年代	婚姻总数（单位：对）	配偶来自本寨（%）	配偶来自龙脊十三寨范围内（%）	配偶来自龙脊十三寨范围外（%）
1910~1919	4	50	100	0
1920~1929	9	44.4	100	0
1930~1939	25	56	92	8
1940~1949	28	46.4	85.7	14.3
1950~1959	46	45.7	89.1	10.9
1960~1969	52	53.8	80.8	19.2
1970~1979	38	50	68.4	31.6
1980~1989	15	13.3	26.7	73.3

这个结果可与 20 世纪五六十年代的调查相互印证、相互补充。当年的调查报告明确地写道：

> 龙脊壮族很少与十三寨以外的人发生婚姻关系，即有也多是他们认为自己的命苦，"八字"太丑，而年达十八至二十岁的女子，本寨实无人要，就向外寻找对象，嫁给义宁、灵川一带的汉人，或是嫁往附近地区的瑶族，其数量有限。嫁出的女子在交礼金及习俗等方面都由双方商量后决定，没有严格规定。
>
> 不与别民族通婚的原因：主要因为汉族的家婆厉害，男子对妇女管得太严，使妇女行动不便，实际可能是汉族的封建礼教管束得太紧；其次因为汉族地区离这里太远，每次想回娘家不方便，再加上语言不同，所以这里的妇女曾有一些俗话，"宁愿守房死，金换不嫁外面人"，由此看出即使有外嫁的壮女也是迫不得已的最后一步。此外壮族男子也很少娶汉族妇女，以往时也有个把出去当兵或做其他事的壮人回来时娶汉族妇女来，但不习惯这里的生活，终于又离去。据本地人反映，主要原因是由于她们在山区不惯，与婆家的关系搞不好。对于瑶族，他们认为语言不同，不便于共同生活，所以在新中国成立前，瑶民壮民居住的村庄虽"鸡鸣犬吠相闻"，但在婚姻上老死不相往来，新中国成立后这些现象已开始有了改变。①

---

① 广西壮族自治区编辑组. 广西壮族社会历史调查（第一册）. 南宁：广西民族出版社，1984：138.

这就说明平安寨与龙脊别的寨子的通婚是双向的，在平安寨婚姻圈的核心区域——龙脊十三寨，通婚的关系广泛存在，平安寨是龙脊这个村落网络中的一环，而婚姻是联系各村落的纽带之一。这一纽带比较恒久，新中国成立后，"龙脊十三寨"联盟不复存在，但其婚姻关系网络依然如故。直至20世纪末，随着旅游的开展，80年代出生的新一代长大成婚，龙脊十三寨作为平安寨婚姻圈核心区的传统受到了挑战。由于交通和通讯技术的发展，年轻人的活动范围大大扩展，他们的通婚地域不仅拓至和平乡外，而且扩至龙胜县境外的桂林、灵川、永福、兴安、都安、武鸣、南宁、平南及广西境外的山东、重庆等地。婚姻的纽带作用有所减弱。

婚姻作为一种社会性物品的"互惠交换"，既已是建构和维系龙脊村落网络的基础和纽带之一，一般性物品交换于其中的作用如何？施坚雅在探究中国农民社区如何结合成完整的社会时，曾以他在四川盆地的调查为基础发展出一套完整的"市场与社会结构理论"。他强调市场的作用，提出了市场圈等于社交圈、又等于婚姻圈的观点，认为中国村落之间的联系主要经由村落之上的集市或集镇进行，集市或集镇是在为村落提供交换服务历史过程中形成的。在基层市场（standard market，或译为"标准市场"）服务的区域，不仅存在密集的经济互动，同时也有密集的社会文化互动，农民"所需要的劳务——无论是接生婆、裁缝，还是雇工——大部分都会在体系内的家庭中找到，由此而建立起一个老主顾与受雇用者结成的关系网，这个关系网全部存在于基层市场社区内"，"由于农民家庭的社交活动主要在他们的基层市场社区内进行而很少在其外进行，同一个市场体系内的宗族间的联系可能会永久存在，而在不同基层市场区域中地方化的宗族之间的联合常常受到时间的侵蚀"[1]。所以，在施坚雅看来，基层市场服务的区域不仅是商业交换的基本单位，也是复合宗族、秘密社会、宗教组织、方言、庇护—被庇护关系、媒婆活动的基层空间，是"小传统"的基本载体，"每个基层市场子系统都固守着一个独特的经济亚文化群"[2]，因为"当差异大到成为相邻村庄的特征时，最终可以证实这些村庄属于不同的基层市场社区。很有可能在传统时代，典型的农民认识的同村人要比他认识的所有外村人加在一起还要多。但同时，他与本市场社区内外村人的社会联系如此之广，以至于很难想象任何范围的文化差异能够在使用同一基层市

---

[1] ［美］施坚雅．中国农村的市场和社会结构，史建云、徐秀丽译．北京：中国社会科学出版社，1998：45~46.

[2] 同上：40.

场的村庄之间长期存在。同样，使农民与其基层市场之外的人发生接触的社交活动如此之少，以致于市场社区之间产生差异好像是不可避免的发展趋势。一旦基层市场社区达到了包容农民生活的程度，它就造就了后者的生活方式。只要社区长期存在，它就必然会坚持它自己的一点儿传统"①。以龙脊的材料检验施坚雅的理论，笔者发现，由于无法超越西方文化中理性经济人的概念，施氏其实不自觉地陷入了"经济决定论"的窠臼。龙脊人交易的基层市场是和平圩，此圩于清代末年成圩，乃龙胜县境内历史上成圩最早的集市，初时每月逢"一、六"为圩期，后改为"一、四、七"为圩日。大概从民国十三年（1924年）起定有"会期"，初为每年农历五月二十三日，后改为六月二十四日。民国二十三年（1934年）的调查报告说，和平圩（时称官衙圩）约有50户，趁圩人数约四五百人，主要商品有米、纸、布匹、桐茶油和山货，由于交通不便，贸易冷淡②。据20世纪五六十年代的调查，龙脊壮族人民一贯以务农为主，勤劳诚实少出门，他们与和平圩的经济关系并不密切，主要依靠各地到此经商的货郎从邻近的义宁、临桂、桂林和湖南的邵阳、武冈等地运进布匹、洋纱、火柴、陶器、针线、文具、盐、糖等日用品。农民们以自己生产的土特产如禾秆草、辣椒干、茶叶等来交换他们所需商品。他们的农副产品绝大部分是为自己的消费而交换，经济上对市场的依赖程度很小③。这显然与施坚雅所说的由于同一基层市场的各村落以市场为纽带的交往频繁，使同一基层市场各村庄文化接近的情况，大不相同。和平圩的发展变化是近代以来广西圩镇发展变化的缩影④，它原称官衙，其功能本以军事或行政为主，经济功能的增强与近代以来广西自然经济逐步解体，农民对市场的依赖性逐渐加强，湖南、广东商人进入其中有关。自清末成圩以来，和平圩的服务区域涵盖了包括龙脊十三寨在内的广大农村，可是各村寨以之为纽带的交往并不多，施坚雅所描述的四川一个基层集镇高店子服务区域内的一个农民，"林先生和这个市场体系各地的几乎所有成年人都有点头之交，……他能够认出社区中主要上层人物的家庭成员，并对他们加以形容，而不论他们居住的村庄散布于何处。他知道集镇另一

---

① ［美］施坚雅. 中国农村的市场和社会结构，史建云、徐秀丽译. 北京：中国社会科学出版社，1998：50.

② 广西省政府民政厅. 民国二十二年度广西各县概况·龙胜县. 南宁：南宁大成印书馆，1934：17.

③ 广西壮族自治区编辑组. 广西壮族社会历史调查（第一册）. 南宁：广西民族出版社，1984：88~91.

④ 钟文典. 广西近代圩镇研究. 桂林：广西师范大学出版社，1998.

边的农民家庭的详细情况，……身穿长袍的地主可能只对他喜欢的几个人点头招呼，但他认识他到市场的路上碰到的所有人，并且在他脑子里似乎装有每个人的完整的档案"的情形①，在此更是如同天方夜谭。或许是由于长期以来和平圩上商人以外来汉人（来自湖南最多）为主②，以及和平圩服务区域民族成分复杂（有汉人、瑶人、壮人），文化差异大的缘故，和平市场圈并没有形成为一个共同的社交圈和婚姻圈，也并非一个具有共同"小传统"的社区（community）。这说明施坚雅的"经济空间决定论"不足以解释龙脊的情况。龙脊不只是经济空间，还是社会、行政和文化—象征的空间场域，这几种空间是一体化的。如果说市场对于龙脊这个村落网络的形成及维系有什么作用的话，其主要作用不是因经济交换促成了共同社交圈和婚姻圈的形成，使之成为一个具有共同文化的社区，即它不是龙脊成为为社会、行政和文化空间的动因，但它却使龙脊一方面与更广大区域的村落连接在一起，组成地区经济结构，最终形成具有社会广泛性的经济；另一方面，使龙脊与"国家"、"大传统"连接了起来，因为和平圩既是其市场区系的基层市场，又是反映"官方中国"的官僚结构的末端，龙脊通过它与中国文化"大传统"达成互动，使之成为中国社会文化的一部分。

第三节 传统生产·周期·仪式

文化不仅是象征体系，而且是一种社会经济体系，是象征与实践的结合物③。从平安寨传统生产实践及其与年度周期和仪式制度的内在关系，可以窥见其传统文化形貌和本质。

一、传统生产实践

平安寨的传统经济是农业与手工业相混合的乡土经济。其农业适应其自然生态环境的梯田农业。手工业主要有造纸、打铁、木工、石工、酿酒、纺织等。

---

① ［美］施坚雅. 中国农村的市场和社会结构，史建云、徐秀丽译. 北京：中国社会科学出版社，1998：44～45.

② 据1949年后的统计，和平圩镇的壮族人口多于汉族，这可能与新中国的民族政策有关。追溯历史，当地居民主要是来自广东和湖南的汉人。

③ Pierre Bourdieu, Outline of a Theory of Practice, Cambridge：Cambridge University Press, 1978：97～108.

（一）梯田农业

壮族是一个农业民族，其先民很早就发明了农业①。平安寨先民自明代从南丹迁来之后，即继承和发扬其农业传统，因地制宜开荒垦地。他们披荆斩棘，前赴后继，历经数百年艰辛，主要在龙脊第三级梯地上，开垦出大片的梯田，创造了山区农业的奇迹——梯田农业。

梯田和梯田农业作为一种田制、农耕方式和农业形态，并非平安或龙脊特有之发明。《尚书·禹贡》"厥土青黎，厥田下上"中的"厥田"应该就是"梯田"。《后汉书·西南夷列传》记：西南夷"造起陂池，开通灌溉，垦田二千余顷"。所垦之田当为梯田。《蛮书·云南管内物产》云："蛮治山田，殊为精好。"所称"山田"亦当为梯田之谓。而宋范成大《骖鸾录》载："仰山岭阪上皆禾田，层层而上至顶，名梯田。"不仅首次给梯田命了名，也是最早有关岭南梯田的明确记载。到明代，农学家徐光启（1562～1633 年）在其集大成的著作《农政全书》中，已将梯田与区田、圃田、围田、架田、柜田、涂田并列为七类农田，并于卷五《田制·农桑诀田制篇》引元代《王祯农书》"梯田"曰："梯田，谓梯山为田也。夫山多地少之处，除垒石及峭壁，例同不毛。其余所在土山，下至横麓，上至危巅，一体之间，栽作重蹬，即可种萩。如土石相半，则必垒石相次，包土成田。又有山势峻极，不可展足。播殖之际，人则伛偻蚁沿而上，耩土而种，蹑坎而耘。此山田不等，自下登陟，俱若梯磴，故总曰梯田。"可见，梯田在我国西南和岭南自古即有。梯田和梯田农业作为人类的一种发明创造，它凝结着人类对生存和发展的渴望与追求，反映了人类的勤劳、聪慧和坚忍不拔。也许在外形上古今中外的梯田都区别不大，但梯田农业作为人类适应自然的一种农耕方式、农业形态，其背后积淀了人类的不同文化。具体就平安寨来说，其梯田农业也是富有特点的。

平安的梯田农业是稻作农业，主要的种植作物是水稻。因地处高寒山区，梯田历来种植水稻为一年一造，虽然在 20 世纪 50 年代和 70 年代试验过种植双季稻，但由于光热条件不足，最终放弃。由于梯田或在山腰或在山脚，高低错落，气候不同，种植时间也有所差异。一般来说，山顶梯田种植的水稻是谷雨播种育苗，芒种耕插；半山腰梯田种植的水稻是立夏播种育秧，芒种过后 10 多天近夏

---

① 李富强．华南地区原始农业的起源．农业考古，1990，(2)：84～95；梁庭望．壮族文化概论．南宁：广西教育出版社，2000：121～144；覃尚文，陈国清．壮族科学技术史．南宁：广西科学技术出版社，2003：1～6.

至时耕插；半山腰以下梯田种植的水稻是小满播种育秧，夏至时耕插。不论是山顶的梯田，还是山腰或山脚的梯田，耕作的工序却是相同的。首先是挖田、碎土，注水入田，接着是踩田、犁田、耙田，然后是加厚田基、沤田，经第二次犁耙后插秧。秧苗插下后20~30天开始耘田、除草和施肥。相隔大约30天后，再耘第二次。此后，便等到农历九月收割了。

除了种植水稻外，当地农民还种植旱稻、芋头、红薯、玉米、荞麦、黄豆、饭豆等作物。有的是种在梯田上，有的是种在梯田以上的畲地上。由于土地有限，地力不同，有的土地可以一年栽种几次，有的则不行，为了合理使用土地，当地农民探索出了轮种和间种的方法。轮种者，如每年二月稻田闲置时期，种植荞麦，收割了荞麦后，又种植稻谷；种在畲地上的荞麦，收割后种上红薯或玉米。间种者，如在早造玉米种后尚未收成时，在两行玉米间种植红薯或黄豆，或者在种植晚造玉米的同时，在两行间种植饭豆。水稻及这些作物的栽种构成了平安梯田农业的种植体系。

平安寨梯田在海拔380米至880米的高度间沿山体层叠而上作立体分布，它的特点之一是地陡田小。据了解，平安寨共有大小各异的梯田15862块，最大的梯田只有0.62亩，最小的梯田只能插3株禾苗，多数是只能插四五行禾的"带子丘"和"ma^{44}kuai^{44}—跳过三丘"① 的碎田块。当地传说有个小伙子早饭后去挖田，母亲吩咐他要挖完山坡上的206块才能收工回家。太阳下山了，小伙子也把田挖完了，可从高到低、从低到高，翻来覆去地数，怎么也只数得205块。待他满怀疑惑地荷锄拿起地上的斗笠和蓑衣时，才发现下面盖着一块田。民间的故事或笑话不免有些夸张，但当地梯田田块普遍窄小却是不争的事实。所以，这里只有大概1/3的梯田可以使用耕牛犁耙，其余必须使用人力推拉犁耙，即所谓耦耕，因为用牛犁耙不易转动，又易踩塌田塍。从此角度看来，耦耕其实是一种保护生态环境的民间智慧。

梯田耕作的农具主要有犁、耙、田锄、挖锄、羊角锄、小羊角锄、田塍刀、小田锄、镰、手耙、竹刀、镰刀、禾剪、打谷桶、背篓、禾炕和谷炕等。各种农具各有功用（表2-5），配合着耕作的各个工种和工序，也是一个体系。农具中有些与外地汉人或壮人的农具相同，有些是种类相同，形制相异，有些却是为适应当地梯田耕作的特殊需要而创造的。由于田块较小，常用耦耕，所使用的犁和耙都比较短小。由于当地山高多石，割草用的镰刀刀尖向上翘，而小田锄、小镰和禾剪等则是本地区特有之农具。

---

① ma^{44}kuai^{44}是当地方言对青蛙的称呼。

表 2-5 平安梯田耕作农具

农具	当地壮语名称	功用
犁	kjai^{53}	犁田
耙	pa^{42}	耙田
田锄	kwa：t^{33} na^{42}	挖田
挖锄	kwa：t^{33}	挖生地
羊角锄	kwa：t^{33} θou^{42}	挖熟地
小羊角锄	kwa：t^{33} θou^{42}	挖种籽的坑穴
田塍刀	θu^{53}	打田塍草
小田锄	kwa：t^{33} na^{42}	清理多石的田塍
镰	kja^{242} han^{42}	铲田塍草或堆砌崩塌的田塍
手耙	kja：i^{21}	用手推拉耙柄以耙小块田地
竹刀	hat^{13}	插秧后打田塍草
镰刀	li：m^{24}	收割禾苑
禾剪	he：p^{21}	剪割谷穗
打谷桶	toŋ^{31}；tiŋ^{55} kok^{55}	打谷
禾炕	te：m^{33} kja^{33}	炕禾
谷炕	te：m^{33} kok^{55}	炕谷

梯田的灌溉主要靠山涧水和山泉，水源主要得益于梯田之上群山之中浩瀚无边的森林。这里的森林受地形和气候影响，呈垂直分布。在海拔 1700 米以上，以亚热带常绿落叶阔叶混交林为主；海拔 1300～1700 米之间，以壳斗科、木兰科、樟科、杜鹃花科阔叶树种为主，形成中亚热带中山地落叶常绿阔叶混交林；海拔 800～1300 米之间，以阔叶树为主，松树等经济林为辅。茂密的森林蕴涵着大量的水分，是梯田灌溉的水源保证。但要在大山之间山麓之中修建大型的水利灌溉工程是非常困难的，所以这里的灌溉设施主要是在山腰开凿依山绕行的狭窄沟渠，简单地用一些石头摆置在山涧中，挡住涧流，导入人工开凿的沟渠中。对沟渠不能流经的地方，就以竹槽或木槽引水灌溉（图 2-5），由于梯田高低错落，无大河可用水车抽水，木槽或竹槽引水就成为当地一大景观。为了预防和消解用水矛盾，当地村民在历史上形成了一套比较严格的用水规则：如一条灌溉渠流经之处有很多田地需要灌溉，必须首先满足先开辟的田地用水；如在一条主渠流经之处有许多支渠，必须首先满足先开支渠灌溉田地用水。这一原则在农业合作社后，为新的办法所取代。新的办法是：在水渠分水处，安下一块用木头或石头做成的装置，其上凿若干"凹"形状的缺口，缺口的多少和大小依所须灌溉田地

图 2-5　平安寨竹槽引水灌溉图

的多寡而定。由于水利灌溉对梯田农业的重要性,每年四月和六月寨老都要组织维修水渠、水槽一次,共用一条水渠的各户人家都会自觉派一两个人出工。每逢大雨过后,若水渠或水槽被堵,急需田水的人也自会去梳理。

当地梯田农业体系不仅限于梯田的种植,还包括梯田之上的畲地种植。畲地种植的作物除了上述某些杂粮之外,主要是经济作物,如茶和辣椒等。如今龙脊的辣椒已成为当地一个农特产品牌。而在古代,龙脊茶就已相当有名。乾隆末年,龙脊茶是龙胜厅上贡清廷的"贡品"。道光年间,义宁县人黎映斗有闻名遐迩之《龙脊茶诗》云:

龙脊山势真豪雄,岩关关外青笼葱;
茶林终古照山谷,山南山北皆芳丛;
春旗约略一千树,不减玉女仙人峰;
气姑芽开谷雨早,瑶童蛮女争提笼;
晨露初焙乘柘火,鹧鸪声里茶香浓;
青箬包裹至城市,瓦铛竹夹煎松风;
午梦方回一再啜,清凉似觉肌肤松;
相传北上有龙宅,丹崖翠壑灵秀钟;

> 白毫片片画龙沫，消虫避瘴成奇功；
> 味苦亦可除烦满，气和更足开心胸；
> 品尝拟汲三江水，蒙山顶渚将毋同；
> 世间幸勿酪奴唤，恐令贻笑山中龙。①

自清以来一直有民谣传唱："龙脊十三寨，寨寨十三家，家家十三人，人人能种茶。"

（二）手工业

平安寨的传统经济虽然与费孝通笔下的江村经济一样是兼有农业与手工业的混合经济，但手工业远不如江村发达，它们是作为农业的补充或附属而存在的。

1. 造纸

平安寨最发达的手工业是造纸。其发端大概可追溯到陆荣廷（1855～1928年）统治广西期间（1911～1921年）。据说龙胜的造纸术是从灵川盘瑶那里传来的。灵川盘瑶将他们的造纸技术传给了龙胜境内大柳乡的瑶族，再由那里的瑶族师傅传至平安寨。平安寨造纸有草纸和湘纸两类，以造湘纸为主。造草纸工序大体如下：

砍竹麻。每年立夏时节，山上的竹麻（嫩竹）长出四层竹枝时，造纸的各户就派人上山砍竹麻。

沤竹麻。小满时，在山上破好竹麻后挑回，分层放入长约1.5公尺、宽和深约1公尺的纸塘内，每放一层竹麻敷上一层石灰，同时注入清水浸沤。2个月后，取出竹麻清洗，并清除纸塘中的石灰水，重将竹麻放回纸塘中，每天换水，直至水质不再变黑。

踩竹麻。大约经过5个月时间，竹麻沤烂后，把竹麻取出放在一块竹片做成的竹排上，用脚踩烂。

压纸堆。将踩烂的竹麻放入木制纸槽中，加入适量清水和自制胶水，搅匀后，用纸帘将纸浆一次次捞起，一张张叠起来，叠到一定高度后，用大木把水压干。

晒纸张。把压干的纸张一沓沓掀开，晒干，草纸就宣告造成。

造湘纸的工艺和工序与造草纸的稍有不同：造湘纸时，踩竹麻要比造草纸

---

① （清）谢沄. 广西省义宁县志. 据清道光元年抄本影印，台北：成文出版社有限公司，1975：226～227.

踩得仔细些；所用纸帘较短、较窄，竹丝间的距离较小；将纸堆压干后，不是用太阳晒纸，而是把纸一张张掀开，贴在焙炉上文火焙干。焙炉长2.5公尺，高1公尺，上宽1/3公尺，下宽2/3公尺，内部用竹或木制成，外部抹有石灰和泥土。

平安寨是龙脊造纸业的发源地和大本营。大概是在20世纪40年代，造草纸由平安寨向龙脊片四寨（廖家寨、侯家寨、平寨、平段寨）发展，这四个寨总共每年产纸100担左右，为平安寨造纸产量一半多。50年代初，平安寨还有很多农户继续从事造纸。但农业合作社后，山场入了社，各家各户的造纸难以为继，虽然取而代之建立了合作社的造纸厂，但很快难以维持，造纸作为一门技艺和经济产业随之退出了平安寨和龙脊的历史舞台。

2. 打铁

1949年以前，整个龙脊地区共有铁工7人，平安寨仅廖福保一人。他的技艺师承今属兴安的红瑶铁匠潘金平。其学艺的方式与当地所有学徒一样是"跟师"。按当地习惯，学打铁要"跟师"三年。"跟师"期间，徒弟只有饭食，没有工资。学成之后，即可"出师"，"出师"时师傅奉送一套工具。此后，徒弟就可以独立开业了。然而，一日为师，终身为父，自立门户的徒弟，每逢过年过节，还是要给师傅送些礼物，师傅去世时，还要送寿衣。廖福保"出师"后主要是为当地农家打制犁、锄、田塍刀、镰刀等农具和菜刀、三脚铁炉等日常生活用具。他打铁技术及所打制的器物与外地汉族的差不多，但所打制的农具和生活用具式样能依当地需要有所改变。其工作与农时紧密配合，主要是在每年的年头3个月和年尾3个月工作，都是在农忙前为农事作准备。受雇为农户打制铁具一般由雇主自己出铁料、木炭并供给伙食，每日要打制锄头2~3把，或田塍刀4~5把，或斧头2~3把，报酬一般是每个工作日收谷子10多斤。1949年后，廖福保已经去世，平安寨便没有了铁匠。在50年代初，平安寨民众要打制或修理铁器要到廖家寨去找铁匠。再后来，由于大部分铁具都可以在市场买到，平安的铁匠就不再像以前那样是必需的了。

3. 木工

龙脊地区的日常生活离不开木工，传统房子都是木结构的干栏式房屋，房屋的绝大部分部件，如柱、樑、墙、地板等，均为木质，且是榫卯结构，绝大多数家具，如板凳、桌子、水桶、水盆等，亦为木结构，因而很多人都懂一点木工技术，但一般只有各种各样的器物和用具都能做且手艺达到一定水平的人，才会被当地人雇佣去帮人做木工，才被公认为"木匠"。新中国成立前平安寨仅有木匠三四人。他们的主要工作有架房子、制做家具、棺材等，一般是在年头两个月和年尾三个月受雇外出做木工，报酬在龙脊地区内外有别，在龙脊地区一般是由主人包伙食，然后支付每人每天5斤谷子；在龙脊地区之外，一般要支付每人每天7斤谷子。解放后，做木工的传统一直传承下来，所以每逢寨中有人家要盖房子，能帮忙的人不少：技术较精通的为"师傅"，水平一般的在师傅率领下"打下手"。

4. 石工

龙脊是多石山区，村寨小路、跨河小桥、柱础、门槛、墓碑、碓臼、磨等都是石质的。所以当地历来一些做石工的人。新中国成立前，平安寨有2人长期在外做石工。据说他们的手艺是从湖南汉族工匠那里学来的，学习的方式也像学打铁那样要"跟师"。做石工的报酬依所做物件折谷计算，一般做一块墓碑要谷100~300斤（大小不同），做一个碓臼要谷120斤，做一个石磨要谷80斤，做一个石门槛要谷40斤。新中国成立后，做石工的工艺也传承了下来，现如今当地所用柱础、门槛、石桥、墓碑，甚至石地图（图2-6）等，都是本寨石匠所做。

5. 纺织

20世纪以前，平安寨的纺织手工业相当普遍，因为当时各家各户男耕女织，很少购买"客布"①。20世纪初期开始，买用"客布"的人越来越多，但各家各户尚有织布机，妇女仍普遍会织布。但到20世纪20年代之后，"客布"已基本取代了自织布，年轻妇女也已不会织布。

6. 酿酒

或许是地处高寒山区的缘故，平安寨有酿酒的传统。长期以来，几乎每家每户都会酿酒，方法大体如下：将糯米蒸熟后，倒出晾开，加入酒饼拌匀，放入容器中密封，经4~5天便成水酒。他们用此法酿制的水酒是龙脊特产，很受附近人欢迎，但他们酿酒多是自制自饮，很少拿去出售。

---

① "客布"是当地人对在市场购买的外来布的称呼。近代以来，洋布和在国内大城市生产的机织布充斥广西大小圩镇。见：钟文典．广西近代圩镇研究．桂林：广西师范大学出版社，1998：10~11．

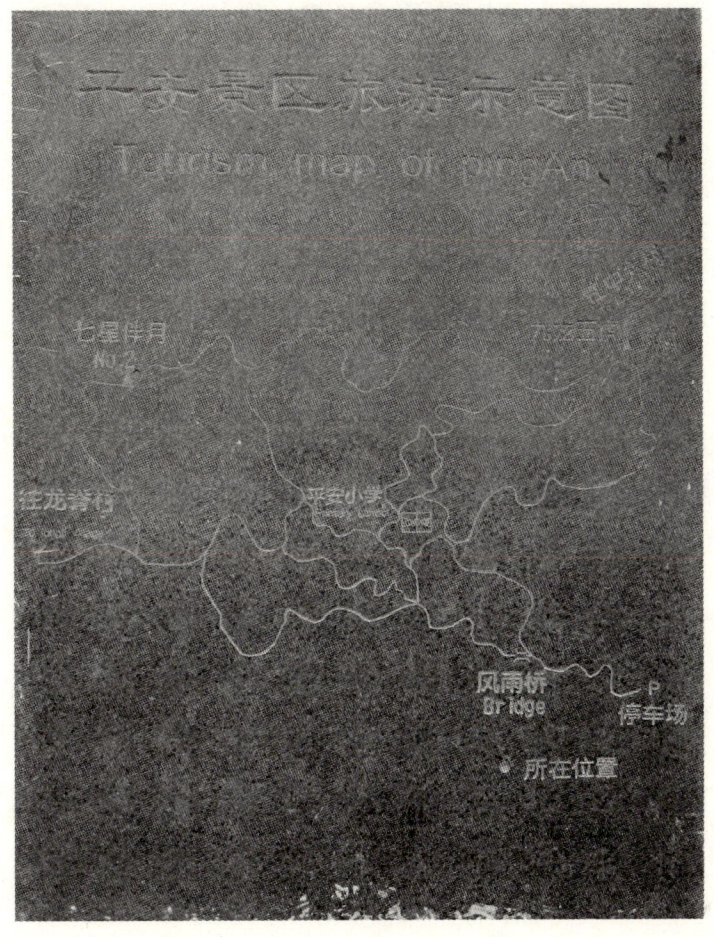

图 2-6 平安寨石刻地图

二、年度周期和仪式制度

平安寨的年度周期依性质分有两类：一类是生产性的年度周期；一类是仪式性的年度周期。

生产性的年度周期是阴历、二十四节气和当地季节性生产周期三个计时系统的协调与综合。阴历是 1911 年前全国流行的计时方法，反映的是中国几千年的传统年历文化，二十四节是全国流行的记录气候变化的计时方法，反映的是与中国农业社会相适应的年历，而当地季节性生产周期是当地记录气候变化与农业生产的计时方法，反映的是与平安寨农业社会相适应的年历。生产性年度周期主要

用于农业生产,每年农历二月春社节时,老人都要唱《古缘歌》将此"地方性知识"传喻于后代,其内容大体如下①:

> 正月来,什么是天下,不分昼和夜,这就是世界。
> 进入二月二,田地翻新泥,畲地要翻土,水田要挖齐。
> 三月清,杜鹃催早春,不分昼和夜,遍天下悲鸣。
> 四月明,犁耙挂上肩,做工莫恼气,劳动天下人。
> 五月定,老农耕平田,看谁说硬话,收割赛米粮。
> 六月节,出家找米吃,不论谷和米,得些就吃些。
> 七月七,头尾实难测,双筷和只碗,兄弟和过日。
> 八月去欠日,寻个中印日。
> 九月收谷种,稻谷满仓实。
> 鸡毛遍地摆,过个丰年节。

仪式性的年度周期与村寨的祭祀和社会活动有关。其具体内容如表2-6:

表2-6 平安寨仪式性年度周期

日期(农历)	仪式名称	主要内容
一月初一~三十	过年	停止生产活动,初一、十五在家祭祖;青年男女谈恋爱;开展舞狮子、舞龙、唱彩调、山歌等娱乐活动;走亲戚、出嫁的女儿回娘家探亲。
春社日(一般在二月)	春社节(保阳春节)	停止耕作,各户集资买猪宰杀供奉社主。老人们到村里宽敞的平地唱古缘歌,讲授农作物耕作的时间和方法。
三月初三	上司神农诞辰	各户集资杀猪到庙中烧香祭拜发明五谷种植的上司神农。
	清明节(清明挂草)	杀鸡、买猪肉、各户在家祭拜祖先,各"家门"或联村同姓集体参拜祖先坟墓。
四月初八	牛王节(牛魔王诞辰)	很久以前这一天,"牛魔王"从天上降临到人间,保护牛不得瘟疫病。后来人们建庙,杀猪祭奉它,祈求它保佑六畜兴旺、五谷丰登。各家各户制作(染成黑色的)糯米饭庆祝,同时人、牛一起休息,人们喂牛吃糯米饭,唱彩调,赶歌墟。
五月初五	药王菩萨诞辰	各户用猪肉供奉祖先和庙社。

---

① 广西壮族自治区编辑组. 广西壮族社会历史调查(第一册). 南宁:广西民族出版社,1984:132.

续表

日期（农历）	仪式名称	主要内容
六月初二	莫一大王节（五谷庙节）	各户集资杀猪到庙中供奉。每家派一人参加。由一位厨师专门做菜，把猪肉、肠、肝、骨等做成12味，象征一年12个月，然后将此12味祭品按照一定顺序捧上神台敬奉。每味菜都按照参加者的人数分配到碗里，以保证神佑所有人。
六月初六	土地公诞辰日	每家准备鸡、鸭祭祀神庙。家里有田变成旱田的人家到田边去祭拜。
七月十三、十四、十五	盂兰盆会（中元节）	杀鸡、鸭祭祖。十四日举行歌墟，青年男女唱山歌谈恋爱（唱歌跳舞祈祷农作物丰收）。已经出嫁的女儿回娘家（要给娘家的每个兄弟各带一只鸡。兄弟们用粽子做回礼）。
八月十五	中秋节	吃月饼敬月
九月九	重阳节	做糯米粑、吃猪肉，敬老人。

此仪式性年度周期是平安寨社会关系再生产和延存的制度保证，它将家户、家门和村落联系了起来。其中每个节庆都包含了家户、家门和村落各层次的社会空间，但又各有侧重。药王菩萨诞辰、中秋节、重阳节的活动完全局限于家户，是个人认同于家户的表现；清明节既有家户的祭祖活动，又有以家门和跨村同姓人为单位的活动，是从家户到家门、血缘宗族的联结；过年、牛王节、中元节既有家户的祭祖，又有舞狮、舞龙、唱彩调、唱山歌等家户外的活动，走亲戚、出嫁妇女回娘家则是婚姻圈内的社会联系，是从家庭到区域的跨越；春社节、三月三、莫一大王节、土地公诞辰日的活动以村寨为范围，是村寨认同的再生产。

此仪式性年度周期来源于多元的文化资源。一是汉文化。表2-6所列三、七、八、九月的节日本是汉族节日，尽管平安寨所举行的仪式与汉族有所不同，但其仪式显然是来源于汉文化。如八月十五中秋节即是光绪末年从岩底汉族那里传入的。二是区域性的族群文化。如二月社节虽然汉族也有，但当地节日内容与汉族节日有差别；五月初五，在这里不是汉族纪念屈原的节日，而是药王菩萨的诞辰①。莫一大王节是当地壮族特有。平安寨的仪式性年度周期是对上述文化仪式资源不断调适的结果。而这调适又与其生态、经济等紧密相关，仪式性年度周期与生产实践的时间表相对应：春节期间是种田的准备阶段；春社节期间正值翻土、灌水、犁田、垒田埂等，举行春社节为祈求社王保佑风调雨顺，五谷丰登；

---

① 药王是传说中的医药神，他发现药草，为人治病，普救民众，还向众人传授种药采药知识。昔日壮族地区很多村寨都立有药王庙，定期祭祀，但所奉祀之药王无专指之神。

三月三和清明节分别是种植作物前，祭祀发明五谷种植的神农和自己的祖先，节后即种植芋头，待谷雨时第一次种植玉米，从谷雨开始到小满期间，播种水稻；四月初八牛王节是春耕后感激耕牛的仪式；端午节前后的芒种到夏至这段时间种是种植高山和半山腰的水稻的时期；莫一大王节前后是第二次种玉米和种甘薯的时节；六月节前后，给田除草、施肥；中元节前后收割早米即籼米；中秋节前后收割糯米、粳米；九月九是庆祝收割新稻谷；十月第二次收割玉米和白薯；十一、十二月准备柴火，为新的农耕准备。这反映了平安寨仪式制度与生产实践的不可分割性。

第四节 社区内源结构[①]

虽然自乾隆五年之后中央王朝对今龙胜境内改变了以往间接统治的羁縻制度，实行了直接统治，但近代之前国家力量并未真正进入龙脊地区，平安寨乃至整个龙脊基本上处于自治状态，血缘和地缘关系是当地社会中最为重要的关系，"栏"（ran^{42}）、"勒栏"（rək^{24} ran^{41}）、"泰瓦"（tai^{33} wa^{43}）和寨老制度共同构成了当地社会力量格局。

一、"栏"

"栏"是壮语，其含义除了指房屋外，还指社会组织：一是指家庭（family）；一是指家户（household），即住在一座家屋下的人。不管是指前者还是后者，在当地社会日常生活中，"栏"都是作为一个基本单位建构社区组织和参与社区公共事务的，因而它不仅是一个自然空间，而且是一个基本的社会性单位。

平安寨的家庭一般都是夫妻和子女或夫妻子女和父母组成的家庭，即学术界所谓核心家庭（nuclear family）和为主干家庭（stem family），因为当地习惯是"树大开叉，人大分家"，儿子长大后，父母即为之建"栏"（家屋），娶妻另住，自立门户，父母一般与最小的儿子同住，或待最小儿子娶妻生子后另住，所以，当地婚姻所生产的主要是核心家庭和主干家庭，扩大家庭（extended family）或

[①] "村落社区内源结构"乃张佩国提出的一个术语，指源于特定自然—社会生态环境的社区结构。张佩国是在修正此前日本学者旗田巍所谓"村落共同体"和美国学者黄宗智所谓"村庄内生结构"的基础上提出此一概念的。他认为，"村落共同体"的概念只反映了村落社区统合性的一面，不能完全涵盖村落社区结构的全部内容；"村庄内生结构"容易使人误以为村落社区结构是在先验的封闭条件下生成的。故而值得修正。参见：张佩国. 地权分配·农家经济·村落社区——1900~1945年的山东农村. 济南：齐鲁书社，2000：185.

联合家庭（joint family）即使存在也是暂时的、不稳定的。

家户和家庭一般是一致的、重合的，住在同一"栏"的人一般都是一家人，只有在特殊情况下，因为有非家庭成员进入"栏"中才会发生家和家户的不一致。非家庭成员进入的途径主要有两种：

一是雇佣。1949 年前，当地一些土地较多的人家雇佣一些长工，这些长工与主人吃住在一个"栏"里，但不被视为一家人。Liaojinbao、Liaojinde 和 Liaokangying 家都曾雇佣过长工。

二是客居，即长期在一"栏"中作客。如本寨人 Liaolianzhi 民国时期曾嫁龙胜县县长赵家晋为妾，赵氏死后，Liaolianzhi 一直客居其妹家。一位六十多岁妇女廖氏有两个儿子，大儿子去世后，她随入赘平安寨的小儿子一家居住，虽吃住在一起，却未视为家庭的一员。

"栏"作为一个社会性单位，其社会文化内涵、特点和功能是由建立和维系它的婚姻和继嗣制度赋予或建构的。当地的婚姻有男娶女嫁婚（male-taker/female-giver marriage）和女娶男嫁婚（male-giver/female-taker marriage）两类，与之相应的是两可继嗣（ambilineal descent）原则。

不论是男娶女嫁婚还是女娶男嫁婚，平安寨的传统婚姻都是服从"父母之命，媒妁之言"的包办婚姻；通婚限在本民族之内进行，不避同姓，只避家门，因而同寨之内通婚常见；早婚比较普遍，婚龄多在 8～12 岁之间，一般是男大女小。但两者的缔结程序有所不同。

男娶女嫁婚的缔结一般要经过订婚、准婚、结婚、不落夫家、女方怀孕后长住夫家 5 个程序。整个婚姻过程和仪式其实是一种建构人与社会的展演活动，在此过程中，主家（讨偶者）和外家（给偶者）既竞争又合作，既对立又统一，淋漓尽致地表现主家对外家功能的转换和取代，降低外家在仪式中的重要性。

所谓订婚是男女双方父母同意后，男方家便派媒人到女方家取女方的生辰八字，拿给算命先生推算，若无相克相冲，即是"命合"。"命合"后，男方由媒人和男家父亲带上雄鸡鸭各一只、酒三四斤来到女方家，女方家宰杀一只母鸡作招待，并做些粽粑加上一把禾作为回礼。这就完成了订婚的程序。

一般来说，订婚多发生在小孩一岁或几个月大的时候。当男女长到三四岁时，男家就挑上酒肉，带上铜钱，来到女家，宴请女家兄弟叔伯等亲属，双方商议结婚事宜。女方回礼准允，是谓准婚。

准婚后，男女双方家就有了经常性的往来，凡重大节庆，男方家都要给女方家送礼，女方家也要回礼，否则就视为对婚事有意见。如此往来时间或长或短，一般到男女年届8~12岁时,就要定下婚期,举行婚礼了。

婚期前夕,女方家会请媒人到男家讲聘礼,数量依家庭经济状况各有不同,但一般都有礼金、酒、肉和手镯。不论是贫穷还是富有,收的聘金很重,嫁妆却很简单,只在结婚当天给新郎一双鞋、一套小衣,给家婆、伯娘各一块胸围,给家公、伯爷各一条腰带。在当地人的传统观念里,婚姻不只是男女两家的事,更不只是男女两人的事,而是男女双方两个家族和两个村寨的事,因而男家除了要给女家聘礼外,还要给女家的房族各户五六斤猪肉,给全寨送30斤猪肉。这些聘礼一般是在举行婚礼前一天送达。

举行婚礼的日子是由"师傅"择定的。新娘出阁时,新郎不上门迎娶,只有吹鼓手到半道上迎接。新娘打扮好后,由父母双全和有子女的"命好"之人,或自己的父亲背下来到门口。新娘下来时要脱鞋,到门口才穿上,据说是表示出嫁了,脚印要扫出去,使之不留恋娘家。新娘到了门口,由10~20个尚未生育过的年轻妇女和5~6个会唱酒歌的男子陪同前往男家,按习惯要在择定的吉日的中午前赶到。新娘到达男家门口楼梯下时,伴娘将新娘团团围住。主家请师公念贺新婚的经文,在一碗清水上画二十八宿符咒,然后含水一喷,旁边的助手马上将雄鸡头砍去,将鸡血淋在伴娘四周,以表示驱除一切妖魔鬼怪污物秽气,保佑新娘成家之后,子女众多,家庭和睦。经过此一环节后,伴娘陪同新娘走上楼梯进家,楼梯中间用竹子编有3道假楼梯,新娘一行过后,立即撤去。此时,男家已用木板搭起一座由门口直通新房的"桥",新娘由一位能说会道、双亲健在的姑娘撑着布伞陪同从"桥"上走入新房后,即将之拆去,表示桥已断,路已无,新娘要永远留在男家,与丈夫白头到老。新房门口有一个碗,盛着鸡蛋饭,新娘进门时,撑布伞的姑娘和外面的人就抢此碗往外丢,看谁眼明手快。据说里面的人代表女方,外面代表男方,若男方手快先丢,预示着以后无论讲什么话都是男方有理,否则相反。新房内有一小板凳,上插一根针,新娘一进房,就有人将之取下折成三段,以表示要新娘性格温柔,如若不能折断,则预示着新媳妇性格刚烈。当地的婚礼没有拜堂的习惯,新娘进屋后,白天与伴娘谈笑,晚上与青年男女唱山歌。同来的男伴则唱酒歌助兴。次日晨,新娘起来给翁姑兄嫂打水洗脸,后者给封包回礼。然后,新娘在伴娘的陪同下返回娘家,男家给新娘酒肉若干带回娘家宴客,同时给伴娘每人一斤猪肉带回。次日一早,男家又派人去接新娘,新娘按男家长辈人数带上自织的棉带若干,同时将从男家带回的猪肉(按每斤猪肉一个禾把、每个千把重4~6斤的规格)折禾把给带上,在4~5个伴娘的陪同下再回男家。男家同寨的各家各户轮流请新娘和伴娘吃饭,新娘以棉带一条作为回礼,表示村寨对新娘的接纳,新娘成为村寨的一员。此次新娘在男家共住

3 天，但不与新郎同房，白天在男家做些轻活，晚上则和伴娘一起与寨上青年男女唱山歌。第三天晚唱完山歌后，与新娘和伴娘唱歌的男子到新房去抢伴娘的手镯，抢到了，就意味着可以成为情侣。第四天早上，新娘和伴娘带在男家所给礼物返回娘家，从此开始了不落夫家的生活。

所谓不落夫家即结婚后妻子不长住夫家，只是在节庆或农忙时节接到夫家小住三五日。如此往返，或密或疏，因人而异，感情好的密些，感情不好疏些。不落夫家的时间或长或短，直至女方有了身孕，才到夫家长住。

女娶男嫁婚（当地通常所说入赘婚）的缔结程序比男娶女嫁婚要简单得多。先由男方家给女方家十吊八吊"凭钱"，女家将与"凭钱"价值相当的田地分给男方（当地称郎仔），并立下契约，由中人和亲属签字，交郎仔保管。成婚时，女方家要摆一两桌酒席，宴请房族中的叔伯长辈。此后，郎仔就成为家庭中的一员。郎仔进门后，要改成女家的姓，按妻子兄弟的班辈起名字，要为女家父母养老送终，他不会因入赘受歧视，有权继承女家财产。但与男娶女嫁婚结婚后有新娘"不落夫家"阶段相对应，女娶男嫁婚在有小孩之前，夫妻的婚姻关系是不稳定的、脆弱的。若结婚数年无子女，女方可以将郎仔赶走，另招一个郎仔进来，若还是无子女，还可退去再招，以前一个女子招三四次郎仔的都有。这反映了当地人有关生育与婚姻、家庭关系的独特观念：婚姻关系的确立是通过生殖来实现或完成的；生殖是家庭得以成立的标志。

不落夫家的实质是生育后确立婚姻关系①。因而婚礼在当地人的生命历程中没有独立的价值，往往比较简单，甚至留与小孩的三朝典礼一并举行。三朝典礼在当地被视为一个人生命起点，非常隆重。三朝并不一定在新生儿降生的第三天举行，要视主家和外家的准备的情况及据新生儿的生辰八字推算的吉日而定。三朝典礼除了设酒宴款待亲朋之外，主要有安花筒和为新生儿起名等内容。所谓安花筒可说是迎接新生儿到家的仪式。在壮族人的观念里，世间的人都是花王神（或称花婆、花婆奶、床头婆、花王圣母等，即姆六甲）花园的花。在广西和云南广泛流传的神话说，壮人的女性始祖"姆六甲"就是由花所生。在太古洪荒时代，宇宙中漂浮着一个旋转的蛋。此蛋爆炸后分成三片，一片飞到上边变为天空，一片下地变成大海，一片留在中间成为人们居住的陆地。当时田地间什么都没有。突然，中界的大地长出了一朵花。这朵花说不上什么颜色，花一开却长出一个女人来。这个女人是世界上的第一个人，她披头散发，全身一丝不挂，满身

---

① ［日］塚田誠之. 壮族文化史研究——明代以降を中心として. 东京：（株）第一书房，2000：223~271.

长毛，很聪明，因此后人叫她姆六甲。因为她的智慧足以做聪明人的师傅，所以又叫"姆洛西"。姆六甲尿湿土地后，用手捏泥造出了人，并用辣椒和杨桃分出了男女，接着又造出了飞鸟走兽。还有神话说，姆六甲管花山，栽培有许多花。她送花给谁家，谁家就生孩子。花有红白之分。她送红花给谁家，谁家就生女孩；送白花给谁家，谁家就生男孩。有时，花山上的花生虫、缺水，人间的孩子便生病，要请师公做法事禀报花王，为花儿除虫淋水，使花朵茁壮，孩子健康①。平安寨人的安花筒仪式一般在三朝酒筵前由师公主持举行。将一小片弯成拱桥形状粘贴上纸花象征花桥，用大竹子做一个竹筒，里面放一根细竹棍代表花魂，都粘贴上纸花（图2-7）。师公将这些东西安放在新生儿的房间，根据新生儿及其父母的生辰八字推算出新生儿所犯关煞，然后念经"改关"消煞，引导花魂顺利通过花桥。三朝典礼的酒筵规模及丰盛程度依主家的经济实力有所不同，但所请客人一般包括同一家门（勒栏）的长辈亲属、外家亲戚、邻居等。一般客人的贺礼多为稻米、酒和现金，可外家的贺礼必须讲究。如果新生儿是第一胎，外婆就要送酒、米一担，鸡数只，还要送银饰帽和银佩带；若不是第一胎，外婆也要携酒、米一担和鸡数只来贺。为小孩起名是三朝典礼最重要的内容和主要目的。起名字由主家、外家和房族长辈负责，他们或许已经有了腹案，或许也早已形成了共识，但在酒席上讨论或最后定案也是必要的。他们同坐一桌，

图 2-7 花筒

---

① 丘振声. 壮族图腾考. 南宁：广西教育出版社，1996：360~361.

定好之后，由主家当众向来宾宣布。孩子的名字由两部分组成，一为班辈字，一为孩子特有之字。为孩子起名，特别是为第一胎孩子起名之所以重要，是因为当地流行亲从子名制，即孩子的父母、祖父母等以第一个子女或孙子女的名字来命名，如某家第一个小孩的名字为"廖启文"，其父母的名字随之分别变为"达文"（"达"在当地壮语是父亲的意思）、"乜文"（"乜"在当地壮语是母亲的意思），祖父母的名字分别变为"辅文"（"辅"在当地壮语是祖父的意思）、"眉文"（"眉"在当地壮语是祖母的意思）。

克利福德·格尔兹在研究巴厘人的从子命名制时指出："它的第一个作用是认同夫妻，很像在我们的社会新娘接受新郎的姓氏那样；这里只是，带来认同的不是结婚，而是生育。从象征意义上说，夫妻之间的联系是通过他们对子女、孙子女或者重孙子女的共同关系，而不是通过妻子加入丈夫的'家族'（因为族内婚盛行，一般说来，她反正属于这个家庭）来表达的。"① 不仅如此，按从子名制，"看一个人不看他的祖先是谁（由于覆盖死者的文化面纱的作用，甚至无人知晓他们），而看他是谁的祖先。不同于世界上如此之多的社会的做法，给一个人定位不是根据谁生了他，不是根据多少隔了一些世代的、属于本人血脉的始祖，而是根据他生了谁，他是自己的子女、孙子女或者重孙子女，在多数情况下是仍然活着的、半成型的个体人；一个人通过特殊系列的生殖链把自己的关系追溯到他们那里。……在这样的从子名下，整个人口的分类根据，是他们与现在掌握着最迫切的社会再生的这一小类人口的关系，以及后者对他们的象征———群可预见就要做父母的人。"② 也就是说，亲从子名制把夫妇的长子女、长孙子女的名字归入他们自己的名字，并由此把他们联系起来，既强调了婚姻配偶在地方社会的重要意义，也强调了赋予生殖的巨大价值。由于一个人的"生殖地位"在自己和他人看来都是他社会地位的主要因素，人们不是把人生过程看作是一个生物老化的过程，而是视之为一个社会再生（social regenesis）过程。所以，维系后代继嗣不被中断，对于个人而言非常重要。只有这样，才能是自己在社会公认的层级序列上，不断上升。需要强调指出的是，平安寨壮人的亲从子名制，其实是亲从子（女）名制，他们既不在乎所生孩子是男孩或女孩，也不在乎一个人有多少孩子，即不在乎后代继嗣是男是女，关注的重点在于社会再生产的延续性和社区保持自我复制的能力。

---

① ［美］克利福德·格尔兹.文化的解释，纳日碧力戈，等，译.上海：上海人民出版社，1999：430.
② 同上：433.

尽管男娶女嫁婚可能早已确立了其主流地位，但女娶男嫁婚一直是当地重要的婚姻类型。20 世纪五六十年代的调查发现："龙脊乡招郎入赘较为普遍，凡家中有女无子的都招郎入赘。……这些现象直至现在仍然相当流行。"① 据郭立新 90 年代末对龙脊平段寨和平寨的调查，在两寨已婚男性中，有 16% 的男性外嫁，还有大约有 14% 的男性是从外寨嫁入②。而在笔者所调查的平安寨现存 217 宗婚姻中，有入赘婚 34 宗，占 15.7%。

与男娶女嫁婚和女娶男嫁婚两种婚姻类型相对应的是婚后从夫居和从妻居两种模式共存，其背后隐潜着两可继嗣的原则。一般说来，从夫居，其子女属父方继嗣群，继承父方家业；从妻居，其子女属母方继嗣群，继承母方家业。但这是柔性的、可变的。如果娘家为外嫁女儿的子女三朝典礼备办的礼物不妥，外嫁的女儿可以回来继承家业；入赘郎仔也可以回其父母家分取一份财产。招赘者当然一般是有女无子之家，但子女双全之家亦有招赘者，即在同一家庭里同时践行父系继嗣和母系继嗣两种继嗣规则。正由于两可继嗣原则在当地是有深厚社会基础的传统，当它受到挑战和冲击之时，能形成有力的反击和抗争。如民国十七年（1928 年），一些招赘者，为了保证自己的家庭财产免受族人侵夺，保障郎仔继承财产的权利，呈报当时所属兴安县公署成立了"添丁会"③。此会至新中国成立前夕方告解散。也正因为两可继嗣原则深入人心，当地村民没有重男轻女的观念，20 世纪七八十年代实行计划生育国策之后，绝大多数家庭都自觉地执行政策，超生的情况极少。

由此看来，平安寨壮族没有一个单系的继嗣法则，其婚姻和继嗣都是为了"栏"的延续，而不仅仅是血统的纯洁性与连续性。在当地人的观念里，"栏"是一个具有延续性的法人单位（corporate body）。它超越了世系与联姻间的对立而将其凝固、静止和稳定下去。这就是列维－斯特劳斯（Claude Levi-Strauss）提出的"家屋"（house）和"家屋社会"（house society）的概念④。平安寨的

---

① 广西壮族自治区编辑组. 广西壮族社会历史调查（第一册）. 南宁：广西民族出版社，1984：136~137.
② 郭立新. 天上人间——广西龙胜龙脊壮族文化考察札记. 南宁：广西人民出版社，2006：78.
③ 布告"添丁会"成立事宜的石碑至今矗立在龙脊平段寨旁。碑文见本文附录 4.
④ "家屋"概念实际上解决了人类学的一个难题。按照列维－斯特劳斯的理论，任何一个社会单位都希望保持自己的纯洁性、团结和延续性。所以，最好是自己内部通婚，但是因为乱伦禁忌，必须有外人进来帮助繁衍，这便产生了矛盾。列维－斯特劳斯认为，"家屋"作为一个很具体、很形象而又具有包容性质的东西，解决了这个问题。（参阅：蒋斌. 亲属与社会组织. 见：周星、王铭铭，主编. 社会文化人类学讲演集（上）. 天津：天津人民出版社，1997：356~368.）

"栏"是列维-斯特劳斯所谓的典型的"家屋",以"栏"为社会联结纽带和基石建构的平安寨乃至龙脊属于家屋社会的范畴。

二、"勒栏"和"泰瓦"

在"栏"之上,平安寨的最基本的血缘认同单位就是家门。家门有"勒栏"和"泰瓦"之分。"勒栏"为亲房,由能够清楚地追溯出共同祖先的血亲组成。"泰瓦"为远房,由对更早的共同祖先有模糊认同的同族成员组成。

平安寨共有"泰瓦"3个,他们的共同祖先分别是公额、胡袜、立公,这三个祖先分别是分居平安寨下寨、中寨和田(上)寨始祖,故而下寨、中寨和田寨就不只是平安寨地理位置的名称,同时还分别是3个"泰瓦"的名称。各"泰瓦"有共同的祖坟,但没有蒸尝,也不是每年都共同祭扫祖坟。"泰瓦"是基本的婚姻单位,"泰瓦"内部,即下、中、田三寨内部是严禁通婚的,而"泰瓦"之间可以通婚,前面所说平安寨内婚姻都是下寨、中寨、田寨之间的婚姻。据 Liaolianzhi 说①,从前下寨、中寨、田寨之间也是不能通婚的,老人家不许,因为同祖宗。后来之所以允许,可能与所处环境有关。龙脊四周住着不同的民族,不同民族之间的隔阂不是很容易消除的。当地长期流传着一首顺口溜:"十三壮寨一寨瑶,新寨枫木吃不消。龙浦金竹和八滩,百分之百怕红瑶。"民国时期,当龙胜县长要娶 Liaolianzhi 为妾时,Liaolianzhi 也是因为县长为汉人而不愿意。如果这一情况属实的话,寨内各"泰瓦"间由禁止通婚到可以通婚的过程,应是当地人群关系内卷化(involution)的表现。

"勒栏"是从"泰瓦"中裂变出来的,平安寨现共有"勒栏"24个,其中下寨5个,中寨14个,田寨5个。1988年,平安寨长老在修谱时,曾组织38人共同努力,将各"勒栏"的谱系初步整理了出来,按所能追溯到的最早祖先命名,分别称光裕支脉、田寨光元支脉、光成支脉、学玉支脉、下寨光元支脉、光景支脉、金权支脉、弟合支脉、良衡支脉、恶公支脉、良宁支脉、昌公支脉、金荣支脉、财发支脉、金昌支脉、金唐支脉、永贵支脉、复公支脉、金七支脉、良群支脉、良盘支脉、良贵支脉、各管支脉、寡公支脉②。

"勒栏"是最基本的血缘认同单位。每个"勒栏"有一两个自然形成的头人,处理"勒栏"内部事务和各成员的内外纠纷,组织"勒栏"参与本寨及"龙脊十三寨"的活动等。逢有婚丧嫁娶等红白喜事,本"勒栏"各家都对主家

---

① 按照人类学学术规范,文中一些人名采用化名。
② 各支脉谱系见本文附录1。

负有重要责任，扮演重要角色。首先表现在礼物上，"勒栏"各家与其他人不同。以笔者参与过的婚礼、小孩满月礼为例，当地亲朋送礼按亲疏关系排列为如下层次：父母—岳父母—舅舅和姑父—家门—邻居—朋友。所送礼物一般有钱、米、鸡三种，只有较亲一些的送鸡和米。在仪式上，几乎所有重要事情都由家门中人办理。仪式举办前，主家会请家门中人前来商议，或者家门中人会主动与主家商量如何操办，主家会委托一两个诚实可靠、精明强干且精通礼仪的家门中人为总管，调度钱粮和人力，操持所有事宜。"勒栏"中各个"栏"都会有人前来帮工，尽管"勒栏"不是帮工与否的界线，"勒栏"外的人也可能前来帮工，但同一"勒栏"来帮工是道德的要求。每个"勒栏"都有共同的祖坟，"勒栏"内各户组成一个"清明会"，虽与"泰瓦"一样也无蒸尝，但每年共同祭扫他们的祖坟。祭扫事宜每年轮流由一户或若干户负责主持。当年祭扫时就定好下一年的主家，各户集资购买一头猪由主家负责饲养，以待祭扫祖坟时使用。清明时主家要负责采办祭品，准备餐饮招待同"勒栏"各户人家（图 2-8）。

图 2-8　2007 年清明节一个"勒栏"在聚餐

"勒栏"也是区分继嗣群的基本单位。它对各"栏"的继嗣负有一定的责任和权力。如各"栏"在分家产时，要请"勒栏"的头人到场协调；某"栏"要招赘时，不仅要得到"勒栏"头人和各"栏"的同意，还要将一小部分田地分给"勒栏"内较亲的兄弟或侄子，否则女儿及郎仔的财产继承权没有保障；一个人如无子女，需收养子继承财产，要经"勒栏"同意在侄子中指定一个或向远房外族要一子收为养子，还要将一部分田产分给亲侄子，如果生前没有养子或指定财产继承人，其财产就由"勒栏"内的兄弟或亲侄子平均分割；绝户的财产由"勒栏"平分。

"勒栏"还可以说是"龙脊十三寨"自治体系中最基层的组织。据20世纪五六十年代的调查,房族在社区生活中对其成员的行为负有一定的责任,在执行乡约、实行社区治理中担负有一定的功能,发挥一定的作用。当其成员有违反乡约的行为,如因盗窃被处以罚款或赔偿损失,而其家庭无力负担时,房族要共同负担;当有成员一再犯事被处以写悔过书时,房族中人要在悔过书上签字,以示负责;当有成员犯罪重大,屡教不改,民愤较大,要处以革逐的惩罚时,房族要先开会讨论,作出革逐的决定,并请各村头人前来见证,当众写好革逐通告,列举犯者罪状,表明与犯者脱离一切关系,不许其与族人共扫祖坟,对其生死安全不予过问。然后十三寨头人才召开会议,讨论是否要加重处罚,即是以革出房族为止,还是要驱逐出十三寨之外,不准踏入龙脊境内①。

三、寨老制度

"勒栏"和"泰瓦"之上的社会组织单位是寨子,当地壮语称"宛"(wan^{42})。寨子有一定的领域空间。尽管如今的平安寨不像龙脊其他一些寨子如廖家寨、金竹寨等至今仍保留有寨门,边界清晰可见,但往南与黄落寨、往西南与侯家寨之间有风雨桥,往北与中六寨之间有风雨亭,也大体划出了寨子从前的轮廓。风雨桥、风雨亭为寨子之间往来提供了方便,也是边界的标志。传统上,房屋都建在风雨桥、风雨亭所标界的范围内,构成一个独立的地理空间。寨子是重要的资源占有单位,其内所有成员拥有使用田地、山场和坟地等公共资源的权利,但外人严禁染指。寨子也是主要的公共活动组织单位。公共祭祀、修桥补路等公益活动等都是以寨子为单位举行的。

寨子由寨老管理。寨老当地俗称"寨公"或"头人",壮语称"布求(pu^{33} kju^{33})",是寨子里的自然领袖。从本质上说,寨老不是房族或宗族等血缘关系集团的代表。在龙脊的杂姓村,寨老的姓氏没有限定,江边寨就曾有过廖美富、廖章元、潘祖安这几个寨老;异姓养子、入赘的异姓女婿也可以担任寨老,民国时期,枫木寨的寨老陈富朝,即是从平安寨廖氏收来的养子。但在平安寨,却是寨老与族长同为一人。因为平安寨是单姓寨,作为地缘单位的寨子与宗族——有共同祖先的血亲单位边界重叠,族长中精明强干、德高望重者自然就是寨老。不过,当地族长与汉族族长的概念有所不同,在汉族人的观念里,族长必须是"宗

---

① 广西壮族自治区编辑组. 广西壮族社会历史调查(第一册). 南宁:广西民族出版社,1984:107~109.

族"中辈分最高的人，可在平安寨、在龙脊，族长不一定是系谱上的长者，因为当地壮族社会不是建立在父系社会的基础上。寨老的地位乃自然形成，因而人数不定，或一个或两三个。其权威纯粹源自自身的人格魅力和品德力量。寨老必须是公认的处事公正练达、经验丰富、热心公益、德高望重的人，一旦他失去了这些品格，也就失去了寨老的资格，因而寨老没有年龄规定，也没有任期。1933年参加"瑶民起义"时，平安寨寨老廖祥林只有30岁，廖文俊也只有38岁。清末民初，廖益保任寨老时间很长，直至晚年70多岁，行动不便，言语不清，仍得到民众信赖，至死被尊为寨老。寨老的职责包括调停、排解民众之间各种各样的矛盾和纠纷，组织和指挥进行庙宇的修建、架桥修路、开凿水渠等公共事业，组织举行祭祀仪式等。行使职责的方式是沿袭风俗，以习惯法处事。在行使某些职责时，某些有专门技能的人会充当他或他们的助手，如道公，在举行祭祀仪式时，寨老的工作只是收集资金，准备供品，组织群众参加祭祀，在祭祀时传授一些生产生活经验，进行一些道德教育等，按程序主持仪式的是具有仪礼知识和宗教职能的道公。有时，寨老在排解纠纷时，也要在道公的协助下，实行"神判"。即由头人要求当事双方将自己的理由、咒语、庚辰写好，备公鸡一只，香烛若干，请道公一同到庙中，由道公念经请鬼后，由原被告将一"阴状"焚烧，同时将鸡头一刀砍断，以此判断哪一方胜诉。当地宗教主要是道教和巫，佛的进入较晚，民国二十二年（1933年）桂林佛教堂有教徒石幌亮到龙脊宣传佛教，培养了一批教徒，并在平安附近建了一座庙宇，但教徒很少，其影响主要体现在道教经书中吸纳了一些佛教内容。道在龙脊的影响是根深蒂固的，在平安寨往平段寨、廖家寨途中的一些清代的石板桥上，就有道教宝器（图2-9）。除了道公之外，巫作为沟通人神的"媒介"也在协助寨老管理寨子方面发挥一定作用。在当地人的观念里，寨子不仅是现实世界里的一个单位，而且是"三界"中的一个单元。所谓"三界"，据《保洛陀》传说，古时候，天地分为三界：天上叫上界，由雷公管理；地上叫中界，由洛陀公公管理；地下叫下界，由龙王管理①。按照"三界说"的宇宙观，清时平安寨人是在"大清国广西省桂林府义宁县分防龙胜理苗分府龙脊乡毛呈寨广福、莫一庙王祠下社王土地居住"，寨老要管理好本寨，自然要在道、巫等的帮助下与"三界"的各路神灵沟通。

寨老制度的另一个层次是在平安寨本层次之上的"龙脊十三寨"层次。如前所述，"龙脊十三寨"联盟是一个多元一体的体系。一般说来，平安寨本身的"小寨老"管本寨事务，而"龙脊十三寨"的"大寨老"管跨村寨的甚至整个龙

---

① 农冠品，曹廷伟. 壮族民间故事选. 南宁：广西人民出版社，1982：3~7.

图2-9 石板桥上的道教宝器

脊的事务,但"龙脊十三寨"联盟的成立也在一定程度上打破了各寨的独立性。有时,本寨村民之间的纠纷可以请别寨的寨老来调解,或由"大寨老"来调解。有时一个人也可以同时身兼"大寨老"和"小寨老"两种角色。据调查,至少曾有4任"大寨老"出自平安寨,他们是廖光元、廖益保、廖锦盛、廖康宁,这4人同时也是本寨寨老。"大寨老"行使职责的方式与各寨"小寨老"的方式一样，也是沿袭风俗，依习惯法进行。每年春秋二季伊始之时，龙脊十三寨的头人都要集中开会制定或修改补充当地的习惯法规——"乡约"，即他们所谓"议团"。据说这是相沿下来的古例，春季是插秧的季节，"议团"是为了保护禾苗成长，免遭牲畜践踏，秋季是收获的季节，"议团"是为了预防歹人盗窃。"议团"时，不论头人还是一般群众都可以前来参加，发表自己的意见。"议团"通过的乡约由各寨头人回去召集本寨群众开会传达，成为十三寨群众共同遵守的规矩。乡约有两大类：一类是涉及人们生产生活方方面面的规例；另一类是专门性的规例。专题乡约多是不同时期针对地方治安中存在的主要问题制定的。乡约比较稳定，但不同时期也会有所变化。如清代中叶以降，当地盗案增多，于是，有关防盗的乡约增加，乡约中对盗贼的惩罚加重。据材料，从清代至民国初年，各种形式的乡约有 10 多份，除了光绪 4 年（1878 年）制定的 2 件分别以侯家寨和黄落寨为主体外，其余都涉及十三寨全体，多是针对盗贼的内容[①]。对触犯乡约者的处理依案件大小和情节轻重主要有罚款、写悔过书、肉刑、革逐、活埋或沉塘等办法。案件较小、情节较轻的由各寨寨老执行；案件较大、情节较重，特别是案件不仅涉及一个寨子，要处以重刑者，由各寨寨老与"大寨老"共同执行：先有本寨寨老拿出处理意见，或由本寨先行处理（如革逐，先有本寨革逐），然后由"大寨老"开会决定如何处理。

寨老制度是一种自发形成的自治制度，这种制度是以壮族为主体的龙脊各姓氏、各村寨民众在开发龙脊的过程中建构起来的一种制度，它不仅将平安寨各"栏"联结起来，而且将平安寨与龙脊各寨联结起来，构成一个区域社会。这个社会的特点就是：人们以寨老为中心，通过契约和协商维持着一种协作关系。

[①] 广西壮族自治区编辑组. 广西壮族社会历史调查（第一册）. 南宁：广西民族出版社，1984：102～111.

第三章 制度、市场与经济变迁

第一节　传统生存经济

平安寨以一家一户为生产和消费单位的传统小农经济，是一种生存经济。所谓生存经济，首先是指这里大多数农民家庭生活在接近生存线的边缘，"就像一个人长久地站在齐脖深的河水中，只要涌来一阵细浪，就会陷入灭顶之灾"①。龙脊历明清两代，可能开垦的田地都已开垦，而人口不断增加，人均有地面积减少。直至土地改革时，整个龙脊水旱田仅 2927.50 亩。平安寨邻近的龙脊村（包括廖家寨、侯家寨、平寨、平段寨、七星寨和岩背寨）1949 年的富农人均有田仅 9.82 担，中农人均有田 6.28 担，贫农人均有田 3.23 担（约 5 担为 1 亩）②。且富农仅 7 户，40 人，占总人数 6.2%；中农 50 户，240 人，占总人数 37.6%；贫农却有 97 户，357 人，占总人数 56.2%③。平安寨的人均耕地数量，按土改时的计算，人均约有 2.7 屯（约 3.5 屯为 1 亩，合 0.77 亩）。而据《一九三四年广西农村经济概况调查报告》，广西当时每户占有耕地 10 亩，比全国户均耕地 18 亩少得多。广西各县中，平均每人占有耕地 1 亩或 1 亩以下的 18 县，1~2 亩的 38 县，2~3 亩的 26 县，3 亩以上 12 县④。平安寨的人均耕地面积对全国和广西来说，都是极低的。明末清初的杨履园曾估计："百亩之土可养二三十人"。贵州学政洪亮吉在乾隆五十八年（1793 年）曾说："一人之身岁得四亩，便可得生计矣。"而现代学者罗尔纲经过对新中国成立前中国南、北方生产力水平的综合估算，认为中国每人需 3 亩土地方可维持生活；美国学者贝克（O. E. Baker）也认为，中国农民维持生活所需最少土地是，北方每人 4 亩，南方每人 3 亩余⑤。可见，平安寨的人均土地数量远不足以维持一个农民的基本生活。处此地少人多

---

①　[美] 詹姆斯·C. 斯科特. 农民的道义经济学：东南亚的反叛与生存，程立显，刘建，等，译. 南京：译林出版社，2001：1.
②　据推算，清代，龙胜河谷地区水稻产量上等田亩产约 324 斤，中等田亩产约 288 斤，下等田亩产约 258 斤，畸下等田亩产约 216 斤，平均亩产约 271.5 斤。民国二十六年（1937 年），水稻亩产约 295 斤。民国三十八年（1949 年），水稻亩产约 320 斤。（见：龙胜县志编纂委员会. 龙胜县志. 上海：汉语大词典出版社，1992：137）。平安梯田的水稻亩产应低于上述产量。
③　广西壮族自治区编辑组. 广西壮族社会历史调查（第一册）. 南宁：广西民族出版社，1984：76.
④　薛暮桥，刘端生. 一九三四年广西农村经济概况调查报告. 见：陈翰笙，薛暮桥，冯和法，编. 解放前的中国农村（第三辑）. 北京：中国展望出版社，1989：606~625.
⑤　周源和. 清代人口研究. 中国社会科学，1982，(2)：161~188.

的压力之下，人民生活长期徘徊于生存线上，倘有不测风云，便身陷危机。流传于龙脊地区的《落难歌》是当地人对饥荒苦难的深刻记忆，反映了人们对生存危机的恐惧①：

  康熙到乾隆，祖宗生活好。到咸丰年间，天下不太平。
  称谷八十钱，衣食还丰足。光绪二十六，七年无粒谷。
  天旱米粮贵，荒年不好活。顾命还难保，那谈穿衣服？
  禾苗受大旱，粒谷亦难熟。谁人田地多，收入亦不足。
  这个坏世界，连命都难活。谷物收不得，吃食又如何？
  四处买不到，大家到义宁。客人无良心，十毫银七斤。
  走路饿着肚，回头被抢掠。客人太不好，把布衣欺侮。
  害无本地人，不分贵和富。这世太吃亏，有米买不回。
  可怜这班人，流落到何处？转转到湖南，想来买米粮。
  有钱买不到，饿死有何常。可怜子和孙，饿死山沟旁。

  造成平安寨人生存危机的原因可能多种多样，但归纳起来无非是"天灾"和"人祸"。前者指自然生态环境因素。如《落难歌》所述饥荒乃干旱使然。由于"龙胜春多苦雨，夏多亢旱，秋则冷热不常，冬多雨雪，甚至有冰"②，平安寨所在的龙脊地区属高寒山区，耕种的梯田和畲地多是"望天田（地）"，其收获的丰歉始终受制于不可预测的老天爷，一旦降雨量不足，简陋的水利灌溉系统无法缓解干旱，就会使水稻等农作物减产，产生饥荒。后者指人为因素。由于人口渐多，田地日少，辛勤耕种一年，收获仅够勉强糊口甚或难以糊口，一旦官府和地主加重盘剥，大多数农户就会面临生存危机，因而，历史上每当官府加重盘剥，当地民众便不得不铤而走险，起而抗争：

  ——乾隆八年（1743年）龙脊归属龙胜理苗分府前，龙脊十三寨不用纳粮。归入龙胜理苗分府之初，所纳税赋也很少，仅3吊600文粮赋，民众尚可聊以度日。但此后苛捐杂税纷至沓来，村民负担日益加重，至乾隆五十三至五十七年，"各项陋例，各人例派，当甲差人下乡，索诈贫民不浅，鳄鱼串同作弊，不问人之持凭执发，系止禁茶价并缴，使有业者，典田卖地，贫乏者鬻儿

---

① 广西壮族自治区编辑组．广西壮族社会历史调查（第一册）．南宁：广西民族出版社，1984：148．
② 周诚之．龙胜厅志．道光丙午季夏刊好古堂藏版，中华民国二十五年（1936年）影印本．第26页．

卖女"①，故有潘天洪上书桂林府力陈："窃龙胜弹丸小邑，山多田少，土瘠民贫，更兼数年世事征来，已属十室九尽，山场有限，出产田谷，粮无三月，惟赖此产茶斤养活性命。从前虽陋例蚁地，采买不过千斤，尚照市价买取，并非官价勒派，苦累贫民。自于乾隆五十四年肖削起见，主令每年取茶千斤，茶要上细茶，价无半文。不独官为采买，总差姚英亦要取茶数千斤。至于各项事，见差得票下乡，倚官为势，大作威福，不论事之大小，苛索不少，不问人之贫乏，逼取非轻，不拘差之公私，乡夫滥派。此两年，屡月逐日剥削，使有业者典田卖地，贫乏者鬻男卖女，似此无穷派取苛索，供亿杯繁盘，脊苦日甚，不能安生盛世。"要求"一切陋例赏赐，逐款禁革"②。

——民国初年，政府对龙脊征收的赋税增加至108吊。因赋税加重，民国四年（1915年），龙脊民众奋起反抗，归附兴安。由于当时时局动荡，兴安、龙胜县界不清，地处边远的龙脊归附兴安之后，统治者无暇顾及，成为权力真空地带，民众的负担大大减轻。

——民国二十二年（1933年），龙脊十三寨因长期不满国民党政府和地主的苛严剥削和压迫，参与了当地瑶民起义。

由于长期生活在生存线的边缘，村民的家庭经济活动以生存为目的，"安全第一"的原则体现在他们秩序的许多技术的、社会的和道德的安排中③。在技术性安排上，一是种植多种作物，不仅在梯田种植多样的粮食作物，而且在畲地种植茶和辣椒等经济植物；二是开展多种经营，除了经营农业外，还经营作为农业之"副业"的手工业，如打铁、砖瓦工、纺织、木工、石工等。在社会的安排方面，存在着一些社会救济和保障的机制。如保有寨子公地，平日供寨中族人放牧牛羊，割取茅草。欲出卖时，每房族各推出代表一人，共同处理一切，卖得款项全部用作寨子活动开支。为保持各房族和寨子帮助鳏、寡、孤、独及其他面临生存危机的人的能力，及救济义务与权力的平衡，寨中绝户的财产由房族、宗族平分，如无房族宗族，归寨子所有，即实行所谓"有亲归亲，无亲归旁，无旁归外"原则；村民出卖田地等财产，族内或寨内人家有优先购买权等。在"地主—佃户"的关系中，极少实行固

---

① 广西壮族自治区编辑组．广西少数民族地区碑文、契约资料集．南宁：广西民族出版社，1987：155.

② 同上：154~155.

③ ［美］詹姆斯·C·斯科特．农民的道义经济学：东南亚的反叛与生存，程立显，刘建，等，译．南京：译林出版社，2001：6.

定地租，以分成地租制为主，按比例交租①，依年度收成的丰歉，交纳地租数量有所不同，体现地主对佃户生存安全的关注。此外，族内或寨内各户之间在农忙或有红白喜事时，相互提供一种无偿的劳动援助——"打背工"（或称帮工），相互扶助等。这就使当地传统生存经济具有"道义经济"（the moral economy）色彩。

这种"道义经济"并不是非理性的。诚如郭于华所言：

> 传统农民旷日持久的问题在于外部世界的索要与农民家户生计的紧张与对立关系。面对这一根本性的问题，农民通常有两个直接的应对策略：一是不断地增加劳动投入以使家庭年收入增长，即便在黄宗智所概括的"没有发展的增长"的"内卷化"情形下；二是勒紧裤腰带，缩减家庭消费，而这绝不是可以持续进行的。这两种做法都是内向型（introversive）选择策略，而外向型则是针对索要者的抵抗或造反，亦需要进行代价和收益的比较与计算。在现实中，农民的行动选择与企业经济行为所依据的并不是非理性与理性之别，或道德判断与理性计算之别，而只是生存理性与经济理性之别。……更何况，传统行为在传统宇宙观中的"合理性"是不证自明的，农民基于生存境况所做的选择常常是谋生的最合理方式。农民在生存困境的长久煎熬中世代积累传承下来使其家系宗祧绵延不绝的岂只是理性，那应该称为生存的智慧。②

事实上，在平安寨，"道义经济"与"理性小农"（the rational peasant）的特性是同时呈现的。恰亚诺夫（A. V. Chayanov, 1888~1939）在论证小农家庭农场区别于追求最大利润的资本主义企业时，预设了一个前提假设，即小农家庭全靠自身劳动力生产，他认为：

> 农民家庭是农民农场经济活动的基础，而家庭经济（恰亚诺夫在此抽掉了产业界定，即并不仅指农民家庭经济）以劳动的供给与消费的满足为决定要素，当劳动的投入增加到主观感受的"劳动辛苦程度"与所增产品的消费满足感达到均衡时，农场的经济活动量便得以

---

① 当地分租比例一般是：佃耕水田者四六分成，田主得六成，佃户得四成；佃耕旱田者平均分成，即田主和佃户各得收成的二分之一。不论是水田还是旱地，佃户若无谷种可由田主出，到收成时每10把禾先抽1把抵谷种，余下的才按比例分成。为防止佃户瞒骗产量，收成前，佃户要预先通知田主，以便田主派人参加收割。

② 郭于华．"道义经济"还是"理性小农"：重读农民学经典论题．读书，2002，(5)：104~110．

规定。而由于生物学规律，家庭规模与人口构成中的劳动/消费比率呈周期性变化，因而农场经济活动量也随之变化。这种"人口分化"而非"经济分化"是形成农户间差别的主因。农场经济活动中各种均衡关系的实现依赖于土地、劳动与资本这三要素，这些要素的不同组合制约着农场活动的适度规模的实现与偏离。在农民农场中，这三要素的"组织"方式迥异于资本主义农场，因而两者的运行机制与规律也完全不同。①

他的论证逻辑是：由于农民家庭不雇佣劳动力，所以难以核算其工资与收益；由于它的投入与产出都是不可分割的整体，所以无法衡量其单位生产成本与收益。因此，"农民劳动自我开发的程度靠需求满足程度和劳动艰苦程度之间的某种关系来确定"②，也就是说，小农家庭农场对最优化的追求采取了在满足消费需要和劳动辛苦程度的平衡之间，而不是在利润和成本间③。恰亚诺夫的小农家庭全靠自身劳动力来生产的抽象模式与平安寨的真实情况是有距离的。平安寨的农民是有分化的，尽管分化不大，可毕竟存在地主、自耕农和佃户的差别，有的农户雇佣劳动力，有的农户出卖劳动力。而农民的选择在很大程度上受制于其生存境遇和制度性安排。处于生存危机边缘的农民无法追求利益最大化，可脱离了生存危机边缘的农民是精于算计的。民间借贷或许是最能反映平安寨人"经济理性"的事例之一。自明清以来，平安寨就存在比较富有的农户放贷、贫困的农户借贷的现象。借贷有贷款、实物两种。前者包括铜钱、铜仙、银元等；后者包括鸡、鸭、猪、纸青、谷子等。贷款的利息计算有年利、日利两种。年利即按年计算，一般为30%~50%；日利一般以10天为期，用九归十的方法（如债主借出9块光洋，满10天后，债务人还10块）计利。借贷实物的利息计算则因物而异。放贷鸡和鸭（当地称"鸡浪"和"鸭浪"）即由鸡鸭主借出小鸡、小鸭给人饲养，如借出3只鸡或鸭，鸡长至半斤左右或鸭长至1.5斤左右，主人便拿回1只。借母猪，即将母猪借给人饲养，母猪每生一胎，由主人选取猪花2只。放猪花则因大猪、小猪有所不同。若是大猪，待屠宰时，先扣出猪原来的重量给主人，剩下的才由双方平分；若是放小猪，屠宰时按三七分成，主

---

① 秦晖. 当代农民研究中的"恰亚诺夫主义". 见：A. 恰亚诺夫. 农民经济组织，萧正洪译. 北京：中央编译出版社，1996：12~13.
② [俄] A. 恰亚诺夫. 农民经济组织，萧正洪译. 北京：中央编译出版社，1996：53.
③ [美] 黄宗智. 长江三角洲小农家庭与乡村发展. 北京：中华书局，2000：5.

人得三成，饲养人得七成。借纸青，即富户将竹麻砍回沤在纸塘里，可制造时，困难户自己出工为富户造纸，并挑去出售，将售纸款的一半交给主人，一半借用，一年后还清欠款①。显然，对放贷者而言，放贷行为是以追求利益最大化为主题的经济行为。对此行为，以往的研究者多将之置于道德的对立面，认为它"从头到尾是社会经济的一种强烈的腐蚀剂，它所起到的纯粹是破坏作用"②。其实这是研究者生搬硬套所谓马克思主义理论的偏见，而非历史真相。近来曾有研究者通过实证研究发现，对于以小农经济为主体的传统社会而言，传统借贷关系乃是小农维持生活和生产，乃至整个社会维持经济运转的必要手段③。而据笔者在平安寨的调查与体会，当地人不仅从未将放贷与"剥削"相联系，反而视放贷者为"好心的"富人。当地世代传唱的《落难歌》即唱到了富人放贷救灾的"仁道"④：

> 北京有皇帝，百姓靠不能。本地人布于，全靠龙胜官。
> 寄信去泗水，有个周老板，送来米几船。这话倒是真。
> 要来救灾难，财主家出钱，冬天再还清。富家有钱财，
> 向富家来捐。几船谷买回，分给两江人。救苦又救贫，
> 有仁又有道。

可见，在这里，"经济理性"与"道义经济"并不是水火不容、截然分立的，两者可以在"生存理性"之下共生和转换，在对立统一中维持经济和社会的运转。所谓生存理性，借用黄平的界定，即是说中国农民在自己所处的特定资源与规则条件下，为寻求整个家庭的生存而首先选择比较而言并非最差的行为方式，它一方面表明生存而非利润最大化是中国农民在长期的恶劣条件下的首要目标，另一方面在求生存的过程中又确实包含着理性意义上的算计⑤。笔者将平安寨传统小农经济名之以"生存经济"，不仅意指其长期徘徊于生存线的经济形式和状况，而且意指此种经济运行的内在法则或逻

---

① 广西壮族自治区编辑组. 广西壮族社会历史调查（第一册）. 南宁：广西民族出版社，1984：79~80.
② 傅筑夫. 中国社会经济史（第二卷）. 北京：人民出版社，1982：577.
③ 戴乐旺. 理性与道德之间：近代赣闽边民间借贷与乡村社会经济发展研究：[硕士学位论文]. 南昌：江西师范大学，2003：44.
④ 广西壮族自治区编辑组. 广西壮族社会历史调查（第一册）. 南宁：广西民族出版社，1984：148.
⑤ 黄平. 当代中国农民寻求非农活动之根源初探. 见：刘青峰，关小春，编. 20世纪90年代中国农村状况：机会与困境. 香港：香港中文大学出版社，1998：3~25.

辑是"生存理性"。

第二节　近代以来的经济内卷化

一、半殖民地背景下的小农经济内卷化

黄宗智在研究长江三角洲的小农经济和乡村发展时发现:"对明清和民国的国家政权来说,农村经济主要是征税的对象,而农民则主要是一种税源。除了征税以外,国家政权对农业和农民生活干预不多。"① 对于"山高皇帝远"的平安寨而言,古代国家政权村民生活的影响更是间接的、虚无缥缈的。自近代以来至1949年,真正对中国农村经济和农民生活产生重大而深远影响的是西方资本主义。帝国主义的入侵把中国拉入了世界市场,使中国成为世界体系的一部分。但正如弗兰克(Andre G. Frank)和沃勒斯坦(Immamuel Wallerstein)所指出,世界体系存在着"核心—边陲"或"中心—半边陲—边陲"的结构,"核心—边陲"或"中心—半边陲—边陲"的关系是剥削和被剥削、控制与受控制的关系②。中国近代以来半殖民地半封建的命运规定了它在世界体系中的"边陲"地位。在此地位格局之下,中国不可能在世界体系中取得平等发展的机会,只能在西方列强政治经济的压迫和剥削下遭致传统经济的衰退和崩溃。费孝通早在20世纪30年代研究江村时就指出:"在上半个世纪中,中国人民已经进入了世界的共同体中。西方的货物和思想已经到达了非常边远的村庄。西方列强的政治、经济压力是目前中国文化变迁的重要因素。"③ 世界经济萧条及工业中广泛的技术改革引起了国际市场上原料价格的下跌,导致了中国农村家庭收入不足、口粮短缺及家庭手工业的部分破产,这就产生了中国农村的基本问题,即农民收入降低到不足以维持最低生活水平所需的程度。因而,中国农村经济萧条的原因在于乡村工业和世界市场的关系问题。"中国的传统工业主要是乡村手工业,……目前,中国实际上正面临着这种传统工业的迅速衰亡,这完全是由于西方工业扩张的缘故"④。当然,西方政治经济的影响在中国沿海和内地并不均衡。费孝通又通过云南禄村的研究发现:

---

① [美]黄宗智. 长江三角洲小农家庭与乡村发展. 北京:中华书局,2000:167.
② 张琢,马福云. 发展社会学. 北京:中国社会科学出版社,2001:80~116.
③ 费孝通. 江村农民生活及其变迁. 兰州:敦煌文艺出版社,1997:14.
④ 同上:212.

禄村经济结构的重点是在农田，它并没有手工业，因之现代工商业发达过程中对于它的影响是和江村不同的。都市兴起，人口集中，并不会减少禄村的收入，因为禄村向外输出的是农产物，农产物的价格会因都市人口的增加而提高的。禄村的金融不致像江村一般，受现代工商业的威胁，所以禄村土地权不致外流。①

平安寨与禄村相似，是受现代经济影响不深刻的地方。虽然现代纺织品的输入，使传统的纺织手工业在20世纪初被淘汰，取而代之兴起了造纸业②，但主要仍是以一家一户为单位的家庭手工业，而非作坊手工业，是利用剩余劳动力发展起来的，它并不能吸收资本。且由于地处边地，山峦叠嶂，交通阻隔，现代工商业影响很小，土地的生产力太低，亦不足以吸收资本，所以土地权的集中难以发生。19世纪末20世纪初期，曾有2户拥有数量较多的土地：廖进宝占有土地600多屯；廖进德占有土地400多屯。但他们所拥有的土地未到三代便逐渐分散。分散的原因：一是子孙繁多，原本一家占有的土地分成几家，各户占有田地自然减少；二是挥霍无度，经营无方，致出卖田产以维持生计。到土地改革时，整个龙脊只有地主5户，富农9户，共占有水旱田1000屯，约占全乡水旱田总面积的11%。平安寨分别拥有220屯和120屯土地的廖康英家和廖文庆家已是整个龙脊最大的地主。而且，与禄村一样，由于平安寨的地主都是在地地主，农村劳动力又供过于求，所以自清末以来地主出租田地的不多。新中国成立前夕，廖兆恒家出租80屯，廖康英家出租55屯，廖文庆家出租47屯，尚有4户出租田地者，均在50屯之下，最少的是廖康宁家仅出租17屯，当地地主经营农田的方式主要是雇工自营③。这与当时全广西的情况是相一致的。薛暮桥和刘端生1934年对广西农村经济的调查发现，广西农村中雇佣劳动相当普遍，桂林、平乐、荔浦等处，每当农忙期间，常有出卖劳力者，成群结队，站在市集中等候雇佣，这些雇佣工人很多是从全县、兴安、灌阳等地跑来，称为"摆行"。柳州、北流和武鸣等

---

① 费孝通，张之毅．云南三村．北京：社会科学文献出版社，2006：185.
② 平安寨纺织业衰落和造纸业兴起大概都是在20世纪初。广西手工业在外国资本主义侵入之后，有的衰落，有的兴盛，其原因是由于西方列强的经济侵略以沿海、沿河地区为重心，他们不愿意在广西兴办企业，其剥削方式始终以商品输出为主，所以洋货的大量进口，既破坏了某些手工业部门，又可能刺激某些手工业的发展（参见：钟文典．广西近代圩镇研究．桂林：广西师范大学出版社，1998：11~12.）。
③ 广西壮族自治区编辑组．广西壮族社会历史调查（第一册）．南宁：广西民族出版社，1984：78.

地，也有此类市集。广西的雇佣劳动有年工和日工两类，前者全系男人，工资在30元左右。他们整年住在雇主家，除参加农田工作外，还从事若干家庭劳动。后者男女均有，只在农忙时雇佣，工资较贵。雇佣劳动的工资形式有货币和谷物两种①。

  对于禄村经济发展的可能的前途，费孝通当年曾作了展望：

    在现代工商业的发展过程中，禄村所发生的问题，以我的推测，不在金融而是在劳力。都市固然不易来吸引禄村的资金和土地权，可是无疑地，要来吸引禄村的劳工。……若是劳力吸引到了都市中去，禄村现有形态决不能维持于不变。②

他还精辟地指出：

    都市的工业和乡村的农业竞争劳工时，农业才有改良的希望。……中国的问题，其实十分简单，就是资源不足，人口太多。工业发达增加了资源，减低了农田所负担的人口压力。在这过程中，人的劳力价值提高，农田的经营中才值得利用节省人力的机器。③

  费孝通将中国农村经济发展与工业化联系起来的思想无疑是富有创造性的，但在半殖民地半封建的条件下，根本无法实现。因为中国本土的都市工业，在西方先进工业的压力下无法发展。我们的关税不能自主，领海及内河的航行权已送给外国，加上历年来厘金特税的束缚，国外输入的工业品在市场上占有优势④。在发展工业的问题上，中国同西方列强处于矛盾之中。所以，如果没有反帝反封的革命从政治上解决中国半殖民地半封建的地位问题，中国的都市工业难以发展以吸纳农村的剩余劳动力。1949年以前，不仅龙胜完全没有现代工业，就整个广西来说，工业也是非常落后。20世纪30年代以前，广西除了邕梧两地有几家小规模工厂外，很少有新式工业。仅有的少数小工厂，也由于资本缺乏，产量不丰，难以与外国企业抗衡。30年代之后，新桂系提出"建设广西，复兴中国"，在全省开展政治、经济、军事和文教等方面的建设，建设了一些新式工厂，工业得到了一定发展。但由于广西发展工业的基础和条件较差，至1949年，全省工业产值仅为1.6亿元，占工农业总产值11.4亿元的14%，比全国工业产值占工农业总产值的30%低16个百分点，而且其

---

  ① 薛暮桥，刘端生．一九三四年广西农村经济概况调查报告．见：陈翰笙，薛暮桥，冯和法，编．解放前的中国农村（第三辑）．北京：中国展望出版社，1989：606~625．
  ② 费孝通，张之毅．云南三村．北京：社会科学文献出版社，2006：185．
  ③ 同上：186．
  ④ 同上：205．

中手工业产值 1.45 亿元，占工业产值的 90.63%，近代工业产值仅 1500 万元，占 9.37%，人均工业产值（含手工业产值）仅 8.7 元①。如此落后的工业，其吸纳农村剩余劳动力的容量是极为有限的。这就使农田人口压力巨大的平安寨走上了内卷化（involution）的道路。

内卷化是格尔兹（Clifford Geertz）在 1963 年出版的《农业内卷化》（Agricultural Involution）一书中系统运用的概念。格尔兹在研究印尼爪哇人的农业时发现，爪哇人在长期的历史过程中，没有为解决经济问题而进行现代化，因而不得不用不断改进传统的农业生产方式，来解决粮食供应上的人口压力问题。在爪哇岛可看到荷兰殖民时代爆发性的人口增长，但不存在吸收这些增加人口的工业部门，要求新开垦耕地又被殖民地行政当局禁止，只能向以往的水田投入更多的劳动力，改良水利设施，从播种到收获整个过程都格外精心，竭尽全力提高单位面积产量，即依靠原来的方式的再生产，精耕细作来应对人口的增加。这个过程就是他所谓"农业内卷化"②。格尔兹"农业内卷化"的概念曾被一些学者应用于中国少数民族的研究，如日本学者竹村卓二曾借用此概念说明华南瑶族的耕作方式③。也有一些学者将此概念应用于中国乡村经济研究，如张小军在"农业内卷化"概念的基础上，提出了"文化内卷化"（即文化参与的社会复制和精致地规定各种秩序）的概念，深入分析了农业、国家和文化的共同内卷产生的乡村内卷化对福建阳村个体户和私营经济发展的影响④。黄宗智则将"农业内卷化"的概念加以改造，以"过密型增长"和"过密型商品化"为中心概念，对长江三角洲和华北小农经济与乡村发展进行了研究⑤。平安寨经济变迁的内卷化特征主要表现在其剩余劳动力的转移方向和途径上：

一是对狭小的梯田和畲地投入更多的劳动力，精耕细作，力争提高单位产

---

① 李炳东. 广西当代经济史. 南宁：广西人民出版社，1991：5~6.
② 刘世定，邱泽奇. "内卷化"概念辨析. 社会学研究，2004，(5)：96~110；凌鹏. 围绕"内卷化"的讨论——一次新的范式转型. 开放时代，2006，(5)：141~147；甘满堂. 社会学的"内卷化"理论与城市农民工问题. 福州大学学报（哲学社会科学版），2005，(1)：33~38.
③ [日] 竹村卓二. 瑶族的历史和文化——华南、东南亚山地民族的社会人类学研究. 金少萍、朱桂昌，译. 北京：民族出版社，2003：38、68~72.
④ 张小军. 理解中国乡村内卷化的机制. 二十一世纪，1998，45：150~159.
⑤ [美] 黄宗智. 长江三角洲小农家庭与乡村发展. 北京：中华书局，2000；[美] 黄宗智. 华北的小农经济与社会变迁. 北京：中华书局，2000.

量。据20世纪50年代的调查,当地农民一个普通成年劳动力耕作水田和旱地的工序及耕作一屯水田和旱地所投入的工作日如表3-1。从表3-1可以看到,当地农民的耕作是精细的。即便是如此精耕细作,按此劳动投入计算,一个普通劳动力终年不断劳动可耕作21屯(合6亩)的旱田或32屯(合约9.14亩)以上的水田①。可平安寨的田地有限,笔者收集到的1955年12月平安寨10户人家的人口、劳力和占有土地情况(表3-2)表明,每个劳动力所有田地面积远少于可耕作的数量,因而他们只能以轮种和套种的方式更密集地使用耕地。但这也是有限度的。由于气候的原因,当地的水稻种植每年只能一造;由于梯田的海拔高度不同,各种作物的种植和收获时间不一,轮种的面积也有一定的限制。所以,还需要剩余劳动力转移的其他途径。

表3-1 一屯水田和旱地的劳动力投入

水田		旱地	
工序	工作日(天)	工序	工作日(天)
挖田	0.5	挖田	1
打禾根	0.5	碎土	1
铲和加厚下田塍	1	铲田塍	1
清理上田塍	1	第一次犁	2
耙田2次	1	第一次耙	2
扯秧和插秧	1	加厚下田塍	0.5
除草2次	1	清理上田塍	0.5
除田塍草	0.5	第二次犁	1
剪禾	2	第二次耙	0.5
割禾秆	0.5	扯秧和插秧	1
挑肥	1	除草2次	2
		除田塍草	1
		割禾打谷	1.5
合计	11	合计	15.5

资料来源:广西壮族自治区编辑组.广西壮族社会历史调查(第一册).南宁:广西民族出版社,1984:72.

---

① 广西壮族自治区编辑组.广西壮族社会历史调查(第一册).南宁:广西民族出版社,1984:72.

表 3-2　平安寨 10 户人家的人口、劳力和占有土地情况

序号	户主	人口（人）	劳动力（个）	水田（亩） 总数	水田（亩） 每劳动力拥有	旱地（亩） 总数	旱地（亩） 每劳动力拥有
1	Liaozhaoguang	6	3.5	11.7	3.34	2.9	0.83
2	Liaoguoan	3	3	3.57	1.19		
3	Liaoqingrong	5	4	6.9	1.73		
4	Liaozhifu	1	1	1.8	1.8	1.2	1.2
5	Liaoguosheng	4	1.5	4.67	3.11		
6	Liaozhaohua	5	1.5	4.83	3.22	4.2	2.8
7	Liaoguojin	3	1.5	3.17	2.11	1.9	1.27
8	Liaoqingfeng	6	3	7.57	2.52		
9	Liaojunfei	2	2	6.87	3.44	1	0.5
10	Liaohaiyu	1	1	1	1	0.6	0.6

二是投入更多劳力经营手工业。除少数农户经营打铁、木工、砖瓦、石工等传统手工业外，越来越多农户经营造纸业。刚开始时，有少数几户人家经营。到民国二十几年发展到 20 多户，新中国成立前平安寨共有 135 户参加了造纸，每年产纸约 180 担（每担约 80 斤）。135 户造纸户全都造湘纸，其中有 33 户兼造草纸，有 2/3 人家是自制自用，有 31 户既为自用也为出售。出售的纸量占造纸量的 50% 左右。

三是输出劳务。自清末以来，当地地主主要以雇工来经营农田，但清末以后，由于地权分散，地主田地减少，而且与其他一些地方不同，当地地主一贯参加劳动，所以，雇工的户数以及每户地主雇工的人数锐减[1]。当地剩余劳动力就地输出劳务的余地既已缩小，外出做长工或短工就更加必要。长期以来，都有相当数量的人外出到龙胜各地和邻近的三江、临桂等县打长工和短工。至民国二十多年以后，因为灵川东江河需劳力背木头，每日工资较高，每年秋收后去打工的人数迅速增加，平安寨 136 户仅 9 户没有去。但这是不稳定的，因为全广西都是人均耕地少，工业不发达，所以外出打工的路子也较窄。将近解放时，平安寨外出打长工的仅有 15 人，打半年工的 3 人[2]。所以，平安寨消化剩余劳动力的主要途径还是在家庭农业和手工业。

---

[1] 广西壮族自治区编辑组．广西壮族社会历史调查（第一册）．南宁：广西民族出版社，1984：78~79.

[2] 同上：79.

以上方向和途径的剩余劳动力转移，在一定程度上，增加了农民的收入，缓解了人口对土地的压力，促进了农村经济的商品化。20世纪50年代的民族调查组曾对民国时期龙脊农民家庭经济收入及其对市场依赖程度做过粗略调查①，从表3-3和表3-4可以看到，民国时期，辣椒、火纸、猪、茶叶、禾秆草、打零工等已和粮食一起成为当地增加家庭收入的重要来源，每年出售土特产品和手工业产品收入占年总收入的比例，以及购买商品总数占年收入的比例逐渐增加。但由于剩余劳动力的转移局限于农业或家庭手工业范围，这些增长乃来自于家庭劳动力的更充分利用，它既未形成新的社会生产组织，只是家庭农业和家庭手工业的延伸，也未带来劳动生产率的提高，只是依靠家庭闲暇的、没有市场出路的劳动力得以实现，所以，这种增长无论是从社会意义上，还是经济意义上来看，都是内卷化的。

表3-3　民国期间龙脊H家家庭收入和商品化状况

时间	年总收入 （折谷，单位：斤）	年售产品 （折谷，单位：斤）	年购商品 （折谷，单位：斤）	年售产品占年收入（%）	年购商品占年收入（%）
民国初年至民国十年	稻谷 10000 辣椒 200 火纸 1000 猪仔 1280 禾秆草 600	辣椒 200 火纸 1000 猪仔 1280 禾秆草 600	洋纱 40 布匹 700 食盐 432 桐油 150 茶油 50 洋油 2.5 皮 75	23.54	11
	合计 13080	合计 3080	合计 1441.5		
民国二十年后	稻谷 5000 辣椒 500 猪 1000 火纸 480 零工 300 茶叶 160 禾秆草 300	辣椒 300 猪 1000 火纸 480 茶叶 160 禾秆草 300	布匹 375 食盐 288 茶油 20 洋纱 20 洋油 120 杂支 20	29.7	11.18
	合计 7540	合计 2240	合计 843		

注：a. H家的人口前期10人，后期4人；
　　b. 资料来源：广西壮族自治区编辑组．广西壮族社会历史调查（第一册）．南宁：广西民族出版社，1984：90.

---

①　广西壮族自治区编辑组．广西壮族社会历史调查（第一册）．南宁：广西民族出版社，1984：88~91.

表3-4　民国期间龙脊L家家庭收入和商品化状况

时间	年总收入 （折谷，单位：斤）	年售产品 （折谷，单位：斤）	年购商品 （折谷，单位：斤）	年售产品占 年收入（%）	年购商品占 年收入（%）
民国初年至民国十年	稻谷 4800 辣椒 200 火纸 200 猪 800 零工 900 禾秆草 288	辣椒 200 火纸 200 猪 800 禾秆草 288	布匹 700 食盐 96 桐油 8 茶油 7 杂支 274	20.7	9.52
	合计 7188	合计 1488	合计 685		
民国二十年后	稻谷 6000 辣椒 300 猪仔 1120 火纸 120 零工 900 禾秆草 360	辣椒 300 猪仔 1120 禾秆草 360 火纸 120	布匹 500 食盐 740 茶油 180 桐油 40 洋油 60 杂支 55	21.6	10.37
	合计 8800	合计 1900	合计 913		

注：a. L家的人口前期2人，后期5人；

　　b. 资料来源：广西壮族自治区编辑组. 广西壮族社会历史调查（第一册）. 南宁：广西民族出版社，1984：91.

二、集体制下的内卷化

著名经济人类学家波拉尼（K. Polanyi，1886~1964）曾将人类社会中的经济体制分为三种类型，即互惠（reciprocity）经济（即我们一般所说的传统自然经济）、再分配（redistribution）经济和市场（market）经济①。如果说中国的现代化与西方及其他许多非西方国家的现代化一样，是在传统自然经济的基础上，从市场经济开始的话，中国的现代化则在20世纪中叶拐了一道弯，走上了不同的道路。自中华人民共和国成立后至20世纪80年代初，中国在全国范围内建立了一种独特的经济体制，即再分配体制。这种经济体制的建立是新政权把触角伸入农村，围绕农村经济扩展权力，通过土地改革、粮食定产定购定销、集体化等一系列运动实现的。在此过程中，平安寨的经济历经了重组，但内卷化依然继续着。

---

① ［日］栗本慎一郎. 经济人类学，王名，等，译. 北京：商务印书馆，1997：49.

龙胜的土地改革在基本肃清境内土匪之后开始，系属广西土改的第三期。尽管土地改革是中国共产党取得政权后改造中国经济和社会的既定措施和步骤，1949年9月，中华人民共和国成立前夕，中国人民政治协商会议第一届全体会议通过的《中国人民政治协商会议共同纲领》即明确规定："有步骤地将封建的土地所有制改变为农民的土地所有制。"① 在1949年冬，华北一些地区开展并完成了土地改革，取得了一定经验后，为了保证运动在全国范围内顺利开展，1950年6月，中央人民政府通过并颁布了《中华人民共和国土地改革法》，但中央对少数民族地区的土改比较慎重。《中华人民共和国土地改革法》虽然从法律上规定了土改的步骤、内容和方法，却又在第35条规定："本法不适用于少数民族地区。"② 1950年6月14日，刘少奇在中国人民政治协商会议全国委员会第二次会议上强调："在少数民族聚居的地区，除东北朝鲜人地区和蒙古人地区已经实行土地改革及其他若干地区少数民族中已有多数群众要求进行土地改革得予进行外，其他少数民族约两千万左右人口的地区在什么时候能够进行土地改革，今天还不能决定。我们应该给予各少数民族以更多的时间去考虑和准备他们内部的改革问题，而决不可性急。"③ 所以，广西土地改革的开展在全国来说相对较晚。1950年10月，中央人民政府政务院批准了中南军政委员会关于土地改革法实施办法的若干决定，同年11月，广西首届各界人民代表会议通过了争取三年内完成全省土地改革的计划。1950年冬至1951年夏，广西在桂林、平乐、容县、柳州、宾阳5个专区的17个县、2507个乡进行第一期土改。接着在1951年冬，铺开第二期土改，1952年开展第三期土改④。龙胜的土改是作为中南地区少数民族土地改革试点开展的。1951年11月16日，桂林地委向广西省委呈报了《桂林地委请求省委批准龙胜县今冬进行土地改革的意见》，广西省委将此报告转中南军政委员会。同年11月下旬，广西省委根据中南军政委员会关于"龙胜作为中南少数民族土地改革试点"的批示，批准龙胜县开展土改运动。此前，龙胜县已作了大量的准备工作。1950年10月成立了由县委书记孙善佑、县长陈基义、县委宣传部部长史志光等7人组成的龙胜县土地改革委员会；桂林地委干部学校为龙

---

① 中央档案馆，编．中共中央文件选集·第十八册（一九四九年一月至九月）．北京：中央党校出版社，1992：585．

② 刘国新，主编．中华人民共和国历史长编·卷一（1949~1956）．南宁：广西人民出版社，1994：55．

③ 刘少奇．刘少奇选集（下卷）．北京：人民出版社，1985：30．

④ 广西壮族自治区地方志编纂委员会．广西通志·农业志．南宁：广西人民出版社，1995：44~45．

胜培养了 200 名土改工作队员；为了取得经验，为在全县范围内开展土改作准备，先于 1951 年 11 月在里骆乡进行了试点。1952 年 2 月，龙胜县开始在 37 个乡铺开土改运动①。平安寨的土改工作即于此时开始，同年 10 月完成。

　　平安寨的土改按县的统一部署进行。土改前的清匪反霸和减租退押，已为土地改革的开展创造了必要的条件。大概在 1952 年 3 月，县、乡派往平安村的土改工作队进驻平安寨，住在地主廖康英家。土改工作队有 3 个人，由黄成坤任队长，他是和平乡人，瑶族；另一位叫侯庆明，是龙脊人；还有一位女干部。工作队进村后，依循"依靠贫雇农，团结中农，中立富农，消灭地主"的政策开展土改工作。首先是宣传政策，发动群众，成立土改委员会。平安村的土改委员会有 7 位委员，都是无地或少地的贫苦农民。土改委员会在土改工作队的领导下开展工作。第二步是划分阶级。划分阶级按先划贫雇农、中农，后划富农、地主的顺序进行。在农会和土改委员会已对各家各户的情况进行了摸底的前提下，先由各家各户自报田亩、自报成分，然后由群众进行评议，最后由土改委员会和工作队决定，上报审批，张榜公布审批情况。结果在当时平安寨 120 多户人家中，有 3 户被划为地主，1 户被划为富农，2 户被划为小土地出租者，其余为贫农和雇农。而"一旦土地成为'阶级土地'，就完成了土地从经济资本向象征资本的转变，人们便有了划分阶级的依据。而阶级的象征资本又可以转换回土地的经济资本，通过在象征层面改变土地的意义和规则，将地主的土地没收，分配给其他人"②，所以，接下来第三步，即按照"中间不动两头平"的原则③，以人均耕地 2.7 屯为基准，没收地主、富农和小土地出租者多出的土地，分配给贫雇农。

　　土地改革无疑是一次重大的经济—社会革命。它彻底摧毁了封建的土地占有制，实现了"耕者有其田"的思想。由于土改平分土地所有权，大批农民无偿

---

①　粟新民. 中南民族地区第一个土地改革试点——广西龙胜县里骆试点. 见：政协广西龙胜各族自治县委员会学习文史资料委员会，编. 龙胜文史资料（第七辑）. 1993 年. 第 95 ~ 110 页. 谭文经. 龙胜县土地改革试点工作情况. 见：政协广西龙胜各族自治县委员会学习文史资料委员会，编. 龙胜文史资料（第七辑）. 1993 年. 第 111 ~ 136 页. 林志远. 参加土改试点工作的一些回忆. 见：政协广西龙胜各族自治县委员会学习文史资料委员会，编. 龙胜文史资料（第七辑）. 1993：136 ~ 154.

②　张小军. 阳村土改中的阶级划分与象征资本. 见：黄宗智，主编. 中国乡村研究（第二辑）. 北京：商务印书馆，2003：105.

③　所谓"中间不动两头平"原则，即坚持不动中农土地，只将地主所有土地、富农出租、佃进的土地拿来与贫雇农均分。此原则由邓子恢提出，在解放区成功实践后，得到中国共产党的重视和采纳，对解放区和新中国成立后的土改产生了很大影响（参见：苏俊才. 邓子恢"中间不动两头平"土地分配原则述评. 党史研究与教学，2002，(6)：31 ~ 37.）。

获得了土地，生产积极性空前高涨，平安寨与全国农村一样，农业生产迅速得到了恢复和发展，粮食增产，农民生活水平有所提高。可土改之后，土地更加分散，广大农民所面对的土地规模狭小、农作技术落后，农业资金投入不足的境遇并未有根本性改变。

"土地私有、家庭经营、落后的生产工具、传统的农家作物、狭小的土地规模、有限的自然资源、以自给为主的家庭经济、发育不全的乡村市场，这一切必然导致家庭之间的竞争，而竞争的结果必然是贫富分化和土地的重新兼并"。[1]这是抱负推翻封建制度，实现社会平等和共同富裕理想目标的新政府不能容忍的，所以，亲自领导了土地改革的新政府在完成了土改之后，面临着如何改造传统小农经济的艰巨任务。1951年12月，中共中央发布《关于农业生产互助合作的决议（草案）》指出，要克服很多农民在分散经营中所发生的困难，要使广大贫困的农民能够迅速地增加生产而走上丰衣足食的道路，要使国家得到比现在多得多的商品粮食及其他工业原料，同时也就提高农民的购买力，使国家的工业品得到广大的畅销，就必须提倡组织起来。于是，平安寨与全中国所有农村一样，开展了一场轰轰烈烈的集体化运动。1952年，龙胜各族联合自治区（县级）人民政府结合境内各族农民素有的"打背工"习俗，在全县开展组织季节性和常年性农业互助组。当年末，共组织起互助组1083个，其中，常年互助组28个。1953年2月，中共中央正式通过和颁布了《关于农业生产互助合作的决议》后，龙胜（各族联合自治区）人民政府更加大了组织互助组的工作力度。当年底，境内70%的农户加入了各种形式的互助组[2]。平安寨也建立起约20个当地称"背工组"的互助组。"背工组"的组成最少3户，最多不超过10户。

互助组的建立代表了土改后农村经济发展的一个趋势即集体经济的方向。但当时参加互助组的农民和"单干"的农民并不是界线分明的群体，互助组也不是固定的组织，有常年性的，也有季节性的。农民也许在农忙时"互助"，农闲时"单干"，或者在劳力、畜力、农具等方面需要调节时"互助"，不需要时"单干"。这显然与"大同社会"理想距离尚远。在国家不遗余力的推动下，全国农村的集体化运动如火如荼地向前推进。1953年春，广西在发展互助组的同时，开始试办了4个初级农业生产合作社。到1953年夏秋，整个广西试办的初级社增至18个，参加农户98户。1953年12月，中共广西省委召开全省第二次农业生产合作会议，决定全省的农业互助合作运动，要以重点建设、办好农业生

---

[1] 张乐天．告别理想——人民公社制度研究．上海：上海人民出版社，2005：49．
[2] 龙胜县志编纂委员会．龙胜县志．上海：汉语大词典出版社，1992：131．

产合作社，带动发展、提高常年互助组和临时性季节性互助组为中心环节。1954年1月，中共广西省委发出《关于切实办好农业生产合作社的指示》，要求各地放手发动群众，使之自觉自愿地参加农业生产合作社，建社后，土地要统一经营，产品要合理分配。同年底，全省已建立初级社3781个，入社农户83434户，占全省农户总数的2.06%。1955年7月，毛泽东发表《关于农业合作化问题的报告》，批评一些同志在农业合作化高潮即将到来时，"像小脚女人走路"之后，合作化运动迅猛骤进，1955年11月，全广西初级社发展到54700个，入社农户占全省农户总数的43.93%。到1956年1月，全省初级农业社增至73000个，入社农户占全省农户总数的86.2%，基本实现了农业合作社[①]。龙胜县建立农业合作社的运动开始于1954年。当年，龙胜在双河、平等、琉璃、拉角等地，试办了6个初级农业合作社。1955年冬，全县掀起了农业合作化运动的高潮。正是此时，平安寨村民被卷入到了合作化运动之中。到1955年12月，平安寨所有农户都入了社。当时，平安寨和二龙、中六（即今平安村的范围）共同成立一个初级社，全社共有9个生产组，其中，平安寨7个，二龙、中六各1个。

  初级社在以土地入股、统一经营的同时，保留了社员生产资料私有，分配形式以劳动报酬为主，兼顾土地分红，耕畜、农具等均有一定报酬。平安初级社的产品分配大体是按劳动分配占70%，土地、耕畜和农具等分红占30%。（当然，具体的操作要复杂得多。各农户入社的水田和旱地都要划分等级，作出评产，划定分红比例。劳动报酬按工分计算。工分有基本分，一个男壮劳力和一个女壮劳力的最高分值即标准分分别是每天10分和8分，具体到某一个劳动力在某一天的工分，就参照此标准打分。）因而它只是半社会主义性质的农业生产组织。为了早日建成社会主义，并实现共产主义，必须继续推进农业的社会主义改造，建立完全社会主义性质的农业生产组织。1954年至1955年间，广西已试办高级农业合作社。到1955年底，广西试办的高级农业合作社已达180个。毛泽东发动对"小脚女人走路"的批判之后，中共广西省委农村工作部于1955年底召开全省试办高级农业合作社会议，认为在农业的社会主义改造过程中，初级社是过渡性的，这种过渡的时间不宜过长，要求各县积极试办高级社。在1956年1月，中共中央发布《全国农业发展纲要（草案）》，要求全国于1958年基本完成高级农业合作化后，中共广西省委召开了第五次党代会，要求提前在1956年秋收前

[①] 广西壮族自治区地方志编纂委员会．广西通志·农业志．南宁：广西人民出版社，1995：49~50.

完成高级农业合作化①。龙胜县即从 1956 年 3 月底起，开始了建立高级农业合作社的工作，并很快完成了任务，当年年底 94% 的农户加入了高级社。原来平安寨所在的初级社与龙脊廖家寨、侯家寨、平寨、平段寨等共同组成一个高级社。

　　农业生产高级社取消了土地分红，将土地和主要生产资料收归集体所有，实行集体劳动和统一经营，在全年收入中扣除生产费用和一定比例的公积金、公益金、管理费后，对社员实行按劳分配，与共同富裕的社会主义理想相吻合。但在当时的政府看来，高级社尚不是实现政府理想目标最便捷、坚强的经济组织，因而不是中国农村的集体化运动的终点，它必然要向大公社体制过渡。诚如张乐天所指出：

> 循着理想的逻辑演变，高级社必然向人民公社过渡。高级社制度从一开始就存在着政府所不能容忍的缺陷。其一，高级社尚允许农民自由退社，尽管政府总想方设法阻止退社的农民，但是，政治力量只有与体制相匹配，才能长时期地发生作用。高级社从一开始就宣布了自愿的原则，这妨碍了政治力量的长期有效，也妨碍了高级社的巩固。这当然与政府的理想目标相背离。其二，高级社接受乡政府的领导，但从经济体制角度看，乡政府既没有产权，也不是社的上级。体制不顺有碍于乡政府的领导，而从社这个权力缓冲层看，时间一长，它也可能产生更大的离心倾向，这些都会妨碍作为社会主义标志的计划经济的实施。②

　　人民公社是由农业生产合作社合并建立起来的，集政权和生产组织为一体的"政社合一"的机构。它建立的契机是由于 1957 年至 1958 年间全民"大办工业"、"大跃进"和"大炼钢铁"，出现了农业生产合作社规模和所有制与形势发展不相适应的矛盾。1958 年 4 月，中共中央决定把小型农业社适当地合并为大社。在同年 8 月，毛泽东视察河南省新乡县七里营乡时发表了"还是办人民公社好"的观点后，中共中央政治局在北戴河召开扩大会议，通过并公布了《关于在农村建立人民公社问题的决议》，认为人民公社一大二公，适合办大农业，是发展农业生产和过渡到共产主义的一种最好的组织形式，要求全国各地尽快把小社并为大社并转为人民公社。于是，全国各地建立人民公社的工作突飞猛进。广西壮族自治区党委在中央决议公布前，便于 1958 年 8 月 26 日根据北戴河会议精神，发出了《关于在农村中建立人民公社的指示》，要求全自治区在秋收前完成

---

　　① 广西壮族自治区地方志编纂委员会. 广西通志·农业志. 南宁：广西人民出版社，1995：50~51.

　　② 张乐天. 告别理想——人民公社制度研究. 上海：上海人民出版社，2005：56~57.

建立人民公社的工作。结果不到半个月,广西即实现了人民公社化。龙胜的人民公社化是在1958年8月30日一夜之间实现的。平安寨老人Liaofulin至今仍清楚地记得当时人民公社建立和初期的运行情形:

> 高级社从1956年开始搞,1957年搞了一年,1958年下半年就搞食堂了。一天晚上,县里开一个广播会议,大家都要集中到一个地方去听。就那一夜,一夜之间突然变化,第二天就搞公社化了。平安有3个食堂,吃饭的话有个大钟,像学校那种,到吃饭时,敲那个钟,一听到"当、当、当"的钟声,大家飞跑去吃饭。起初是发饭票的,吃得多少,就领多少,不能浪费粮食。后来,搞来搞去,粮食也不太够,就搞等级了。等级就是按年龄,好多岁到好多岁吃好多两。这样过来,到1958年冬天,就主要吃红薯了。还搞初级社的时候,个人还可以种自留地,种了好多红薯,这时就把所有红薯挖出来,堆在饭堂那里。吃红薯时,人们愿要好多就要好多,吃不完就随便丢。后来,红薯吃完了,到1959年就变样了,因为集体粮食生产不像个人做得那么好,粮食收入不高,粮食有点问题了,就按人平等地发饭票了。1958年的时候是搞军事化的,整个和平乡是一个公社,今天白天你在这里做工,可能晚上又到那边去做工,到哪里吃饭都不要钱,只要在那里登记一下就可以了。

大公社的尝试付出了沉重的代价。尽管就全国范围来说,对造成大公社实践后三年困难时期的主要原因,长期以来,在政界和学界,或许存在"三分天灾,七分人祸"或"七分天灾,三分人祸"的观点分歧,然而留在平安寨老百姓的记忆里的,更多的却是"人祸"。从1956年开始,长期担任合作社和公社会计的Liaofulin回忆说:

> 1959年那时,因为粮食收入不高,就搞"核产"和"反瞒产"。到县里去核产。那时,书记是张义成,县长是覃泰恩,在县里去开万人大会,整个县的老百姓都去,十二月二十五去,二十六开一天动员大会,二十七、二十八报数字,哪个瞒产,瞒了多少,不达到亩产1000斤,不放你回来。有人搞不出来,没有办法了,像三食堂、四食堂有人就说:"啊,这里还有,那一次一个老母猪跑到田里去吃红薯,大概吃去了500斤。"这样才能"瞒",才能达到1000斤一亩呀,要不然达不到1000斤一亩,不给回来。这样搞来搞去,这里又说:"那天我去挖红薯,箩筐漏了,大约漏去了50多斤。"这样挤来扯去,够1000斤一亩了,也到十二月二十九了。那时我是会计,没有办法了,就和几个人先

回来。第二天就是年三十,要过年,也没有什么了,那时一食堂还养着猪,没办法,我们就杀了一头猪,准备他们回来过年,每人分了4两,那时是十六两秤,就相当于现在的2两半。还有三食堂,因为粮食少,猪也养不太好,只养有羊,就杀了一只羊,每人得2两半羊肉,还是十六两秤的啊!就这样过了一个年。到1960年初,那时田也耙了好多了。可到农历五月份,就搞"三反"了。那时我还是会计,他们说:"哼,现在会计不知贪污了好多万了,所以我们没有饭吃。"所以,就集中在和平搞"三反"——反贪污、反浪费、反官僚主义。五月初正是下种种田的时候,整个村都到和平搞"三反"去了。起初讲去12天,后来搞了15天,把大大小小的干部,不论是食堂保管也好,食堂会计也好,队长也好,组干也好,统统列为"三反"对象。这样一食堂只剩5个人在家搞生产,其他人都去搞"三反"。后来,搞完"三反"回来,田耙不下了,天旱了,秧苗也枯了,当年就种不下田了。到1960年冬天,减产三分之二。这样,到1961年就饿死人了。1961年,平安村总共饿死了64个人。有时一天要抬两三个上山。

"大公社"在平安的实践如同全国各地一样造成了灾难性后果。从体制上分析原因,施坚雅说:"公社于1958~1961年面临的许多重大困难在相当大的程度上根源于在大多数情况下它们是被迫进入的那个大得怪诞的模子,尤其是根源于没有把新的单位与由农村贸易所形成的自然社会经济系统结合起来。"① 而张乐天则认为是:"过分理想化的大公社制度过分地破坏了传统村落的生存方式,过分强烈的外部冲击使受冲击的传统农民无所适从。外部冲击—村落传统的互动在这里出现了断裂,断裂的结果是普遍的灾难,灾难迫使大公社制度的设计者们向村落传统让步。于是有了'三级所有,队为基础'的人民公社,于是有了二十余年的人民公社的历史,……"② 不论如何,实行大公社制度的严重后果引起了中共中央的高度重视。1960年11月3日,中共中央向全国农村党支部发出《关于农村人民公社当前政策的紧急指示信》,提出以生产队为基础的三级所有制是现阶段人民公社的根本制度;生产队是基本的核算单位,生产经营管理的权力,应该主要归生产队;要允许社员经营少量自留地,不得将社员自留地收回归公,

---

① [美] 施坚雅. 中国农村的市场和社会结构,史建云,徐秀丽,译. 北京:中国社会科学出版社,1998:167.

② 张乐天. 告别理想——人民公社制度研究. 上海:世纪出版集团上海人民出版社,2005:4.

也不得任意调换社员自留地。《指示信》于1960年底和1961年初传达到全国各地。所以，1961年，平安寨所属人民公社与全国一样，搞"权力下放"，不再以公社，而改以大队为基本核算单位。中共广西壮族自治区党委在当年12月制订《关于农村人民公社实行以生产队为基本核算单位的一些具体政策问题的处理意见（试行草案）》，规定生产队在生产大队的统一领导下，实行"独立核算，包干上交，自负盈亏"之后，1962年，平安大队各生产队真正成为一级核算单位。1962年11月，广西壮族自治区人民委员会根据中共八届十中全会通过的《农村人民公社工作条例（修正草案）》宣布，人民公社以生产队为基本核算单位的体制30年不变。人民公社"三级所有，队为基础"的体制从此稳定下来。尽管此后平安寨时属龙脊大队时属平安大队，但体制未曾改变。

新中国成立后，从土地改革、互助组到人民公社，平安寨与全国所有村寨一样，经历了从个体经济到集体经济的风雨历程。对于这一道路的选择，毛泽东认为是因为"群众中蕴藏了一种极大的社会主义积极性"①。《中国共产党关于建国以来党的若干历史问题的决议》认为："我国个体农民，特别是在土地改革中新获得土地而缺少其他生产资料的贫农下中农，为了避免重新借高利贷甚至典让和出卖土地，产生两极分化，为了发展生产，兴修水利，抗御自然灾害，采用农业机械和其他新技术，确有走互助合作道路的要求。"② 但是，"只要我们对土地改革后普通农民的社会心态稍加分析就会发现，这种积极性即使不是杜撰的或误认的，起码也是被不恰当地扩大了的"③。薄一波在《若干重大决策与事件的回顾》明确指出："不仅当时的实际材料而且后来的实践发展也证明：我们曾经高度赞扬的贫下中农的'社会主义积极性'，有不少在相当大的程度上是属于'合伙平产'的平均主义'积极性'……"④ 江红英在分析了土改后农村经济发展的趋势和农民走上互助合作道路的原因后，认为："无论从避免两极分化的角度看，还是从发展生产的角度看，个体农民中的贫雇农和一部分中农的确希望走互助合作的道路，但并不是所有的农民都希望走互助合作道路。也就是说，农民自身并不

---

① 毛泽东.《中国农村的社会主义高潮》的按语. 见：毛泽东选集（第五卷）. 北京：人民出版社，1977：229.
② 中国共产党中央委员会. 中国共产党关于建国以来党的若干历史问题的决议. 北京：人民出版社，1981：13.
③ 周晓虹. 1951~1958：中国农业集体化的动力——国家与社会关系视野下的社会动员. 中国研究，2005，（1）：27.
④ 薄一波. 若干重大决策与事件的回顾. 北京：中共中央党校出版社，1991：358.

是走上互助合作道路的决定性因素。"① 笔者所研究对象的情况是支持这种观点的。1960年至1962年间，龙胜农民自发地掀起了一场汹涌澎湃的包产到户风潮。龙胜县委1962年春对全县1914个生产队的调查和分析发现，其经营管理方式大体有4类：第一类，生产队集体统一经营、统一计划、统一调配劳动力、统一分配，生产短期安排，实行小段包工或天天派工；第二类，基本上集体统一经营，将部分耕地或全部耕地按劳力或人头或人口劳力一定比例包到组，或者包到户，按田亩确定工分数量，实行长年包工，但不联系产量，产品全部归生产队统一收割、统一分配，管理得好的，给予一定工分奖励；第三类，生产队将所有耕地按人头或劳力或劳力人口一定比例，包工包产到户，包产以内的，按产量记工分，统一分配，超产部分与生产队分成或全部归己，减产照罚，俗称"吃尾巴"；第四类，按人头或基本口粮分田到户，各种各收，各交公购粮，分工照顾五保户和困难户。据统计，实行第一、二类经营管理方式的生产队共有866个，占全县生产队总数45.2%；实行第三类经营管理方式的生产队830个，占全县生产队总数43.4%；实行第四类经营管理方式的生产队218个，占全县生产队总数11.4%。全县54.8%的生产队都已包产到户②。平安寨的几个生产队也是这一被指"向全广西、全中南、全国敲起了警钟"的事件的参与者，他们以"吃尾巴"的方式经营管理农业生产，只是到1964年随着"四清运动"的开展，才基本消失。这说明走集体化道路不是农民的自主选择，而是党和政府强力社会动员的结果。周晓虹在探究1951~1958年中国农村集体化的动力时精辟地指出，为了在一个遍布小农经济的国度顺利实现合作化，党和国家在农村进行了声势浩大的社会动员。动员通过经济性资源的调控，如向互助组或合作社提供农业贷款、新式农具、良种以及日常生活用品，乃至减免粮食统购统销数额，直接撬动了农民的入社动机；同时通过社会性资源的调控，如划分阶级成分、使用"积极分子"或"落后分子"的标签，以及派定入社的前后顺序，营造了不得不入的强大的政治压力。与集体化有关的整个社会动员之所以能够成功，就在于党和国家凭借近乎完美的权力网络，运用了强大的宣传手段和动员技巧，并对农民利益直接相关的稀缺资源进行了有效的调控③。

---

① 江红英. 试析土改后农村经济的发展趋势及道路选择. 中共党史研究, 2001, (6): 56.

② 胡隆镁, 刘显才. 六十年代初期广西龙胜包产到户述评. 党史研究与教学, 1989, (5): 42~50.

③ 周晓虹. 1951~1958：中国农业集体化的动力——国家与社会关系视野下的社会动员. 中国研究, 2005, (1): 22~43.

既然中国农村集体化不是什么"群众首创",完全是自上而下的"布置",广大农民面对党和政府的社会动员为什么没有表现出捍卫"小私有"的坚强意志?秦晖在比较研究中国和苏俄农村社会结构及集体化运动过程的框架下,提出了破解这一"公社之谜"的独到见解。他认为,中国几千年的传统是"大共同体本位"传统,传统俄罗斯则是个"多元共同体本位"社会,与中国不同的是:其传统村社不是纯粹由国家对"编户齐民"实行官僚式管理的产物,而是虽由国家控制但仍保有相当自治性的、内聚而排他的小共同体。村社作为传统农民自治团体具有抵御外来干预的一面,它的小共同体纽带对大共同体(集权国家)的一元化势力也起着抵制作用,因而苏俄的集体化过程充满强烈的反抗。而传统中国小共同体的缺乏往往并不意味着公民个性与个人权利的发达,只意味着大共同体的一元化控制。一盘散沙式的"无权者的小私有"恰恰是大共同体产权垄断的同构物。中国革命后,个别宗族公社活跃地区完成了大共同体主导的"私有化",本来就远不如俄国村社那样强固的传统宗族、社区等小共同体纽带被扫荡几尽,农村组织前所未有的一体化,任何可能制衡大共同体的自治机制都不存在。因此,"小私有"的中国农民比"土地公有"的俄国村社更易于"集体化"是不难理解的。中国农村集体化阻力较大的地区,不是传统上"纯私有"地区,而是传统上盛行宗族公产的地区①。平安寨不是传统上盛行宗族公产地区,其"家屋社会"两可继嗣的规则抑制了宗族关系的紧密化和宗族公产的扩展,集体化的阻力似乎不算很大,但抵抗一直存在。只是这种抵抗并非有组织的、正式的、公开的抗议运动,而是象征的、偶然的甚至是附带性的反抗行动,即斯科特所谓的"弱者的武器"(weapons of the weak)的形式②:群众平时消极怠工,在生产队出工时出工不出力,对上级的假装顺从,可一有机会,就暗中实行包工、包产到户。

通过集体化运动,加以1953年开始实行的粮油等农产品的统购统销制度,中国共产党和政府不仅成功地将分散的个体农民组织起来,而且成功地将组织起来的农民与市场相脱离,使中国农村经济成为"计划经济"的一部分。这不仅是中国共产党实现其远大社会理想的制度安排,同时也是当时为推进中国工业化

---

① 秦晖. 传统十论——本土社会的制度、文化及其变革. 上海:复旦大学出版社,2004:295~321.

② [美]詹姆斯·C·斯科特. 弱者的武器,郑广怀,张敏,何江穗,译. 南京:译林出版社,2007;郭于华. "弱者的武器"与"隐藏的文本":研究农民反抗的底层视角. 读书,2002,(7):11~18;郭于华. 再读斯科特:关于农民反抗的日常方式. 中国图书评论,2007,(8):53~55.

而完成原始资本积累的一种制度安排。因为中华人民共和国建立后,西方通过两次世界大战所完成的资源瓜分的确已无任何调整余地,且周边地缘政治环境险恶。中国要"自立于世界民族之林",就必须工业化;工业化必须完成原始的资本积累;而原始积累不可能在商品率过低的小农经济条件下完成。"于是,中国人不得不进行一次史无前例的、高度中央集权下的自我剥夺:在农村,推行统购统销和人民公社这两个互为依存的体制;在城市,建立计划调拨和科层体制,通过占有全部工农劳动者的剩余价值的中央财政进行二次分配,投入以重工业为主的扩大再生产。"① 国家以税收和低价收购的办法,把大量农业剩余投入城市工业化进程中,而由于国家实行重工业优先发展战略必然出现"资本增密,排斥劳动"的状况,必然形成限制农村劳动力进城的"城乡对立二元结构"体制。结果,农民被更加牢固地束缚在有限的土地上,专门从事农业。就平安寨来说,它与外面的城市的关系,就像格尔兹笔下的爪哇岛与外岛一样,存在着二元发展:外岛的一些地区借助于技术,生产越来越向资本密集型方向发展;而爪哇岛则不断朝劳动密集型方向发展。殖民者的进入使外岛产生了高效率、大规模、主要用于出口的工业;而爪哇岛由于缺乏资本,土地数量有限,加之行政性障碍,无法将农业向外延扩展,致使劳动力不断填充到有限的水稻生产中。由于资本的投入,平安寨外面的城市出现了高效率、大规模的工业,但平安寨由于集体化组织与家庭一样不能也不会"解雇"剩余劳动力,国家限制农业外就业等行政性障碍,加之资本缺乏,未能转移多余的劳动力。集体化后,不仅外出经商、务工被严格禁止了,以农业的副业形式存在的手工业也在萎缩,1956 年高级社后,原来许多农户从事的造纸业完全停止,仅剩下微不足道的木工、石工等。人口在不断增加,1952 年土改时,全寨尚不足 550 人,1956 年时,有 120 多户,1961 年 130 多户,1966 年约 140 户 625 人,1982 年增至 148 户 683 人,能跳出"农门"的,只有被提拔当"干部"、应征当兵、上中专大学的极少数人,无关宏旨。耕地却没有多少增加,虽然政府也曾号召农民开田造地,但因自然地理条件的限制,平安寨耕地总数增加甚少,人均耕地不断减少。大量剩余劳动力"堆积"在农业部门里,使农业内部日益精细化、复杂化。尽管随着农作物新品种的推广,化肥、农药的使用,水利灌溉的改善,一些农作物的单位面积产量有所提高,但农作物产量的提高是受多种条件限制的。如水稻亩产由互助组、合作社时期不足 400 斤,增加至 20 世纪 70 年代末 80 年代初的 700 斤左右,虽然提高的幅度看似不小,但提高的速度实际上非常缓慢,成本也是相当高的。其他一些农作

---

① 温铁军. 三农问题与世纪反思. 北京:生活・读书・新知三联书店,2005:26.

物的单位面积产量增长更慢，如玉米、黄豆、红薯的亩产在20世纪五六十年代分别约为100斤、70斤、180斤，此后一直没有多大变化。所以，按官方统计，直至1986年，平安村人均有粮仅约400斤，人均纯收入不过180元左右，仍属贫困村之列①。据平安寨人Liaokangying于1989年5月21日的统计，作为当时财富象征的单车、衣车、电视机、录音机、手表、电饭锅、电炒锅等"大件"是稀罕物（表3-5）。困扰于集体主义内卷化（collectivist involution）的平安寨经济长期以来发展迟缓或停滞不前。

表3-5 1989年平安寨农家拥有"大件"情况　　（单位：件）

队别	单车	衣车	电视机	录音机	电饭锅	电炒锅	手表
1	6	20	5	4	19	2	83
2	3	13	2	4	9		60
3							
4	1	8	1				22
5	2	12	1	1	11	1	53
8	1	7					11
合计	13	60	9	9	39	3	229

资料来源：平安寨人Liaokangying日记。

第三节　改革开放后内卷化经济的突破

转机是从改革开放开始的。龙胜农村的改革在20世纪80年代方才迈出实质性步伐。此前，当县境内部分生产队于1978年开始又自发搞包产或包干到户时，县委、县人民政府仍连续两年忙于"纠偏"，直至1980年，在全国很多地方已经实行农业生产联产承包责任制的情况下，他们才来了个"急转弯"，积极贯彻中央关于农业生产责任制指示精神。这个"急转弯"在平安寨表现为一个小故事：在一次"纠偏"会议上，当时的县委书记杨通明和县长谭政培等领导都强调了走集体化道路的重要性，反对承包制，反对分田单干，而参加会议的平安第2生产队队长廖康富却提出了质疑，说中央《红旗》杂志已发表了社论，提出了让一部分农民先富起来的主张，不再压制承包制和分田单干。县领导大为光火，要他去学习班学习改造，而廖康富反唇相讥，要县领导先学习学习，搞清楚中央是否有此精神，如果没有，再要他去学习班学习改造也不迟。不想过了不到两个星

---

① 龙胜县志编纂委员会. 龙胜县志. 上海：汉语大词典出版社，1992：323.

期，上级就明确下达文件肯定了承包责任制。于是，平安寨在县的统一布置下开始按人口平均承包生产队田地到户，联产计酬，包干上交。尽管土地所有权仍属集体所有，但集体农业经营组织瓦解，家庭重新成为农业经营组织。随后不久，人民公社制度为乡镇体制所终结，传统的计划经济逐步为市场经济所取代，一系列宏观环境的变化纷至沓来。由于广大农民获得了经营自主权，经营主体扩大，原先单一的流通体制无法适应新的需要，政府采取了各种措施开放搞活市场，使市场适应从计划经济向市场经济的转变，农民恢复和加强了与市场的联系。

但如同黄宗智在研究长江三角洲小农家庭与乡村发展时发现："在中国 80 年代的改革中，具有长期的最大意义的农村变化是随着农村经济多样化而来的农业生产的反过密化，而不是广泛设想的市场化农业生产。"[①] 改革开放后，平安寨人均有田较之于土改时更少。表 3-6 是 1999 年承包土地调整后部分农户拥有水田的情况，从中可见其耕地狭小、分散情况之一斑。此后，耕地面积逐年减少。表 3-7 和表 3-8 中 2003 年水田减少的情况大体反映了这种势头。从表 3-9、表 3-10 和表 3-11 可以看出，尽管分田到户后，农业多种经营和商品化有所发展，农民除了种植水稻等粮食作物外，也种植经济作物，不断调整种植结构，但由于土地狭小和分散及市场的边缘地位的局限，当地未曾产生当时外界媒体大力宣传的"专业户"，即没有农户转变成为以市场为生产导向的"经营式农场"。到 20 世纪 90 年代中叶，农村剩余劳动力外出打工渐成风气，农业收入在 1995 年达到高峰后下降。可以说，其关键性发展不是"个体"的农业生产和"商品化"。

表 3-6　1999 年平安寨部分农户拥有水田情况

序号	户主姓名	人口数（人）	田亩数（亩）
1	Liaoguomao	4	2.14
2	Liaoyuanhan	4.5	2.41
3	Liaoyuanhao	4.5	2.41
4	Pantinghui	6	3.22
5	Liaojiansheng	4.5	2.41
6	Liaojianbing	1.5	0.66
7	Pantingxiu	7	3.75
8	Liaofurong	4	2.14
9	Liaoweixi	5	2.66
10	Liaopeichun	6	3.22

---

① 黄宗智. 长江三角洲小农家庭与乡村发展. 北京：中华书局，2000：16.

续表

序号	户主姓名	人口数（人）	田亩数（亩）
11	Liaoguotai	3.5	2.36
12	Liaoqizhao	4.75	2.54
13	Liaoqiyi	3.75	2.01
14	Liaodaozhi	1.7	0.91
15	Liaodaofu	3.7	1.98
16	Liaodaohuan	4.6	2.46
17	Liaofuzhen	4	2.14
18	Liaoweizhong	5	2.68
19	Liaoguolong	3	1.61
20	Liaozhiguo	6	3.14
21	Liaofulin	5	2.68
22	Liaoxiyuan	3	1.61
23	Liaolianhui	1	0.53
24	Liaozurong	4	2.14
25	Liaozucheng	3	1.61
26	Liaoweixiong	4.5	2.41
27	Liaofaen	4.5	2.41
28	Liaofuming	6	3.22
29	Liaoweirong	4	2.14
30	Liaoguoneng	5	2.68
31	Liaoguoan	7	3.75
32	Liaoweiming	4.5	2.41
33	Liaoyuanyu	4.5	2.41
34	Liaoweisi	3	1.61
35	Liaoguojin	5	2.68
36	Liaodesheng	3	1.61
37	Liaodefeng	2	1.07
38	Liaodehua	4	2.14
39	Liaodonggui	1	0.53
40	Liaoyuanming	1	0.53
41	Liaoxiulong	4	2.14
42	Liaodehui	6	3.22

资料来源：平安村民委员会提供。

表 3-7 2003 年平安寨水田减少情况

村民小组	1999 年有耕地（亩）	2003 年有耕地（亩）	减少耕地（亩）	减少原因
1	82.32	77.53	4.79	公路占田、退耕还林、自然灾害
2	114.28	109.02	5.26	退耕还林、自然灾害
3	52.8	51.2	1.6	自然灾害
4	56.07	55.59	0.48	退耕还林、自然灾害
5	115.67	112.62	3.05	公路占田、退耕还林、自然灾害
8	56.77	53.2	3.57	公路占田、退耕还林、自然灾害

资料来源：平安村民委员会提供。

表 3-8 2003 年平安寨部分农户水田减少情况 （单位：亩）

序号	户主姓名	1999 年有水田	2003 年有水田	减少水田	减少原因
1	Liaofulin	2.68	2.18	0.5	自然灾害
2	Liaofuming	3.22	2.91	0.31	自然灾害
3	Liaoxiyuan	2.1	1.4	0.7	退耕还林
4	Liaoguotai	2.36	2.22	0.14	自然灾害
5	Liaoguojin	2.68	2.58	0.1	自然灾害
6	Liaoqipin	2.54	2.26	0.28	自然灾害
7	Liaocunning			0.2	自然灾害
8	Liaoqizhao			0.28	自然灾害
9	Liaohanlin			0.3	退耕还林
10	Liaoguozhuang			0.3	自然灾害
11	Liaodecheng			0.1	自然灾害
12	Liaolongfei			0.1	自然灾害
13	Liaoshaosheng			0.1	自然灾害
14	Liaoyisong			0.1	自然灾害
15	Liaoyiqiang			0.3	自然灾害

资料来源：平安村民委员会提供。

表 3-9 1980 年以来平安村的种植结构变化 （单位：亩，吨）

年份 作物	1987 年		1995 年		2000 年		2005 年	
	面积	产量	面积	产量	面积	产量	面积	产量
水稻	635	378	637	283	581	262	585	283
玉米	70	8	84	18	54	14	56	13

续表

年份 作物	1987年		1995年		2000年		2005年	
	面积	产量	面积	产量	面积	产量	面积	产量
红薯	120	120	128	323	290	456	270	526
黄豆	70	7	20	2	25	4		
芋头	62	60	230	223	166	149	58	48
马铃薯	50	5	86	43	120	30	110	95
辣椒	90	45	105	52	295	131	210	315
蔬菜	55	5	65	10	390	152	250	180
茶叶	39	1	18	2	19	2	19	2

资料来源：龙胜各族自治县和平乡政府提供。

表3-10　1980年以来平安村劳动力分布情况　　（单位：人）

年份 行业	1987年	1995年	2000年	2005年
合计	413	450	429	423
种植业	402	419	384	317
工业	0	0	0	0
运输业	1	1	2	5
饮食、商业	0	6	16	90
外出打工	0	17	27	11
其他	10	7		

资料来源：龙胜各族自治县和平乡政府提供。

表3-11　1980年以来平安村人均收入结构　　（单位：元）

年份 行业	1987年	1995年	2000年	2005年
合计	280	1269	1293	2742
农业	224	861	750	822
工业	0	0	0	0
商业、饮食业	10	80	216	1200
外出打工	10	43	130	20
旅游业	20	150	197	700

资料来源：龙胜各族自治县和平乡政府提供。

20世纪三四十年代曾经发生的农业剩余劳动力外出务工现象之所以再次出现，并发生重要影响，是由于分田到户，劳动效率大大提高，集体化时期每年投入水稻种植和收割的时间大约分别需要20天，分田到户后仅分别需要3天，加上中间施放化肥、除草等田间管理的时间亦仅为几个工作日，使原来因出工不出力而掩盖的劳动力过剩问题凸显出来。并且，由于农民拥有了经营自主权，国家放宽了对农民的限制，农民外出要生产队甚至大队批准并出具证明的时代一去不复返，使剩余劳动力向非农业流动成为可能；由于20世纪90年代下半叶，粮食价格大幅度下降，城市市场化改革，城乡差距拉大，使农业剩余劳动力向城市转移成为必需。所以，在20世纪八九十年代，平安寨农业剩余劳动力汇入全国"民工潮"的洪流，涌入城镇，流向非农业。据笔者的访谈，平安寨几乎所有壮劳力都有过外出务工的经历。他们一般是在种下或收割完水稻即农忙之后外出，有的到柳州、南宁、桂林、深圳、珠海、东莞、中山等地，有的到县境内各地，或临近的兴安、灵川等县。所从事的工种有扛木头、做木工、建筑工、做服装、鞋子、电器等。虽然收入低微，但起码能养活自己，也就等于减轻了家庭的负担，增加了收入。显然，农业剩余劳动力外出务工在一定程度上缓解了平安寨农业经济上严重的人口压力。

然而，走出农村走进城镇的农民工能在城镇立足者却是凤毛麟角。现经营农家宾馆龙韵庄的老板Liaokechang就是屡屡外出却因为无法立足城市回到农村的一个例子。他从1992年起，到桂林市的一家酒店打工，学习烹调技术。不久，回平安寨中寨租了一个店面（妹夫家的房子），开了家野菜馆，当时生意还算不错。但过了不到一年，1999年的一天，野菜馆被一场大火烧掉，损失惨重。懊丧之余，他又和妻子一起到广州打了3年工（做楼盘广告）。2002年回村，碰巧广西电视台来平安寨拍山水风情片，中央电视台也到平安拍摄外景，摄制组一行住在他家，他便做了向导兼搬运工。拍摄完毕后，Liaokechang与另一村民随同央视外景组，去了内蒙、兴安岭，报酬是每月800元钱。干了几个月，Liaokechang觉得这样赚钱不是长久之计，遂回村建成了龙韵庄，一直经营至今。由于中国日益卷入世界市场，曾经红火一时的乡镇企业渐而衰落，幸存的乡镇企业从劳动密集型向资本密集型和知识密集型升级，不再是有效吸纳剩余劳动力的重要渠道。20世纪90年代以来的城市改革导致城市失业人口增加，城市资本密集与技术密集的发展导致对雇佣工人的排斥，又降低了城市吸纳来自农村的流动人口的能力[1]。加上土地制度和城乡二元户籍制度等制度

---

[1] 吕新雨. "民工潮"的问题意识. 读书, 2003, (10): 52~61.

障碍，20世纪八九十年代的平安寨与全国很多农村一样，是黄宗智所谓"半工半耕"的村庄：因人多地少收入不足，一些青壮劳动力被迫外出打工，而外出打临时工的风险反过来迫使人们依赖家里的小规模口粮地作为保险①。这种格局使农业本身陷于低报酬的、停滞的小规模经营之中不能自拔。因为种植劳动的收入总比外出务工低，农村充满了更多愿意为这种相对低的报酬而外出打工的劳动力，供大于求的农民工的工资往往被压到推、拉交叉的最低点，所以，劳务输出也未能积累剥离农业剩余劳动力所需的资本，将农业向外扩展，从根本上改变农业经济内卷化的局面。

真正的突破发生在20世纪90年代末21世纪初。背景是旅游业的发展。"旅游是一种消闲的活动，它包括旅行或在离开定居点较远的地方逗留，其目的在于消遣、休息或为了丰富自己的经历和文化教养"。②"或简单地说，通过外出游览、观光，以了解自然和社会，取得情趣，求得知识，这就是旅游"。③旅游是一种古老的人文现象。自古以来，人类就有旅游的愿望和行为。但旅游成为一种产业却是近现代的事情。资本主义的萌芽与产生，工业革命的完成，人们的生活水平大幅度的提高，闲暇时间的宽余，加上交通状况的改善，使大规模的旅游活动成为可能。伴随着现代化、全球化趋势的进展，远离了自然和传统的人们，在经历了生态环境危机、心灵的迷失，厌倦了都市生活的喧嚣、烦躁之后，日益体会到宁静的自然风光的可贵和恬适，体会到独特、古朴的文化的稀奇与温馨，对之向往倾倒，趋之若鹜，又使旅游成为需要。正如彭兆荣所说："越来越相同或相似的市场经济作用，越来越一致的信息接受和处理的渠道，越来越雷同的工作和生活方式等都必然促进人们'体验差异'的本能兴趣。任何人都不愿意长期生活在只有紧张却没有变化的场景中，旅游成了他们抗拒这种惯力的最强大推动力。"④ 于是，旅游成为有亿万人卷入其中的宏大的社会事象，旅游业成为强劲的世界性产业。据统计，20世纪80年代，世界旅游业一直保持8.4%的增长率，远高于同期其他产业的增长水平。到1990年，国际旅游者4.15亿人次，比1950年的2528.2万人次增加了16倍，国际

---

① 黄宗智. 制度化了的"半工半耕"过密型农业（上）. 读书, 2006, (2): 30~37; 黄宗智. 制度化了的"半工半耕"过密型农业（下）. 读书, 2006, (3): 72~80.

② 田里. 现代旅游学导论. 昆明：云南大学出版社，1994：6.

③ 徐万邦，祁庆富. 中国少数民族文化通论. 北京：中央民族大学出版社，1996：376.

④ 彭兆荣. "体验差异"：民族志旅游与人类学知识. 见：杨慧等，主编. 旅游、人类学与中国社会. 昆明：云南大学出版社，2001：143.

旅游收入2300亿美元，比1950年的21亿美元增加了109倍①。1996年，全世界国际旅游人数达到5.92亿人，比1950年增长了20多倍，全世界旅游消费达到21000亿美元②。1998年，世界入境旅游者占百名本地居民数为11，出国旅游者占百名本国居民数为9.0。1998年国际旅游总收入达4115亿美元，1997年总开销达3623亿美元，1998年人均收入1060美元，1997年人均开销1053美元③。旅游在中国的历史非常悠久，古代先哲就有"观国之光"的思想，积极倡导"读万卷书，行万里路"。虽然中国的旅游业是20世纪20年代才开始出现，1923年，标志着中国旅游业诞生的第一家旅行社——中国旅行社的建立④，较英国托马斯·库克1841年组织第一批旅行者乘火车观光晚了几十年⑤。然而，新中国成立后，特别是改革开放之后，中国的旅游业发展很快。1978年，我国入境旅游人数仅180.9万人，外汇收入仅2.63亿美元⑥。1987年，入境旅游人数2690.2万人，外汇收入18.62亿美元；国内旅游人数2.9亿人，回笼货币40亿元人民币⑦。而到2001年，入境旅游人数达8901万人次，旅游外汇收入达178亿美元；国内旅游人数达7.84亿人次，国内旅游收入达3522亿元人民币；旅游业总收入达到4995亿元，相当于当年国内生产总值的5.2%⑧。旅游业作为国民经济新的增长点的地位越来越突出。尽管西部地区旅游业起步较晚，1987年西藏接待游客仅4.3万人，远少于相邻的尼泊尔同期接待的22.3万人⑨；1988年，民族自治地方的重点旅游城市桂林、南宁、北海、呼和浩特和乌鲁木齐等接待入境旅游人数36万人，仅占当年来华旅游人数的1.14%，旅游外汇收入2.8亿人民币，约合5000万美元，约占当年旅游外汇总收入的2.23%；1991年，到桂林、南宁、北海、呼和浩特和乌鲁木齐等旅游的入境旅游者52万人，其中有43万人是去桂林市的，到其他民族地

---

① 田里．现代旅游学导论．昆明：云南大学出版社，1994：51．
② 甘雪春，杨雪清，杨雪梅，等．知识经济条件下民族地区的旅游产业定位与条件支撑——以云南丽江为例．思想战线，2000，(2)：13．
③ 联合国教科文组织，编．世界文化报告——文化的多样性、冲突与多元共存(2000)，关世杰等译．北京：北京大学出版社，2002：364．
④ 田里．现代旅游学导论．昆明：云南大学出版社，1994：37．
⑤ 徐万邦，祁庆富．中国少数民族文化通论．北京：中央民族大学出版社，1996：377．
⑥ 田里．现代旅游学导论．昆明：云南大学出版社，1994：43．
⑦ 同⑤：382．
⑧ 连玉明．中国数字黄皮书．北京：中国时代经济出版社，2003：219．
⑨ 李竹青．西藏经济的发展与对策．北京：民族出版社，1990：259．

区去的旅游者不多①。可到 1999 年，西部 12 个省市自治区中，云南、广西、陕西接待入境旅游人数名列全国前 10 位；广西、云南、四川位居接待入境旅游人数保持两位数增长的省份之中，分别增长 47.28%、36.68%、28.5%；云南、陕西旅游创汇分别排在全国第 7 位和第 9 位；广西、云南、青海旅游创汇名列保持两位数增长的省份之中，分别增长 29.9%、34%、42%②。到 2001 年，虽然西部地区的旅游业仍相对落后于全国平均水平，但广西、云南、陕西的旅游业排在全国较前的位置③。

正是在这样的大背景之下，1993 年，龙胜各族自治县人民政府提出了"旅游扶贫"的口号，制定了《龙胜旅游发展规划》，把发展旅游作为扶贫开发之路，纳入全县国民经济和社会发展规划；1996 年，又提出了"旅游立县"的发展战略，将旅游作为主导产业来发展。一系列的举措使得龙胜旅游经济蓬勃发展。随着境内北面瑶族民俗旅游村、金竹壮族民俗旅游村、银水沟侗族民俗旅游村、岩门苗族民俗旅游村等相继建成开放，旅游接待人数和营业收入稳步增加（表 3-12）。龙脊梯田的自然美景和别具神韵的民俗风情是平安寨开展旅游的宝贵资源。自 1970 年以来，就常有一些摄影家和游客慕名而来，一些群众在家中辟客房接待游客。受龙胜县大力发展旅游的政策导向，特别是受周边村寨开展旅游富裕起来的影响，平安寨人对旅游开发跃跃欲试。1993 年，平安寨自发在寨南的风雨桥设卡向游客售卖门票，收费标准是：国内游客 3 元/人次，国外游客 5 元/人次。但受制于交通不便，当时到平安寨的游客人数寥寥无几。平安寨地处高山，龙脊梯田主要景区（1 号和 2 号）海拔更高。1980 年前从和平乡所在地到平安寨，只有一条乡村公路到山脚下的黄洛瑶寨，从黄洛瑶寨到平安寨须翻山越岭走两个多小时。1980~1982 年间，国家拨款修了一条山脚下到半山腰的小路，但行路难问题一直没有得到根本解决。不改善交通，平安旅游难成气候。平安寨的干部群众认识到了这一点。于是，在 1993 年，村支书 Liaoyuanxin 代表平安村向县领导提出了拨款修建公路的要求，但不知何故没有回应。1996 年，平安村村民又委托曾于 20 世纪 80 年代担任过两届县政协委员的平安寨人 Liaokangying，再次向政府递交了修建公路的请求。也许是这次请求符合了县领导发展旅游业的设想，请求得到了支持。在一位广西

---

① 国家民族事务委员会经济司、国家统计局农村社会经济调查总队，编. 中国民族统计——1992. 北京：中国统计出版社，1993：200.

② 刘世锦，冯飞. 1999 中国产业发展跟踪研究报告. 北京：经济科学出版社，2000：219~221.

③ 连玉明. 中国数字黄皮书. 北京：中国时代经济出版社，2003：220.

壮族自治区政府领导亲临平安寨实地考察之后，政府投资、群众投工修建从山脚下的黄洛瑶寨到平安寨的公路的方案定了下来①。1997年初，公路正式开工②。经过一年奋战，公路终于如愿以偿地开通了。从此，人们可以乘车到半山腰，然后徒步或坐滑竿经过平安寨，登上景区。公路的开通，很快使原来只是亩产六七百斤稻谷的梯田，转变成为吸引人们蜂拥而来的"七星伴月"、"九龙五虎，二龙戏珠"③等美景（图3-1），"落后"、"贫困"的平安寨成为人们躲避城市喧嚣的宁静、神奇的"世外桃源"，被赋予了丰富审美价值和文化内涵④，身价倍增。世界各地忙碌的人们源源不断、络绎不绝地向这个曾经不起眼的小山寨涌来，平安寨的旅游经营火红了起来。1997年，来游览龙脊梯田的游客不过1.65万人次，2006年达到了23.70万人次，营业收入1125万元（表3-13）。围绕旅游业的发展，大量资本注入古老的村寨，造成了其经济结构的重大改变。

---

① 据了解，当时，关于公路的路径走向，可能曾有不同方案，而后来确定的路线是对平安寨最有利的，为了争取这个路线，平安寨人做了不少工作。Liaokangying 1996年9月9日的日记（见附录5）也印证了这一点。

② Liaokangying 1997年2月28日日记（见附录6）记录了平安村召开会议讨论公路开工事宜的情况。

③ "七星伴月"和"九龙五虎"是平安寨梯田的两个最重要景点，前者称2号景点，后者为1号景点。

④ 如关于平安寨梯田"七星伴月"景观的形成，有一个凄美的爱情故事。相传几百年前有一个叫阿星的壮族小伙爱上了一个叫阿月的瑶妹，按照当时的规矩，壮族和瑶族的青年男女不能通婚，否则要受到寨规的惩罚。为了得到幸福，他们冲破重重阻力和封锁，几经周折，来到这一年四季被云雾缭绕的高山，过着隐居的生活。他们开山种田，生儿育女。然好景不长，瑶王带领着族人，把阿月押回了瑶寨。可怜的阿月天天遭到族人的唾骂，更加日夜思念着丈夫和他们的六个儿女，精神饱受折磨，加上饥寒交迫，不久含恨而死，被埋在了现在的"月亮"田里。有一天，阿星带着他们的六个儿女来到阿月坟前祭拜，感物伤人，放声大哭。那一声声撕心裂肺的哭声感动了上苍，老天也流下同情的眼泪，霎时间雷电交加、狂风大作、大雨滂沱。待雨过天晴，阿星和他们的六个儿女都不见了，只见七个大小各异的土山包，陪伴阿月的坟前，形成了现在"七星伴月"的奇特景观。"九龙五虎，二龙抢珠"的景观，是把开满梯田的山脉和山包想象为吉祥和神奇"龙"和"虎"。从1号景点顺着梯田的走向往下看，有九条山脉的脊背自上而下，像是九条龙从天空中俯身下到金江河饮水，在他旁边的有五个像五个老虎一样蹲在地上，守护着这一方水土。在风雨桥旁边有一个像龙珠的土山包，在它的左右方分别有一条山脉把它夹住，仿佛活生生的两条龙在争夺珠宝一样。

表 3-12　20 世纪 80~90 年代龙胜县旅游发展状况

年份	接待人数（万人）	营业收入（万元）
1986	6.2	13.51
1987	4.5	20.19
1988	2.87	26.27
1989	3.57	15.51
1990	6.09	30.75
1991	8.75	46
1992	10.73	103
1993	13.91	207.9
1994	16.8	481.7
1995	20.22	1150
1996	24.1	1810
1997	26.1	2061
1998	28.6	2330
1999	33.2	3200

资料来源：吴忠军.《民俗文化与民俗旅游》，南宁：广西民族出版社，2001：149~150.

a. 七星伴月（2号景点）

b. 九龙二虎，二龙戏珠（1号景点）

图 3-1　被赋予审美情趣的平安梯田景点

表 3-13　龙脊梯田景区接待人数和营业收入

年份	接待人数（万人次）	营业收入（万元）
1997	1.65	
1998	1.98	
1999	2.85	

续表

年份	接待人数（万人次）	营业收入（万元）
2000	2.96	
2001	3.22	81.4
2002	7.59	251
2003	9.70	339.5
2004	14.3	628
2005	18.3	861
2006	23.7	1125

一是县属国有企业原龙胜各族自治县旅游总公司，及在其基础上于2001年成立的桂林龙脊温泉有限责任公司，投资景区和村寨旅游设施建设和宣传促销活动，经营龙脊梯田景区。旅游公司负责收取游客进入景区的门票费，每年支付平安村一定数额的梯田维护费（群众俗称"进寨费"）。自1998年至今，双方已多次签订协议。旅游公司支付给平安村的梯田维护费由1999年的1.2万元，2000年的2万元，2001年的3万元，增加到2002年第二次签订协议时每年15万元，2004年第三次签订协议时每年35万元。

二是大批外地"老板"携带资金进入平安寨租赁铺面，经营旅馆业、餐饮业、保健娱乐业、工艺品、纪念品、照相等。据不完全统计，目前在平安寨"落户"经营的商家不下40家。有的来自本县、本乡，有的来自桂林市、柳州市、南宁、阳朔县、灵川县、兴安县等邻近市县，有的则来自北京、云南等遥远省市。这些"老板"有大有小。大者，如号称"星级农家饭店"的"龙颖饭店"和"平安酒店"、"龙脊宾馆"、"云龙居"、"里安山庄"、"龙脊人家"等较高档旅馆的经营者。2004年平安四组的廖老师（曾在龙脊做过小学老师）向银行和私人贷款60多万元，在自己的宅居地上建成"龙颖饭店"，出租给曾在县旅游局工作过的一位老板经营，合同期为10年，租金是9万元/年。"平安酒店"是平安一组的Liaodeyu与四组的Liaoyibiao合作于2004年建成的。酒店占地200平方米，是Liaoyibiao的宅居地，他平整地基后，由Liaodeyu筹资48万建楼（他自己靠外出打工等途径积攒有10多万元，缺口部分向银行贷款，利息是0.6分/天）。建成后，县旅游局的一位职员以每年8万元的租金租赁经营。合同一签4年。酒店租金的30%归提供土地的Liaoyibiao，30年后，酒店和土地一起归Liaoyibiao所有。"龙脊宾馆"乃曾任县林业局局长的平安寨人Liaofuzheng投资38万元于2001年建成后，以5万元/年的租金出租给一位在县城开宾馆的老板经营。"云龙居"是平安五组的Liaomeishuang建成后，由来自县城的两位老板共同投资5

万元装修，并租赁经营，租赁期为5年，每年租金7万元。"里安山庄"的主人和经营者是旅居国外的摄影家Sukeren。据说，他在20世纪70年代即把自己拍摄的龙脊梯田作品发表在美国《国家地理》杂志上。1987年，他花了3万元买下了这块地，于1998年建成这个山庄。这个山庄只接待外国游客，不轻易让人进入。"龙脊人家"则是由一位来自柳州市的老板以3万元的价格购买平安四组的Liaoguozhong的宅居地建成经营，经营期为30年。期满后，房屋和土地统归土地主人。小者，如一位来自县城的经营者租用平安一组Liaodefa的一层房屋，开了一个"壮乡浴足中心"，租金是5元/天。一位来自大寨（与平安同属龙脊的一个瑶族寨子）的瑶族大姐，以1000元/年的价钱租用平安一组Liaoqiwen的一个铺面，经营手工艺品。远者，如一位来自北京（原经营房地产）的商人，投资18万元为平安一组Liaokeyi装修房子后，以8000元/年的价钱租用一个铺面，开了"大足客栈"，在客栈一楼大厅陈列了大批当地传统的生产工具、生活用品、工艺品和旅游纪念品等，并以4000元/年的价钱租用铺面，搞了个"大足烧烤店"。一位来自云南丽江的手工艺人以4000元/年的价钱租用平安五组Liaohanlin的铺面，经营东巴象形文字工艺品。近者，如同村二龙组的一个村民以每年2000元的价钱租用平安四组Liaoguoxing的铺面，开了个"山乡足浴店"。

三是本寨村民通过向银行和亲朋好友借贷筹集资金，自己修建并经营家庭旅馆、饭店、商店等。按村民委员会提供的资料，2003年全寨有从事旅游的农家乐旅馆46家，床位1500张；2005年增加到70家，2500张。而据笔者2006年入户调查，全寨共有常设家庭旅馆51家，非常设（一般是"五一"和"十一"黄金周接待游客）家庭旅馆22家，商店19个。这些农家旅馆有的是按当地传统风格新建，有的是在原来家居的基础上重新装修，规模有大有小，档次有高有低，大多是住宿、餐饮兼备。表3-14展示的是笔者2006年入户调查所了解的部分农家旅馆的情况。

表3-14 平安寨部分农家旅馆情况

序号	户主	旅馆名称	建设投资金额（万元）	资金来源	拥有床位数（张）
1	Liaoketao	金龙旅庄	4		20
2	Liaoyanli	山行饭店	30	银行贷款3万元，余为积蓄及向亲朋借	28
3	Liaodezheng	龙泉阁	8	银行贷款2万元，借亲戚0.5万元	27

续表

序号	户主	旅馆名称	建设投资金额（万元）	资金来源	拥有床位数（张）
4	Liaoyongsheng	沐榕山庄	20		26
5	Liaoqiwen	月亮湾	22	银行贷款18万元，余为积蓄及向亲朋借	42
6	Liaolongsheng	燕子山庄			24
7	Liaoshaofu	红辣椒坊			24
8	Liaokezi	仁和楼			10
9	Liaokechang	龙韵庄			20
10	Liaokerong	绿色山庄			12
11	Liaofujun	龙腾阁	20	银行贷款10万元，余为积蓄及向亲朋借	50
12	Liaodeyu	银梯旅馆			24
13	Liaodeyun	灵龙客栈	3	向大姐借1万元，余为积蓄	12
14	Liaoyuanxin	龙月旅馆	8		20
15	Liaokezhuan	红豆杉旅馆	2		10
16	Houyucheng	怡心楼	6	银行贷款1万元，余为积蓄及向亲朋借	20
17	Liaoguoyang	彩云阁	20	银行贷款4万元，余为积蓄及向亲朋借	40
18	Liaohanming	丽星旅馆	18		24
19	Liaohanxuan	玉龙旅馆	8	积蓄	20
20	Liaoguodong	壮家楼		银行贷款2万元	30
21	Liaojiasheng	农家乐旅社			24
22	Liaoguoyi	叶果木楼	10	银行贷款2万元，余为积蓄及向亲朋借	30
23	Liaoshuen	龙安旅社	6		20
24	Liaoguowei	丽娟旅社			24
25	Liaoguoxin	林富旅社	8	银行贷款3万元，余为积蓄及向亲朋借	30
26	Liaolongfei	一家人旅馆	10	银行贷款0.8万元，余为积蓄及向亲朋借	33

续表

序号	户主	旅馆名称	建设投资金额（万元）	资金来源	拥有床位数（张）
27	Houqingwen	阿蒙家旅社	18	积蓄及向亲朋借	69
28	Liaoyijin	迎宾旅馆			20
29	Liaoshaokun	壮寨旅馆	8	银行贷款	24
30	Liaolongjun		10		30
31	Liaozhenghan	平安嘉宾楼	7	银行贷款2万元，向亲朋借5万元	40
32	Liaoyuanxian	老兵居	5	银行贷款1万元，向亲朋借4万元	20
33	Liaoyuantao	银田宾馆			10
34	Liaozhenghuan	九龙寨	5	向亲朋借4万元	12
35	Liaobinyi	永乐旅馆	8	向亲朋借8万元	30
36	Liaoyuanhuan	平安饭店			20
37	Liaodepei	揽月阁	60	银行贷款10万元，余为积蓄及向亲朋借	42
38	Liaoyipeng	丽晴饭店			30
39	Pantingxiu	龙居客栈	20	积蓄及向亲朋借	40
40	Liaoguolong	落脚点	40	向银行贷款12万，借县妇联2万元，余借私人	32
41	Liaopeichun	欣欣园旅社	5		20
42	Liaofaen	龙脊农居	10	自己积蓄	20
43	Liaofulin	丽晴宾馆	50	积蓄及向亲朋借	27
44	Liaoqiyi	壮家保健馆	2	自己积蓄	15
45	Liaodehui	望脊轩			20
46	Liaodaoqiang	云鹤楼	10	借亲朋3万元	28
47	Liaotaiqing	梦圆旅社	6	借亲朋2万元	12
48	Liaodaoyi	望星阁	9	借县妇联1万元，亲朋0.5万元	18
49	Houqingtai	荣俊饭店	13	借县妇联1万元，亲朋0.4万元	30
50	Liaoxinyang	龙阳山庄	13.9	向信用社贷款2.5万元，余为积蓄及向亲朋借	30

除了开家庭旅馆、经销工艺品和纪念品之外,当地一些村民,特别是年轻姑娘,还兼做导游,即外面旅行社导游率团到达后,由当地导游带领到景点游览并讲解。如果旅游团是入住该导游之家或在该导游之家用餐,该导游一般免费,否则,要收取一定费用。一些男壮劳力两人搭档抬游客上山,现全寨共有轿子60多台,从停车场到山顶往返160元/人。一些女性壮劳力去为游客背行李,每背10元。一些老年人也编织一些草鞋等工艺品或制作粽子、竹筒饭等传统风味小吃出来路边摆卖。为了展现当地民族文化,村民们还在县文工团及有关人士的帮助下,编排了民族歌舞,只要游客需要,即可表演,每场演出180元。通过开家庭旅馆、做导游、歌舞表演、销售工艺品和纪念品、抬轿子、背行李等,平安寨男女老少大多参与到了旅游活动当中,劳动力得到了充分调动(图3-2,图3-3)。

a. 导游姑娘

b. 抬游客下山的男子

c. 为游客背行李的村妇

d. 做(卖)草鞋的老妪

图3-2 平安寨参与旅游业的男女老少

图 3-3　村民在为游客表演

在旅游业的带动下,平安寨的非农经济发展了起来,传统的农业经济逐渐退居次要地位。平安寨几乎每家每户都参与旅游经济活动。而且,农业围绕旅游业进行生产,成为旅游业的附属经济领域:一方面,村民种田不再像从前是为了生产口粮,而主要是为了梯田作为景观的"美";另一方面,农业生产的产品主要不是为自己消费,而是为了满足游客的需求。正是在这个过程中,传统农业得到了改造,朝市场化、产业化的方向发展。如"龙脊四宝"(辣椒、茶叶、水酒、香糯)中,辣椒、茶叶已被村民注册了商标,扩大了种植面积,2005 年仅辣椒种植一项,平安群众就人均增收 300 元。随着旅游业的发展,大部分农户退出传统的养猪、酿酒等副业,但需求量快速增长,于是,一些因条件限制较少参与旅游的农户,因地制宜,抓住时机,做大做强传统行业,成为"专业户"。如 Liaojini 家,以种香糯、做水酒和养猪为主,她于 2004 年建了一个酒坊,每年酿酒 2 万多斤,收入 1 万多元,还利用酒糟养了 10 多头猪,可收入 1 万元左右。如此,平安寨走出了低报酬的、停滞的小规模农业经济的泥潭,实现了传统经济向现代经济的转型。

这一转型与我国东部地区"苏南模式"、"温州模式"或"长江三角洲模式"、"珠江模式"均有不同,它代表的是一种"文化经济模式"或称"非物质经济模式"、"符号经济模式",因为它归根到底是由文化的资本化运营所引发和主导的一种发展模式。这种模式的成长对于将推动现代经济社会发展的重要因素局限于物质类型的资本的理论是一种挑战。诚如法国人类学家布迪厄(Pierre Bourdieu)所指出:

> 除非人们引进资本的所有形式,而不只是思考被经济理论所承认的那一种形式,不然,是不可能解释社会世界的结构和作用的。经济理论已被塞进了有关实践的经济的定义中,实践的经济(economy of prac-

tice）是资本主义的历史性发明，它把交换世界简化为商业性的交换，而商业性的交换无论从客观上，还是从主观上都力图追求利润的最高值，即（经济性的）自身利益；正是通过这种简化，经济理论将交换的其他形式隐喻性地界定为非经济的（non-economic）交换，因而也就是超功利性的（disinterested）的交换。这种经济理论之所以要改变某些资本的性质，并把它们定义为超功利性的，是因为通过改变性质，绝大多数的物质类型的资本（从严格意义上说是经济的资本类型），都可以表现出文化资本或社会资本的非物质形式；同样，非物质形式的资本（如文化资本）也可以表现出物质的形式。①

一些学者把平安寨式的"文化经济"或"符号经济"归属为所谓"新资本主义经济"。台湾人类学家黄应贵研究了当代台湾农村的新发展后指出，农村利用原有的特殊自然和文化条件来发展文化或地方产业，是一种新的发展或转型，它在运作上已超越现代国家的控制，使市场机制更加有效地运作，也使资本流通更加迅速而有效益，反映了资本主义的新形态与新性质。这里的"资本"已不限于"经济资本"，还包括创造性知识、文化遗产乃至创造性"虚幻世界"等，使得经济结构更容易透过文化形式产生作用。这种经济在开始时确有成效和特色，但在资本主义逻辑的运作下，发展到一定阶段后，还是会面对进一步发展的瓶颈，而且这瓶颈仍不出资本主义经济本身的逻辑。因此，它能否或如何避免资本主义逻辑的困境，还有待考验和探索②。从平安寨贫富农户间差距拉大、人际关系疏离，与旅游公司及政府矛盾激化等迹象来看，这也是平安寨为实现可持续发展需要关注、思考和探索的问题。

---

① ［法］布迪厄. 文化资本与社会炼金术——布尔迪厄访谈录，包亚明译. 上海：上海人民出版社，1997：189.
② 黄应贵. 农村社会的崩溃？当代台湾农村新发展的启示. 见：赵旭东，编. 乡土中国研究的新视野——国际社会学论坛暨社会学系十年庆论文集. 北京：中国农业大学人文与发展学院社会学系，2005：28～35.

第四章　权威与秩序重构

不少学者的研究表明，传统中国的治理结构有两个不同部分：其上层是中央政府，并设置了一个自上而下的官制系统；其底层是地方性的管制单位，由族长、乡绅或地方名流掌握。在基层社会，地方权威控制着地方区域的内部事务，他们并不经由官方授权，也不具有官方身份，而且很少与中央权威发生关系，这在事实上限制了中央权威进入基层治理。马克思·韦伯（Max Weber）就曾指出，在传统中国，正规的政权没有对村落实行任何控制，村落是无官员的自治地区，它通过自身的组织来运转。村庙是主要代理人，庙宇的管理职务主要由村落族长负责。除了这些管理人之外，还有村落的"名门望族"、氏族长老及读书人等。行政当局并不认可社团法人及其代理者的合法性，只承认他们是村落的唯一代表者①。可进入近代以来，国家通过一系列的机构设置和委任，变地方权威为国家在基层政权的分支，使地方权威成为服务于国家目标的组织机构，并进入国家官制的控制范围②。平安寨也在此一趋势下，经历了权威与秩序的重构。

第一节 寨老统治的蜕变与维系

最初出现于平安寨的国家正式权威与秩序是保甲。清统治者入主中原，建立全国政权后，为弥乱固本，强化国家权力，加紧对乡村治域的渗透和控制，推行里甲制和保甲制。雍正以后，实行摊丁入亩，保甲制也最终取代里甲制成为清统治者治理乡村最主要的职役系统③。清嘉庆初年（1796年），龙脊实行了保甲制，划分为上、中、下三甲，平安寨属上甲。每甲有一甲头（甲长）。清政府原本试图赋予保甲组织一种不受乡村内生权力机制左右的、特立独行的身份，使保甲真正成为平衡乡村权力的独立单位，实现国家对乡村的严密控制。保甲组织的最初定位，虽不直接与国家官僚体制和政权系统相衔接，却是事实上行使官方行政职能的有效单位。所以它有意绕开乡村的自然区位系统，采用十进制的编制形式，同时尽量摒斥乡村原有权威力量的干扰。但是，"置身于异常致密、高度排外的乡村自身权力网络之中的保甲制度，在挣扎着求取生存的过程中，不得不一次又一次无奈地以取悦对方的灵活性，将自己嫁接在乡村权力体系上，以谋取在乡治

---

① [德]韦伯. 中国的宗教 宗教与世界，康乐，简惠美，译. 桂林：广西师范大学出版社，2004：146~150.

② 费孝通. 中国绅士，惠海鸣，译. 北京：中国社会科学出版社，2006：45~56. 张静. 基层政权——乡村制度诸问题. 杭州：浙江人民出版社，2000：18~30.

③ 朱宇. 19世纪中叶至20世纪中叶中国乡村治理结构的历史考察. 政治学研究，2005，(1)：68~77.

中的一席之地"①。在龙脊，保甲制就遭到了内源性权威和秩序寨老制的消解。起初，甲长一年一任，由全寨各户壮年男子轮流担任，后来，甲长变成由寨老指定，任期亦依寨老的意见决定。甲长的职责除了收集委牌钱、传递公文、传讯案件之外，还为寨老服务，如代寨老出席各种议会等，而且这是甲长在群众中树立威信以当上寨老的重要途径②。保甲制在寨老制的消解下已成为寨老制附庸，有名无实。

继保甲制之后，团练作为一种乡村治理结构形式进入龙脊。团练是从保甲组织中衍生出来的。它萌芽于嘉庆元年爆发的川楚教乱，而真正形成规模则是在 19 世纪中期以后。当时的中国内忧外患，广大乡村备受冲击，小农经济解体，社会失序日甚，原有乡村治理结构遭遇了严重的功能性障碍，于是，团练应运而生。其基本构成是：先清保甲，次抽壮丁，团之以民，申之以练。团练组织打破了清代保甲十进率三级制（牌、甲、保）的编制形式，不仅扩充形成了四级或五级制结构（牌、甲、保、团、大团），而且在第四、第五级的建构中，也没有遵循保甲组织的十进制的编制原则③。初时，龙胜设东西南北四团，龙脊与官衙（新中国成立后改称和平）、大木为一团，称南团，其中又分上下两个半团，龙脊与官衙合为上半团，设团总一人，多由官衙的汉人担任。到清道光年间，因夫役分派不均，加之当时在官衙建筑的堂屋（群众共同建筑作为官员过往投宿和群众出夫时食宿的房屋）为官衙人独占，龙脊与官衙发生冲突，打了几年官司，龙脊获胜，从此脱离官衙独立成为一个半团，称龙胜南乡龙脊上半团④。

团练的出现使国家与社会的关系发生了某些变化。由于团练在与政府协力消除匪患的同时，尤为关注保卫家乡安全，洋溢着浓厚的桑梓观念，既赢得了国家的承认，又代表了乡土的利益，为乡土文化网络所接受，其对社会的整合强度较之于保甲组织强大。国家通过团练组织维护乡土安全，处理乡村日常事务，实施乡村教化等，加强了对乡村的控制。本来，龙脊完全由内源性权力治理，这种权力来源于血缘家族及以血缘家族为基础的村寨，血缘家族的长老和"寨老"（有

---

① 王先明，常书红. 晚清保甲制的历史演变与乡村权力结构——国家与社会在乡村社会控制中的关系变化. 史学月刊，2000，(5)：132~133.

② 广西壮族自治区编辑组. 广西壮族社会历史调查（第一册）. 南宁：广西民族出版社，1984：92.

③ 王先明，常书红. 晚清保甲制的历史演变与乡村权力结构——国家与社会在乡村社会控制中的关系变化. 史学月刊，2000，(5)：130~138.

④ 广西壮族自治区编辑组. 广西壮族社会历史调查（第一册）. 南宁：广西民族出版社，1984：92.

时两个身份重叠）是其代表，他们以"乡约"建构和维系伦理性秩序。每年春秋之始，十三寨的所有头人或大部分头人集中开会，即他们所谓"议团"，制定的"乡约"。乡约由房族长老和寨老执行，对于违反乡约之人，房族长老和寨老有生杀予夺之权，不需禀告官府。光绪四年（1878年）潘日昌案便是血缘家族长老和寨老处理违反乡约之人的一个案例：

龙脊平段寨人潘日昌因"素行不法"，屡教不改，经房族开会讨论，决定予以革逐，遂请各寨头人前来杀猪宰羊招待，当众写好革逐通告，说明犯者罪状，表明与犯者脱离一切关系，对其生死安全不予过问。房族革逐潘日昌通告如下①：

> 立逐革凭据字人，平段寨潘廖氏子日运，姐丈潘平三妹丈蒙光明，房族潘学继、日交、日明、日秀、日道等，情于潘日昌素行不法，每在地方捕风烛（捉）影，籍端滋索油火，受欺者难以枚举。是此惯行得志（势），恃恶欺愚，横行霸道，纠串合党成群，诡计百出，遂其谋方休，事端不从其索，定行控告。是此，不存天理。我等若不除其人，难免来日之祸。故此，我等甘愿立书凭据一纸，付与地方收执。如有日后潘其昌仍在地方滋索纠串，或捏词控告者，任凭地方捆获送来，我等定行处死，不敢向昌方求情宽宥，或在外乡横行滋索，任由外乡据（处）死沉水等，生死魂尸不认。空口无凭，愿立逐革字一纸，付与地方存照为据。
>
> 　　　　　　　　　　　　　　　　交　　秀
> 　　立字人潘廖氏子日运　房族人潘学继日　　日
> 　　　　　　　　　　　　　　　　明　　莲
> 　　　　　　　姐　　潘平三
> 　　外甥潘道明　　丈
> 　　　　　　　妹　　蒙光明
> 　　执字头人廖昌吉
> 　　依口代笔人侯永富
> 　　光绪四年八月初九日　亲立

应该指出的是，由于龙脊招赘婚姻占有一定比例，实行的继嗣原则是两可继嗣，族权中包含了舅权。对于违反乡约者，母舅也要对其应受处罚表明态度。这

---

① 广西壮族自治区编辑组. 广西少数民族地区碑文、契约资料集. 南宁：广西民族出版社，1987：181~182.

是潘日昌母舅出具的革逐潘日昌的立约字据①：

> 立割肉断筋人廖金明，因我同亲次妹，于归平段潘学海为室，养二丁，长甥名号日昌，因命不如，父丧逝早，母寡三春，无人顾养，忤逆不孝，游手好顽，卖母别庄。不思养育劬劳深恩，朝夕饥饿，流落村庄。各村周知，通寨切叹，历来贪心无厌，只图利己，不顾亲邻，往往需索，堕入肥己。累累（屡屡）滋行，殃于村邻地方，有使不用情内中，主唆外贪支文，小事成大，殃成大端。于本年八月初五日，心起大肆，舞（武）断乡曲，不畏王章之具，不从乡党之规，招徒入伙，串通横行，血酒纠众，殃于乡境地方，难免官法之意，乡里难藏。规模之禁，欲防小则，□继大则猖獗。如此公议，捕获公送官究情。蒙明镜如水，治法如山。日昌已知命枉难逃，无命开叫，畏法逃走，惧罪逃行。众同公议，均向日昌徒实查等语，具系日昌串通之意徒等言语，不敢私行，甘立戒字，永不从昌私行生端，立凭可据。兹我之甥日昌，之后归回村庄，众同公获有罪，当送有弊，当王上之章，伏入乡党之规。即日当凭地方乡老人等，甘立断筋字据，生不认亲，死不认尸。纠众甚重，冤沉海底。如有我等有异复说，自甘与甥同刑，与伊同法。为此甘立割肉断筋，永远存照。
>
> 房族人廖金妙、金龙、昌春、玉交、玉金、玉书
>
> 地方头人毛呈、侯家、平寨、平段、黄落、八难、新寨、江边、枫木、龙堡、金竹、桥登等
>
> 依口代笔廖玉德
>
> 光绪四年戊寅八月初九日外家廖金明、次妹潘廖卢妹同立

此后，被革逐的潘日昌仍潜回龙脊行窃，被捉后，"议团"开会决定对其"公审"，向各寨发出通知，号召群众收集其罪行并参加"公审"大会。开会时全体头人和众多群众参加，由受害人控诉并上刑令其招供。潘日昌供认了所犯罪行，头人和到会群众共同讨论后，对其处以"活埋"极刑②。

从潘日昌案可以清楚地看到，血缘家族和"寨老"在当时村寨治理中的重要性。但是，其中"公送官究"的字样也标志着作为国家嵌入的行政权力对乡

---

① 广西壮族自治区编辑组. 广西少数民族地区碑文、契约资料集. 南宁：广西民族出版社，1987：180.

② 广西壮族自治区编辑组. 广西壮族社会历史调查（第一册）. 南宁：广西民族出版社，1984：107~110.

村社会的渗透和影响。正是在此情形下，才会发生政府对当地村民的盘剥，以及著名的贫苦农民潘天洪上书要求禁革陋规，并向官府控告头人廖海蛟的事件①。长期以来，当地社会广泛流传着关于潘天洪打破头人的包办代理为民请命的故事：

  嘉庆年间，龙脊人民赋税负担沉重，头人们整天在一起商讨如何越级告状要求减免赋税事宜，可讨论来讨论去，总是议而不决，迟迟未见行动。潘天洪甚为不满。一天，正在"干栏"房底层挑大粪的潘天洪，听见头人们又在楼上讨论，很是恼火，便用粪勺捅着楼板大骂之。头人们非常不快，大声斥责他："我们正在讨论大事，你不要捣乱。"潘天洪嘲讽道："你们讨论大事?! 光打雷不下雨，有什么用？你们有什么能耐做大事？"头人们见潘天洪不把他们放在眼里，轻蔑地回敬："你能耐大，那你去吧！"潘天洪脖子一挺说："可以，只要你们给我带上一件龙袍，我肯定能告状成功。"头人答："好，一言为定，我们就给你带上龙袍，你可一定要告赢啊！"于是，潘天洪"上访"来到了桂林府。在官员接见他时，他一而再再而三地佯装瞌睡。官员不知是计，不耐烦地呵责："潘天洪，你不要睡了。叫你不要睡嘛，为什么还要睡呀？"潘天洪得意地回答："大人，这可是你说的，不要我（睡）税了，你可要说话算数！"官员无奈，只好刻了一块碑给他带回，碑文中说明了免除当地税收的政策。

上述事件和故事生动地说明，国家政权已成为寨老制之外影响民众的重要因素，直接参与了乡村社会的治理与控制。

大约自清朝中期之后，制定乡约已不完全依头人和群众的意愿，而在一定程度上秉承统治者的意旨了。最典型的莫过于光绪四年的乡约，其中注明是根据各个时期统治者的下列示谕制订的②：

  ——奉上宪赵大人 于道光二年正月内赏谕安民谕尔无知愚民穷极莫做强盗事。

  ——奉府署观大志 于道光二年五月赏严禁示谕除盗安良需索油火滋事生端事。

---

 ① 广西壮族自治区编辑组. 广西少数民族地区碑文、契约资料集. 南宁：广西民族出版社，1987：154~155.

 ② 广西壮族自治区编辑组. 广西壮族社会历史调查（第一册）. 南宁：广西民族出版社，1984：105.

——奉府署倪主　于道光三年六月内赏示安良严禁窝留棍徒赌博滋事生端。
——奉府署周主　于道光七年九月内赏示个安生业以息生端滋事。
——奉府署李主　于道光卅年七月内赏示弭盗不如弭窝盗远必有近窝之计。
——奉府署潘主　于咸丰十一年二月内赏示为严禁窝盗窝赌滋事生端事。
——奉府署高主　于同治五年十二月赏示严禁窝盗以绝生端滋事。
——奉府署王主　于同治十一年五月内赏示为严禁民间田土山业不能生端事。
——奉司署蒋主　于同治十二年十一月内赏示除盗安良滋索油火生端事。
——奉府署卢主　于同治十三年十月内赏示严禁窝赌窝盗事。
——奉府署邹主　于光绪三年五月内赏严禁强讨乞丐生端及闹莲花事。
——奉司主钟　于光绪四年二月内赏示严禁强讨乞丐强准仰团禀报。

不仅如此，一些乡约文本还经过统治者的审查和修改。如同治十一年（1872年）龙胜理苗分府的示谕云：

> 如晓谕事案龙脊众等开例条禀垦出示以靖地方事……兹据奉恳前情除批示并将条规删改核定外合行出示晓谕为此示仰居民人等知悉自示之后尔等即宜遵照条规各安本分不得违抗条规自干罪累各宜禀遵毋违特示

光绪年间随同乡约写给龙胜理苗分府的报告写道：

> 具恳禀龙脊乡老头甲等人……为恳乞青天大老爷台前非别兹因小民地方不遵法律肆行伎俩猖獗不已所以地方坐视不忍只得公议禁规以警后犯今小民谨将规式禀知　仁天龙目赐览倘有错伪万乞　仁天删明俾小民刊牌流芳百世小民万古卸结报之矣①

未经官府修改的乡约严格规定，未经头人（寨老）处理的事情，不许到官府告状，即使去打官司，也要由头人"带告"，而不许"私自奔控"。可经过官

---

① 广西壮族自治区编辑组. 广西壮族社会历史调查（第一册）. 南宁：广西民族出版社，1984：105.

府修改的乡约,规定头人只能处理"雀角细故"之事,或只能将当事人"带告究治"。到民国初年,乡约的内容已局限于保护禾苗成长和收成的范围,乡约的制定权已不再属于议团会议,而是属于当时兴安县公署命令成立的"农民会"①。随着国家权力进入和渗透乡村社会的深入,头人所代表的民间性、伦理性权威受到了国家正式权威的挑战和限制。在国家、头人、百姓之间,国家试图建构与百姓之间的直接关系,头人的作用逐渐缩减,统治者的影响逐渐扩大。

然而,团练并没有成为龙脊真正的乡村权力实体。在龙脊,团练的头领——团总是从众头人(寨老)中择人担任的。关于其产生的方法和程序,有两种不同说法:一说是先由群众在本地有威信的头人中选出一个,报到官府,经官府核准并发给委牌;一说是新县官上任时,访查本地一些父老,查清谁是本地头人,谁能通笔墨,谁家财富有后,给予委牌,加以委派。两种说法虽不尽相同,但由官府发给委牌则无异议②。从目前材料看,官府最早给予委牌任为团总的龙脊头人可能是廖海蛟。1957年广西少数民族社会历史调查组收集到的《潘天洪再呈要求禁革书》有"自嘉庆三年,朱府主出示买茶,……给牌与廖海蛟充当头人,……"之语③。团总与头人一身二职之举,把团练制嫁接到了寨老制上。其后果,只能是寨老权威发生变异。

国家政权的嵌入使头人产生了分化,一些担任团总的头人与官府的联系增强,由于他们的"团总"身份的授权来源是官府系统,其与地方社会政治经济利益关系的重要性下降,因而他们与官府勾结鱼肉百姓的事件时有发生。如被潘天洪状称"索诈贫民不浅"的廖海蛟④,甚至在他居住的新寨建筑牢房,监禁群众。据说,有一次他借故官府要群众缴纳茶叶,说每寨要茶一篓,而且命令很急,要依期缴去。本来此地出产茶叶不多,加之非收茶季节,一时无法送来,各寨只好到他家商求转圜。他说没有茶叶可交120斤谷子,由他代买茶叶。当时他家有一篓茶叶,第一个寨头人送谷子来时,他说这篓茶叶是你们寨买的;第二个寨老送谷子来时,他还是拿出那篓茶叶,说这是你们寨买的。硬是以如此拙劣的手法共骗取了几千斤谷子。龙脊百姓忍无可忍,愤而到桂林告状,终于促使官府将廖海蛟撤职,并废除了十八条陋例。由是龙脊群众把这一胜利称为"十八案"

---

① 广西壮族自治区编辑组. 广西壮族社会历史调查(第一册). 南宁:广西民族出版社,1984:106.

② 同上:93.

③ 广西壮族自治区编辑组. 广西少数民族地区碑文、契约资料集. 南宁:广西民族出版社,1987:155.

④ 同上.

世代相传①。至清末民初，被任命为团总的头人与官府的关系更加密切。个别担任团总的头人甚至参与到官僚体系的运作当中，时而使寨老制中群众"弹劾"、"罢免"头人的机制失灵。如秀才出身的潘定璠是清末民初龙脊的团总，声威很高。据说当时凡新官上任，都要到龙脊来拜访他。有一次，一个叫甘兰宾的府官被龙胜四团头人联名控告，丢了官职。甘知道潘定璠是当地很有威望的人，便亲自到龙脊找到潘，苦苦请求潘为他想法挽回危局。于是，潘不顾群众反对，接受了甘的礼金，鼎力为甘活动，使其得以官复原职。龙脊百姓对此极为不满，召开十三寨头人联合会议，决定将潘定璠革除出众。潘定璠得知，声言要到官府告状。十三寨头人又召开会议，商讨派人去官府对审，可无人敢去。无奈之下，只好由群众集资买猪、买酒向潘定璠赔罪②。

受少数上升为团总的头人的影响，其他一些头人的权威也发生了变化。以往头人们是地道的道德典范，他们热心公益，处世练达，办事公平、公正，以楷模的形象发挥教化性的作用，而今，头人们玩弄权谋、损人利己的事情时有发生，他们的道德典范的形象已是大可质疑。如龙辅寨头人潘安照原有40多担田地，可他嫌妻子不好，便用几十吊钱收买潘家寨的廖昌仁来诱奸妻子，并约定日期捉奸，依计将妻子卖掉。之后，见廖家寨廖吉受的妻子美貌如花且娘家富有，又设计迎娶。如此一卖一娶，家中田地仅剩下几担，一家几口只好靠他以种种手段敲诈勒索村民养活。据说当时龙辅寨30多户中，被潘安照设计罚过款的至少20户以上。民国二十一年（1932年），潘运福的祖父去世，葬在白鹤岗廖家坟地。潘安照便邀潘亲元、廖东顺、廖兆吉、廖金华等头人，说潘运福侵占廖家坟地，要予以罚款。殊不知潘运福的祖父乃出生于廖家寨，只因随母回娘家继承产业才改姓潘。潘运福据理力争，拒不受罚。潘安照敲诈未遂，仍不甘休。潘运福的父亲死后，葬在土地坳，潘安照故伎重演，唆使路底寨的刘华兴指控潘运福侵占他家坟地，请头人前来评理，结果罚了潘运福5吊钱③。又如廖家寨头人廖兆祥，也有以权谋私的事例。民国七、八年许，廖兆祥与胞弟廖兆峰合买一处山场，廖兆峰分得的一份面积较小，但地势较平，可辟为园地，且园地有一株大杉树，价钱不菲。而廖兆祥分得的一份，面积虽大却地势陡峭，不能辟为园地。廖兆祥认为自己吃了亏，便砍掉廖兆峰分得的杉树占为己有。廖兆峰不让，他就凭借其头人

---

① 广西壮族自治区编辑组. 广西壮族社会历史调查（第一册）. 南宁：广西民族出版社，1984：95.

② 同上.

③ 同上：98.

身份，邀约廖锦盛、廖伯勋、潘安照、廖东生等头人前来"帮助"。他暗中要廖锦盛捏造假契约，要廖伯勋当中人，证明山场是廖兆祥独自买得，企图连廖兆峰分得的一份也要吞没。只是由于廖兆峰拿出了原来真正的契约，廖兆祥的图谋才无法实现①。如此的头人权威形象已与传统的头人的道统形象迥然有别，折射出社会变迁对传统伦理性权威的影响。

寨老权威的变异，使我们看到了礼治秩序的动摇。然而，总体来看，这些变异并未完全影响寨老制对于村寨的传统功能。龙脊头人中不论是少数上升为团总而与官府关系密切者，还是很少与官府来往的一般头人，由于地方社会文化网络依然是他们权威的重要授权来源，其行为处事都不可能完全不顾及传统文化准则。特别是当地方利益与官府利益发生矛盾时，他们往往维护地方社会的利益。1933 年，龙脊的团总廖锦盛，廖家寨的寨老廖照生、廖兆亨，枫木寨的寨老陈岱，平安寨的寨老廖文俊等，都参加了反抗国民党政府龙胜瑶族壮族人民的联合起义②，就很能说明问题。以平安寨的寨老廖文俊（1895～1933 年）为例，他很年轻就成为寨子的自然领袖——寨老，可他跟官府没什么往来，而且为了维护地方利益，常与官方发生冲突。民国十五年（1926 年），龙胜县长李天骏率官兵 10 多人到龙脊视察，有人诬告廖昌元贪污民款，李不问青红皂白，便将廖昌元捆绑扣押于平段寨。廖文俊闻讯，即率群众数十人前往平段寨与县长理论。县长下令鸣枪警告，不许群众靠近。廖文俊解开衣襟，手拍胸脯挺身前进，众人亦紧跟他挺胸前进，并高喊："为何扣押无辜庶民?!"李天骏唯恐事情闹大，不得不释放了廖昌元，并向群众道歉。1932 年秋，龙胜瑶族同胞酝酿起义时，廖文俊与廖绍祥、陈岱等积极宣传发动壮族同胞参加，他家成了壮族各寨及与金坑瑶族起义军联络的据点。起义过程中，龙脊十三寨与瑶族新禄义军编为一个团，叫新禄平安团。廖文俊任军师。1933 年 3 月 17 日，起义军在龙脊战败，退入山林。3 月 21 日，廖文俊被桂林民团逮捕，押解县城枪决③。即便是当了团总的寨老，虽然其与地方社会的利益一致性有所弱化，但由于其并未从地方体中完全剥离出来，所以他们没有全然放弃对于地方利益的责任。民国十七、十八年（1928～1929 年），桂林区指挥官陈恩元为把龙脊划归龙胜县，亲到龙脊劝说头人父老，并委任廖锦盛为团总，赠给他步枪 3 枝。可由于龙脊归属兴安县人民的赋税负担较

---

① 广西壮族自治区编辑组. 广西壮族社会历史调查（第一册）. 南宁：广西民族出版社，1984：101.

② ［日］塚田誠之. 壮族社会史研究——明清時代を中心として. 吹田市：国立民族学博物館，2000：129～130.

③ 龙胜县志编纂委员会. 龙胜县志. 上海：汉语大词典出版社，1992：499.

轻，因而广大群众纷纷反对划归龙胜。廖锦盛不得不辞去团总职务，并把枪退回给陈恩元，表示不能接受委任。不久，龙胜县又派一位科长到龙脊斡旋，亦无功而返。到民国二十年（1931年）左右，龙胜县长李天政在派人前来劝说未果之后，亲自来到龙脊活动，始而劝导，继而威逼，将团总廖锦盛和头人廖景惠扣押，要他们接受划归龙胜的命令。群众得知，齐集李天政下榻的平段寨抗议，李天政无奈，只得释放了廖锦盛和廖景惠①。

龙脊乡土社会自然生成的寨老制在消解代表国家权力的保甲制，承受团练制的嫁接中，发生蜕变，又在蜕变中维系。在此过程中，以寨老为代表的教化性权威所建构的伦理性秩序，也在维系中变异，在变异中维系。直至1933年，当地"瑶民起义"失败后，新桂系政府在此建立了新的乡村行政体系，当地乡村权力结构发生了重大变化。

第二节 民国"新政"和寨老边缘化

1933年在龙胜一带爆发的"瑶民起义"其实是以瑶族民众为主体而有多民族群众参与的一场文化"复兴运动"（revitalization movements）。所谓文化复兴运动，是变迁的迫力达到一定强度时，被压迫社会发生的一种反抗形式，其突出的特点是利用本土原有的文化符号体系，试图复兴长期被压在社会下层的传统文化意识。龙脊所承受的变迁迫力除了经济因素（如赋税的增加等）外，主要还来自于清王朝和民国政府的民族同化政策。乾隆年间清政府对龙胜的统治由实行羁縻制度的间接统治转变为直接统治之后，加紧了对龙胜境内少数民族的"教化"。而后向基层推行保甲制、团练制，进一步加强了对当地社会文化变革的推动。特别是中国被西方列强的坚船利炮打开了国门，在痛苦中奋而追求"现代化"之后，中国社会进入了一个急剧变化的时期，尽管在思想界、学术界一直有"国粹"和"欧化"之论争，有"打倒孔家店"与"复兴中国文化"的抗衡，但在实践上，由于中国的现代化运动是一种后发的、外生的现代化，主张变革的人们常常自觉或不自觉地以西方的现代化为效颦之"西施"，往往把自己的传统文化视为现代化的障碍和包袱，漠视、蔑视甚至仇视之，极尽打压之能事，对处于中国文化边缘地位的少数民族传统文化，更是必欲去之而后快，所以，近代以来，龙胜少数民族就承受着巨大的变迁迫力。如民国元

---

① 广西壮族自治区编辑组. 广西壮族社会历史调查（第一册）. 南宁：广西民族出版社，1984：99~100.

年（1911年）八月，龙胜成立"龙胜县五种联合改良会"，旨在"革野蛮之陋习，效汉制之衣冠，泽以诗书，去其榛丕，教以树艺，输进文明"。1916年，龙胜县政府组织"风俗改良委员会"，订立规约，强行对瑶民进行"开化"，强迫瑶民改装易俗。这些政策措施通过团总贯彻到村寨之中。1917年金坑团长、潘内团长和水银塘团长一干人等，将勒有《改革风俗碑》，立于潘内杨梅屯，要求当地民众对婚娶制服"改良各款条规，各宜遵禁，如有违犯，齐团公罚钱十二千文，决不宽恕"①。民国十五年（1926年）七月，广西省政府通令各县捣毁寺庙神像，破除迷信，规定除孔、关、岳庙之外，所有寺庙神像一律捣毁。1931年，广西省政府颁布广西各县市取缔婚丧生寿及陋俗规则，通令各县成立改良风俗委员会，改革风俗。1933年3月，广西省政府制订《广西省改良风俗规则》，具体规定凡婚嫁、丧祭、生寿、喜庆及其他一切陋俗一律取缔②。自民国元年至民国二十二年（1933年），龙胜县政府数次强令当地少数民族改装③。

　　面对如此巨大的变迁迫力，龙胜瑶民利用本土传统文化符号，开展广泛的社会动员，进行反抗。1932年秋，龙胜瑶民风闻灌阳县出了"瑶王"，"瑶王"要"坐天下"，瑶族人可以跳出苦海，享大福，乃奔走相告，准备起事响应。同年12月底，龙脊乡的潘大华、侯会廷等和白水乡的潘世兰、潘世辉等赴临桂县黄皮江参加了打醮活动。回来后龙胜群众即在茅城（即平安寨）和白水元头寨打醮。领头的有临桂县黄皮江盘瑶邓光明，龙脊的廖兆喜、廖文瑞、廖福达，白水的黄俊坤等。打醮时，邓光明带来瑶族道公帮忙。打醮共进行了三天三夜。一开始，廖兆喜、廖福堂、廖正宁姐姐等忽然"昏迷"，说："瑶苗侗壮都住在山上，如今打斋，有人来领导，以后我们不在山地，要去大地方居住，耕大块平坦田，免受压迫剥削。"还说："大家要齐心，回家要吃斋。"白水乡也有类似现象，有人"昏迷"说："反动政府的枪是打不响的，如果打响，我们亦不用怕，我们可以得到'天神'的帮助飞起来，我们可以用桃木来削成钢刀。"通过"打醮"，起义者各封了职位，黄俊坤、侯宗良做了元帅，黄禹旬、陈岱、廖文俊等做了军师。制作了方形或三角形军旗，上书："皇天开大国，一扫天下梁云台，白草成禾，开国大元帅"，"龙天大开重九剿伐田地

---

① 广西壮族自治区编辑组. 广西少数民族地区碑文、契约资料集. 南宁：广西民族出版社，1987：203.
② 钟文典，主编. 广西通史（第三卷）. 南宁：广西人民出版社，1999：279~280.
③ 广西壮族自治区编辑组. 广西壮族社会历史调查（第一册）. 南宁：广西民族出版社，1984：125.

客人扫北山河","开天建宝大元帅","梨子根丰出元帅,取名就是李荣华,堂上明灯点五盏,男女同心灭官家","长乐天地","兴瑶灭汉"等。还号召大家穿从前的古老服装,唱各族自己的山歌。打醮之后,壮瑶族人民加紧准备着。1933年2月25日,邓光明率领100多人来到江底的梨子根,龙脊也有10余人前往,在当地住了两晚。回来后,夜夜点香灯敬天地,凡10余日。不久,兴安、灵川等地起义军100多人来与龙脊义军会合,一起到大河寨攻打政府军。一仗下来,起义军就牺牲了几个人,只好转入森林山谷活动。3月16日,桂林民团参谋长虞世熙率75团由官衙向龙脊进攻陈岱、廖祥林的壮族义军。17日抵达龙脊,即发起进攻,义军凭险抵抗,双方均有伤亡。次日拂晓,虞世熙率部再攻,义军寡不敌众,力战不支,再次退入山林。虞世熙的民团进入龙脊、平安,洗劫村寨,搜山抓人,在平安寨风雨桥头杀害了义军的领导者和骨干廖文俊、廖祥麟、廖福元、廖景胜、廖吉茂、廖兆亨、廖廷恩、廖祥林、廖华国、侯益元、潘大宝、潘新元、潘胜安、潘闰德、潘安照、李高丰、李高穗、李志和、李昌福、陈东方、陈富朝、蒙其昌等20多人①。起义终于宣告失败。综观龙脊"瑶民起义"的过程,可以看出其动员手段和宗旨与人类学界引为文化复兴运动经典案例的太平洋岛屿地区民族国家独立前发生的千福年运动(Millenium Movement)②,有惊人的相似之处。

民国桂系政府镇压了"瑶民起义"后,成立了由桂林区民团虞世熙任委员长(主任)、县长张培棻任副委员长(副主任)的"平瑶善后委员会",各委员配合民团分头到东、南区开展了清乡、发自新票、罚款、将起义者田产充公等行动。平安是"平瑶善后委员会"和民团在龙脊开展清乡等活动的一个重要据点,民团军营长明德率部在平安寨驻扎了20多天,杀了10头牛,100多头猪,搜刮了10000斤粮食,烧了7座房子,掳走了不少衣物和首饰③,平安寨此时由茅城改为"平瑶寨"即与此有关。"平瑶善后委员会"和民团除了勒令当地瑶民、壮民缴钱领取自新票外,还对参加起义的瑶民和壮民施以罚款和田产充公。龙脊十

---

① 广西壮族自治区编辑组.广西壮族社会历史调查(第一册).南宁:广西民族出版社,1984:117~119;陈维刚,苏良辉.龙胜瑶民起义.见:政协龙胜各族自治县委员会,编印.龙胜文史(第四辑).1989:64~79.

② 有关千福年运动,请参阅:陈国强,主编.简明文化人类学词典.杭州:浙江人民出版社,1990:28.

③ 陈维刚,苏良辉.龙胜瑶民起义.见:政协龙胜各族自治县委员会,编印.龙胜文史(第四辑).1989:64~79.

三寨600多户，每家罚款3吊，共20000多吊①。平安寨被充公的田产263担②。经过这一重大打击，寨老的势力大大削弱。此前，民国政府多次要求龙脊从兴安划归龙胜，但却拗不过寨老们出于地方利益考虑坚持龙脊归属兴安的意志，而今寨老们没有了力量，龙脊在官府的威逼下"自愿"转归龙胜。以下呈文出自生于龙脊、曾获有科举功名并在县政府任职的廖鸿飞之手，尽显了对政府意志的顺从、迎合甚至讨好③：

  所有龙脊地界，实属龙胜地方。
  执拗唯有三廖：昌元、景胜、兆祥。
  屡次蛊惑民众，煽动抗缴钱粮。
  借归兴安为词，实作化外之乡。
  收得银钱税款，完全充饱私囊。
  一则欺骗龙胜，二则蒙蔽中央。
  恳请拨归龙胜，免作化外之邦。

"瑶民起义"前龙脊的治理模式颇类于费孝通先生所谓的"双轨政治"。费孝通先生曾对中国传统"双轨政治"的内容和特点概括如下：

  （1）在传统的中国权力结构中，有着两个不同的层次：顶端是中央政府；底部是地方自治单位，其领袖是绅士阶级。（2）这里有着对于中央政府权威事实上的限制。地方上的事情是由社区的绅士所管辖的，是中央当局难于干涉的。（3）虽然在法律上只有一条从上向下的贯彻帝国命令的轨道，但是在实际生活中，中间有政府的皂隶和地方上选择的"乡约"或者相同类型功能的人物，通过这种中介，不合理的命令可以打回去。这种自下而上的影响，在中国正式的政治制度的讨论中，通常是不予承认的。然而，它实际上是有效的。（4）从下而上的影响的机制，是绅士通过他们当官的亲戚和参加过相同考试的台上台下的朋友们施加的非正式压力发生的。借此，影响有时甚至可以到达皇帝本人那里。（5）所谓自治组织的兴起是来自社区的实际需要。这种群体的权力不是来自中央帝国，而是来自地方民众本身。当中央只是有限

---

① 广西壮族自治区编辑组．广西壮族社会历史调查（第一册）．南宁：广西民族出版社，1984：119．
② 陈维刚，苏良辉．龙胜瑶民起义．见：政协龙胜各族自治县委员会，编印．龙胜文史（第四辑）．1989：64~79．
③ 谭云开，潘宝昌．民国时期龙胜县政始末见闻．见：政协龙胜各族自治县委员会，编印．龙胜文史（第二辑）．1986：1~15．

度地征税和招兵时，人们会感觉到"天高皇帝远"。但是，中央和地方当局之间有必要保持一些交往，这就意味着地方绅士总是在地方组织中占有战略性和主导的地位。①

龙脊十三寨此前基本上是由寨老管理的自治单位，寨老或官府委牌的"团总"与费先生所说的"绅士"相似，中央政令下达之后，他们可以与官府讨价还价，甚至打回不合理的命令。可"瑶民起义"被镇压之后，政府即开始了"双轨的拆除"。自20世纪30年代初，广西政局逐步稳定后，新桂系即在"建设广西，复兴中国"的口号下，围绕政治、军事、经济、文化"四大建设"，推行所谓"新政"。"新政"的一项重要内容是针对30年代前广西政府政令只到达县，乡村组织"萍若而合，絮若而散，犹如一盘散沙"的状况②，整顿乡村政务，建立和健全乡村基层组织。1932年9月，广西省政府颁布《广西各县甲村街乡镇区编制大纲》，规定县以下的行政组织编制：农村为乡，城市为镇；乡、镇以下，农村为村，城市为街；村、街以下为甲。10户为一甲，10甲为一村（街），10村（街）为一乡（镇）。甲设甲长1人，村（街）设村（街）公所，村（街）长1人，副村（街）长1~3人③。完成乡村行政编制后，新桂系政府又推行"三位一体制"。1934年6月，广西省政府颁布法令，规定乡（镇）长兼任中心国民基础学校校长、民团后备大队队长，村（街）长兼任国民基础学校校长、民团后备队队长，乡（镇）村（街）公所、国民基础学校、民团后备队队部三个机构合署办公。乡村行政组织形成了"三位一体制"④。1935年12月，广西省政府还颁布了《广西村街民大会规则》，规定各村街"为提起民众政治兴趣及讨论村街兴革事宜"，应举行村街民大会。凡年满20岁男女村民、学校教职员和年满14岁的学生、民团后备队团兵，必须参加村街民大会。大会由村街长每月召集一次。其职权是：宣布政府政令并议决政令的推行办法；总结本村街一个月来的工作，议决应兴革事项；议决本村街"禁约"、预算和村街甲长提案等⑤。1936年，广西各县普遍建立了村街民大会制度。龙胜县是1933年9月推行乡、村、甲制的。龙脊在1934年划归龙胜县后，于1935年实行了乡、村、甲制。龙脊十三寨分属5个行政村，即龙脊村（包括廖家寨、侯家寨和平寨）、平瑶村（即以往的毛呈，后来的平安）、新寨村（包括黄洛寨、新寨和八滩寨）、

---

① 费孝通. 中国绅士，惠海鸣，译. 北京：中国社会科学出版社，2006：52~53.
② 邱昌渭. 广西县政. 桂林：桂林文化供应社，1941：81.
③ 同上：77.
④ 谭肇毅. 评三十年代新桂系的乡村建设. 学术论坛，1998，(1)：97~100.
⑤ 钟文典，主编. 广西通史（第三卷）. 南宁：广西人民出版社，1999：229.

枫木村（包括枫木寨、龙辅寨和平段寨）、金江村（包括金竹寨和江边寨）。初成立时，村有正副村董2人，后改村董为村长，半数以上由外地汉人担任①。平安村村长是否汉人，已不可考，但估计非本地人。平安寨起义军幸存者编的《瑶民起义之歌》唱道：失败后的起义者家属"到和平讲和，愿卖地田偿，希望人得回，回来再打算。去求胡东汉，打算和银钱。东汉求不得，回来再商量。去求施村长，以为事可行，村长不开恩"。②龙脊姓氏中根本没有"施"姓，"施村长"应该不是本地人。新桂系当局推行"新政"时，强调要"行新政，用新人"。对于县长的任用，实行籍贯回避制度。对于村（街）长的任用，是否亦行此制，似无刚性规定。但其所谓"新人"，必须具备以下条件：一是经过民团干部学校培训的有知识的革命青年；二是能忠实执行政府的政令，在工作中积极总结工作经验；三是有工作热情和组织、动员群众的能力；四是要道德品质优良。为确保"行新政，用新人"政策的落实，新桂系注重人才的培养训练，在各区民团指挥部设立民团干部培训队，招收中等学校以上的学生，施以一年的军事、政治、经济、文化各项基本知识训练。后又把各区训练队合并，在南宁成立"广西民团干部学校"，每年招生4000人，学生毕业后派回乡（镇）村（街）基层工作。对乡（镇）村（街）长还实行委任制、考绩制和统一支薪制，给予基层乡村干部和办事员一定的薪水，根据乡（镇）村（街）长的工作成绩、任期长短、地区情况，划分工资等级等③。马克思·韦伯（Max Weber, 1864~1920）认为，地方行政机构正规化必须达到三个条件：一是官员有可靠的薪金；二是职业稳定，有晋升的机会；三是官员们有明确的职位感，下级服从上级④。如此看来，广西乡村基层组织具有现代正规行政机构的特征。新桂系政府通过乡（镇）村（街）行政化实现了国家行政权力的延伸。

"保甲体系带来的是从上而下的政治轨道，它可以直达每家每户。事实上，这个体系可以说是把国家的警察体系引进了每家每户。保甲体系的引入是有一定道理的。在旧的传统体系中，政府行政单位由于它缺乏彻底性而瘫痪了，事实上它的命令的贯彻只能实现一半。对于政府来说，更有效的方法似乎是直接和人

---

① 广西壮族自治区编辑组. 广西壮族社会历史调查（第一册）. 南宁：广西民族出版社, 1984: 92.

② 同上：120.

③ 许继淏. 新桂系乡村建设研究（1931~1945）：[硕士学位论文]. 桂林：广西师范大学, 2004: 12~13、31.

④ [美] 杜赞奇. 文化、权力与国家——1900~1942年的华北农村, 王福明, 译. 南京：江苏人民出版社, 1994: 53.

民打交道,而不是样样事情都要经过地方组织。然而,当保甲体系于20世纪30年代采用时,它的意图是要起自治政府作用的。因此,承认从下而上的轨道,就可以建立起一个真正民主的代表体系来。但是后者从未实现过。……保甲体系中的一律原则,实际上是为了行政方便,特别是招募的方便而制定出来的,而自治的原则已经被削弱了。一个社区通常被分为几个甲,同时,几个不相干的单位可能会组成一个保,结果是一塌糊涂。事实上,现在存在的是两个重叠的体系:一个是保甲,是从上面推行下来的;另一个是自然的地方组织,现在已经变得非法了,两者发生了冲突。"①"新政"前,代表国家权力的保甲、团练嫁接在寨老组织上,寨老权威的基础——权力文化网络几乎未受触动,而新桂系推行的乡村"新政",通过实行"三位一体制"、"村街民大会制"及"用新人"原则,对传统权力文化网络形成了很大冲击②。国家政权力图斩断其同传统的,甚至被认为是"落后的"文化网络的联系,其结果必然是,文化网络在国家范围内赋予乡村精英领导作用的能力在丧失③。所以,随着村甲制度的施行,龙脊传统的寨老制黯然失去了主导当地社会秩序的地位。1935年,龙脊大寨老潘元芳等人主持召开十三寨壮、瑶群众大会,宣布停止寨老组织活动,不再选新的寨老,编订乡村保甲组织。从此,寨老被边缘化。虽然寨老的机能并未完全丧失,民事纠纷大多依然是由寨老处理,祭祀活动也由寨老主持,但祭祀活动是新政权要破除的"迷信"。尽管有一些寨老,如潘祖安、侯会庭等,为村甲组织所吸纳,但村长一般由经过民团学校培训的学生担任,寨老只能担任副村长和甲长,特别是"新政"推行初期,这一规定比较严格。如侯会庭,1934年在交洲庙(在今平段寨边)被民众推为龙脊村村董。可不久,干训班学生返乡担任村长,侯会庭便改任副村长④。平安村村长由白凤吉担任,白凤吉是和平乡桐木人,到干训班接受过训练。而本村寨老廖康宁只能担任副村长,所以加入新政权的寨老也只能在村甲组织的框架内发挥作用。

寨老已然边缘化,可使深入乡村的国家政权和乡村领袖合法化的权力文化网络却难以建立。"三位一体制"固有其优点,但其缺点也不容忽视。《桂政纪实》

---

① 费孝通. 中国绅士,惠海鸣,译. 北京:中国社会科学出版社,2006:54~55.
② 许继中. 新桂系乡村建设研究(1931~1945):[硕士学位论文]. 桂林:广西师范大学,2004:33~34.
③ [美]杜赞奇. 文化、权力与国家——1900~1942年的华北农村,王福明,译. 南京:江苏人民出版社,1994:235.
④ 廖康英. 侯会庭生平事迹. 见:政协龙胜各族自治县委员会,编印. 龙胜文史(第四辑). 1989:89~92.

有云：

> 广西在乡（镇）村（街）实行之三位一体制，二十三年间即已确立。此种制度之演进，一方面因基层建设经费人才之两俱缺乏，必如是始能集中兼顾，而趋一贯；同时且为民团组织功能之扩大发挥。本以"自卫"为目的而建立之民团，但在组训过程中，发觉其非特可以完成"自卫"任务，且可作为推进一切建设之发动力。广西为完成此种要求，乃决心实施三位一体制，以谋统一训练领导与运用；其次为要求"政教合一，建教合一"理想之实现。此制之优点为：一、因人才经费较为经济，县以下之行政机构，得以迅速普遍设立；二、新干部得迅速训练完成，以代替过去领导乡（镇）村（街）之旧势力；三、减少牵制摩擦，政令统一，且运用灵活。而其较大之缺点，则为欲求身兼数长之人才以担任乡（镇）村（街）长，实不易多得，对于办理教育一项，尤属未能圆满胜任。且抗战以来，征调频繁，一人之力更难以应付。广西基层人员之待遇，虽略高于他省，但以近年来之生活程度比例之，仍太微薄！非特一人而兼数长之人才不易罗致，其在位者，往往因生活关系，时复动荡，颇难久安其位！①

"新政"使广西基层行政机构膨胀，财政需求剧增，与落后的农业经济不相适应。于是，农民要负担的赋税和摊派日益繁重，乡（镇）村（街）组织成为征收赋税和摊派的机构。《桂政纪实》对此亦有报告：

> 村街民大会，在广西为最早成立之基层民意机关，实行于二十五年；及二十七年地方自治开始后，仍照常举行。三十年八月九日，国府公布"乡镇组织暂行条例"后，村街民大会即遵照其第五章之规定举行；而其名称与精神一仍其旧。成立以来，考其优点方面：如解释政府法令，使人民了解各级政府之施政情形，免除隔阂；他如国内外时事之报告，各种应与应兴事项之指示，人民意志之上达等均能完成任务；而收效显者，则为对民众政治教育之功能。惟行之虽久，缺点仍所难免，例如壮丁因谋生问题之关系，多不愿抽出时间参加会议，因之往往以老弱顶替，会场纪律之维持颇感困难，且会众常不肯发言，以致形成村街长与少数士绅独占发言权之情势！又：村街长于开会前，大都毫无准备，纯属奉行故事，浪费会议时间；更有平时向不开会，仅于派捐派工

---

① 广西省政府十年建设编纂委员会. 桂政纪实（民国廿一年至民国三十年）上册. 1941：466.

时方举行大会者，由是一般民众容易误认村街民大会为一派捐派工之机构，无关本身福利。①

与此相关联的是，乡村干部由于报酬低廉，很容易在征收赋税和各种摊派的过程中，贪污受贿，中饱私囊。抗战时期，广西基层已出现了严重的腐败现象。1938年，曾有人在考察了广西农村后撰文指出：

> 桂省进行征兵时，其间或发生美中不足的流弊，即少数贪污的乡村长，对于应征民众的敲诈。第一，将政府所规定之应征人数增多，而从其中推选，经济状况较好者，可贿赂村长而得除名。第二，每届征兵时，被征者若是乡村长之亲友，乡村长则伴称此人为公务员或真代其临时谋一职务，可免兵役。抗战前，很多人不愿意任乡村长，因为他们觉得这是责任麻烦，报酬又少的事，但现在不但没有一个乡村长愿意辞职，并且还有许多人在渴望着获得一个乡村长的职位。这自然是利之所在，趋之若鹜。②

现在没有翔实的材料说明，龙脊在"新政"推行后，村甲长贪污腐败的详细状况，但平安寨年老村民至今仍记得白凤吉很"辣火"（当地方言，意为"厉害"）。民国时期，谁都不愿意去当兵，征兵的方法是"抽壮丁"，所谓"三丁抽一，五丁抽二"，即各家各户，凡有三个壮丁的，派一个人来抽签；有五个壮丁的，派二个人来抽签，抽中者就去当兵。为了捞取好处，白凤吉等往往采取欺上瞒下的办法，要村民多抽取候选人，如果上面要求3个名额，他们就说要5个，抽出5个之后，不愿当兵的村民不得不给他们送礼，他们就按送礼的多寡免去2个送礼较多者的兵役，无钱送礼或送礼较轻的便不能幸免了。

新政推行后，龙脊地区农民负担沉重的重要原因是赋税的加重。所以，曾任龙脊村副村长的侯会庭在努力使政府免除了当地民众的"屠捐税"，并减免了粮税三分之一后，民众给他送了"力挽狂澜，一方砥柱"的软匾③。除了常规的赋税负担繁重之外，一些临时的摊派也会不期而至，如1949年农历六月的一天，贲伦安带领县自卫队窜到龙脊，声称自己是桂林专署特派员、督练官，耀武扬威，架起机枪威胁老百姓，限一天之内交大米几千斤、猪肉几百斤，并把平安寨的3个群众捆绑起来要挟。寨老侯会庭见情况紧急，找人商量后，于当晚杀了一

---

① 广西省政府十年建设编纂委员会. 桂政纪实（民国廿一年至民国三十年）上册. 1941：467.
② 珠江. 抗战中的广西农村. 申报，1938年3月16日至3月19日.
③ 廖康英. 侯会庭生平事迹. 见：政协龙胜各族自治县委员会，编印. 龙胜文史（第四辑）. 1989：89~92.

个 30 多斤重的小猪，动员了二三十人，每人拿出一两斤酒，招待自卫队，并承诺第二天抬猪到和平街卖，买米给他们，方才哄得他们离开①。国家政权对乡村汲取的加重，不仅使民众与国家政权之间的联系疏远，乃至对立，而且削弱了乡村精英与国家政权的关系。所以当地一些正直的乡村精英，自觉与政府划清界限，如寨老侯会庭在 1946 年由于反感政府所作所为，拒不接受"村长"职务，把委任状退给了乡公所。

应该指出的是，导致当地头人和群众与民国国家政权疏离的原因不仅在于人民税费负担的加重，以及乡村基层组织为完成征收任务的横征暴敛甚或贪污腐败，同时还有其他多种原因，如民国政府镇压了"瑶民起义"后，对当地少数民族变本加厉地推行同化政策，打压少数民族文化，也是造成民众和头人与国家权力疏远的重要原因之一。1935 年，镇南乡公所副乡长潘祖安和龙脊副村长侯会庭等人奉命召开龙脊十三寨群众大会，宣布"龙胜县改良风俗委员会禁令"，强迫壮、瑶群众改装易俗时，即遭到与会群众的抵制。

如此看来，新桂系推行"新政"并未能摆脱杜赞奇所说的"国家政权内卷化"②的命运。不过，在龙脊，"国家政权内卷化"与杜赞奇所考察的华北地区不同，它并非表现为保护性经纪人逐渐为掠夺性经纪人所取代，从而破坏了原来通过保护性经纪人所实现的国家与民众的文化联系，而是表现为：在国家权力对乡村社会的剥削日益加重的情况下，地方权威在保护地方利益与实现国家目标间左右为难，从而导致国家政权无法提高效益。事实上，龙脊并未出现真正意义上的"双重经纪"角色。随着国家权力的深入，地方利益的代表寨老被纳入了国家体系，赋予了双重身份：既是国家政权的代表，又是地方或村落利益的代表。结果，一方面，进入国家行政体系的寨老，与民众的联系减弱，寨老权威边缘

---

① 廖康英．侯会庭生平事迹．见：政协龙胜各族自治县委员会，编印．龙胜文史（第四辑）．1989：89~92．

② 杜赞奇借用格尔茨（Clifford Geertz）用于描述爪哇农业的"内卷化"概念来说明 20 世纪前半期中国国家政权的扩张及其现代化过程。他认为，国家政权的扩张应建立在提高效益的基础上，否则其扩张便会成为吉尔茨所描述的那种"内卷化"。国家政权内卷化在财政方面的最充分表现是，国家财政每增加一分，都伴随着非正式机构收入的增加，而国家对这些机构缺乏控制力。换句话说，内卷化的国家政权无能力建立有效的官僚机构从而取缔非正式机构的贪污中饱。更广泛地说，国家政权内卷化是指国家机构不是靠提高旧有或新增机构的效益，而是靠复制或扩大旧有的国家与社会关系——如中国旧有的赢利型经纪体制——来扩大其行政职能。20 世纪当中国政权依赖经纪制来扩大其控制力时，这不仅使旧的经纪层扩大，而且使经纪制深入到社会的最底层——村庄。（参见：[美] 杜赞奇．文化、权力与国家——1900~1942 年的华北农村，王福明译．南京：江苏人民出版社，1994：66~67．）

化;另一方面,由于国家只是希望寨老帮助完成国家目标,主要是赋税和各种摊派的征收以及社会风俗改良等任务,而未对其原来的治理原则、管辖范围和规则进行改造,即国家并没有通过机构的设置建立和贯彻国家权力的管辖权和规则,以取代寨老的管辖权和规则,从而将龙脊社会纳入国家规则的治理范围。因而,当国家利益与村寨利益发生冲突时,双重身份的地方权威或消极对待,躲避国家政权,如同侯会庭那样不接受政府任命;或者在国家与村寨利益间"走钢丝",如侯会庭哄骗贲伦安。当敷衍、推诿、拖拉成为基层地方权威常见的工作方法或作风时,国家政权在基层的权力链条是脆弱的。因而到1949年,当整个国民党政权摇摇欲坠的时候,寨老组织又恢复了运转。1949年农历七月初六,龙脊十三寨头人举行集会,商议如何应对国民党政府进行清乡靖化乡村的问题。1956年11月27日,广西少数民族社会历史调查组在出席会议的寨老侯会庭家收集到了该会议的记录①。

第三节　人民公社制及村庄"国家化"

在政治上,中国共产党推翻国民党统治取得政权常被称为"翻身"。对于20世纪四五十年代的中国人,特别是广大农民来说,这是一个耳熟能详、含义深刻的词语。美国学者韩丁(William Hinton)曾深有感触地写道:

> 每一次革命都创造了一些新的词汇。中国革命创造了一整套新的词汇,其中一个重要的词就是"翻身"。它的字面意思是"躺着翻过身来"。对于中国几亿无地或少地的农民来说,这意味着站起来,打碎地主的枷锁,获得土地、牲畜、农具和房屋。但它的意义远不止于此。它还意味着破除迷信,学习科学;意味着扫除文盲,读书识字;意味着不再把妇女视为男人的财产,而建立男女平等关系;意味着废除委派村吏,代之以选举产生的乡村政权机构。总之,它意味着进入一个新世界。②

尽管韩丁根据自己于1948年在山西潞城县张庄参加土改运动复查的亲身经历写成的、型塑了整整一代人对中国革命的理解的《翻身——中国一个村庄的革

---

① 广西壮族自治区编辑组. 广西少数民族地区碑文、契约资料集. 南宁:广西民族出版社,1987:196~197.
② [美]韩丁. 翻身——中国一个村庄的革命纪实,韩倞等译. 北京:北京出版社,1980:6.

命纪实》，被认为是美国汉学研究中革命范式的代表作，而近年来受到了兴起的现代化范式从对立的另一极对之作出了质疑和挑战①，但在国共两党政治交替的宏观背景下，中国乡村经历了一个激越的政治重构过程却是不争的事实。平安寨也不例外。

首先是村庄精英的构成和产生发生了根本性的变化。毛泽东认为："农村革命是农民阶级推翻封建地主阶级的权力的革命。农民若不用极大的力量，决不能推翻几千年根深蒂固的地主权力。"② 所以，1949 年龙胜解放后，即与全国一样开始了摧毁传统乡村政治秩序、重建新权威与秩序的行动。在中国共产党的意识形态的指导和影响下，传统的乡村精英评价标准被颠覆。按照新的标准，富人是剥削者，穷人是被剥削者，两者之间是对立的阶级关系。因而，解放初期的建政工作，在农村是以贫雇农为主要的依靠对象。1951 年冬，龙胜进行土改试点，在东、南、西、北四区建立农民协会（简称农会），共成立乡农会 17 个，县成立了农会领导机构。1952 年，各村普遍成立农会。平安村农会即于此时成立。任农会主任者，都是家境贫穷的贫雇农，在与地主斗争中有一定能力的人，如第一任农会主任廖秀峰是雇农，他家里很穷，没有田地。新中国成立前以到灵川东江去帮别人"种山"为生。所谓"种山"，是当地一种农业生产方式，砍倒烧光一片山后，第一年种玉米，第二年种红薯，第三年种树。前两年，山地主人从收获中给雇农些许粮食，第三年就没有了。所以他在新中国成立前可说是一贫如洗。他也没读过书，一个字也不认得，只因与地主斗争比较积极、得力，上级就任命他为农会主任。由于当时凡是外出都要有通行证，特别是要在外住宿的，没有通行证就要被拘留，所以让廖文龙做秘书，帮助他撰写通行证和其他公文。第二任农会主任廖福春是个贫农，也是不认得几个字，所以让廖建强做文书，协助他工作。第一届农民协会正值土改前夕，其工作主要是协助政府开展清匪反霸和减租退押，为土地改革铺平道路。第二届农民协会正值土改期间，其工作主要是在土改工作队的指导下领导土改委员会开展土改。第二届廖福春比第一届廖秀峰任职时间稍长些，直至农业合作化时农会停止活动。

---

① 张佩国．质疑近代中国乡村史的概念化书写．见：复旦大学历史学系、复旦大学中外现代化进程研究中心，编．近代中国的乡村社会．上海：上海古籍出版社，2005：222~254；陶鹤山．范式创新与终极关怀——评《中国乡村，社会主义国家》一书．见：复旦大学历史学系，复旦大学中外现代化进程研究中心，编．近代中国的乡村社会．上海：上海古籍出版社，2005：367~378．

② 毛泽东．湖南农民运动考察报告．见：毛泽东选集（第一卷）．北京：人民出版社，1991：17．

农会以阶级斗争即管制和批斗地主富农为武器摧毁旧秩序重建新秩序。经历过那个时代的 Liaofulin 告诉笔者：

> 当时农会领导的土改委员会有7人，加上土改工作队3个人，共有10个人。土改工作队住在廖康英家，因为廖康英家是地主，所以他家的房子被没收了，供土改工作队办公和居住，没收来的东西也放在那里。廖康英一家被赶到另一处老房子住。农会还领导有民兵营和儿童团。那时的管理是军事化的，民兵分3个地方住，如果有紧急任务，一喊，整个寨子的民兵都出来了。民兵专门负责寨子的巡逻。儿童团（我当时还小，才十四五岁，也加入了儿童团）每天早晨和晚上吃饭前都要到那几户地主、富农家去走一走，看在家不在家，问一下，你们今天干什么？吃什么？民兵晚上都要去喊一下，你们在家不在家？怕他们乱跑出去。如果真乱跑出去，就不得了了，要抓起来。那时对地主、富农真是蛮严格的。

平安村的农会也按照上级政府及其派出的土改工作队的要求组织批斗本寨的地主和富农，只是运动开展得不怎么热烈。因为在全寨3家地主、1家富农中，廖康英被政府和群众认为是"开明地主"，他父亲因参加1933年反抗国民党政府的起义而牺牲，他自己在1949年前也为共产党领导的游击队做一些有益的工作，所以被"另眼看待"，而且他也外出担任小学教师了，不在寨里；另一家地主，户主廖辅仁也是在外工作，只有家属在寨里；更重要的是，整个平安寨其实就是一个有共同祖先的血缘群体，寨里各户人家的关系是"血浓于水"；况且全寨贫富分化不明显，村民们大多认为这几户地主、富农是靠自己本事发家，没有什么违背道义的"为富不仁"之举，因而普遍没有什么仇恨。土改时曾任土改委员会委员的 Liaodekun 说：

> 我们寨里这几户地主、富农也就是比较会经营，所以买了一些田，盖了比较好的房子而已。他们的生活也是很节俭的。像廖康庄家经常都是喝粥，还经常来跟我们借盐吃。上面说地主剥削我们，我们不好讲什么，我们穷，没有饭吃，他们要请工，我们去做，是我们自己要去的，做了工就有饭吃，现在说地主剥削我们，我们确实不大懂。要批斗他们，可我家跟康英和康庄家都是一个家门的，怎么能去斗他们？斗不起来啊。只有辅仁的母亲被斗过一次。他母亲不太懂事。她想把一些衣物转移给女儿，免得被土改委员会没收分掉。可她转移这些衣物时被抓住了，于是大家批斗了她一次。

尽管如此，经过土地改革的洗礼，村庄精英的新标准、新形象确立了起来，地主、富农等被划为"另类",成为人所不齿的"贱民"。在财产的剥夺和再分配过程中尚留了一部分给地主,但在政治权力的剥夺和再分配中,在原先的下层阶级贫雇农成为新的主权阶级的同时,原先乡村中的权力所有者士绅或地主经济则变得一无所有①。这种状况此后通过"阶级斗争"不断巩固和强化。

　　土地改革之后,国家希望翻了身的农民不再是个体小农,于是,大力倡导和组织农民走集体化道路,以实现毛泽东"让小农经济绝种"的愿望。平安寨经过互助组的过渡,至1955年冬,建立起初级农业合作社,1956年,以土地归集体所有为基本特征的高级农业合作社取代了土地私有性质的初级农业合作社,成为平安寨的基本组织形式,到1958年,又"跃进"建立了"一大二公"的人民公社制度。在此过程中,国家始终紧紧依靠雇农和贫农、下中农,使他们的权威地位得到巩固和强化。如平安初级农业合作社的第一任主任廖康华是贫农,且是一个复员军人,曾赴朝鲜参加抗美援朝。高级社第一任主任廖东玉也是贫农。合作社下辖生产队有"三长五员"②,也都必须是雇农、贫农和下中农即所谓"成分低"的人才能担任,而"成分高"的地主、富农等始终被置于敌对地位。阶级斗争成为建立新的经济和社会秩序的重要手段之一。如1956年平安寨办高级社时,地主成分的廖海成就因为不满入社而被捕,被判刑5年。1958年搞大食堂时,公社要求各家各户把粮食交出,可农民对食堂普遍不信任,所以各家各户都或多或少藏有私粮。于是,公社就下令要民兵挨家挨户地搜。发现地主成分的廖康庄私藏有粮食后,便把他当作反对人民公社的典型抓了起来,并判了刑。阶级斗争在公社化时期延续着,并逐渐扩大化,到"文化大革命"时期登峰造极。民国时期曾任平安村副村长的廖康宁就是在1966年被批斗致死的。此前在土改时,虽曾把"伪职员"列为批斗对象,当年跟廖康宁搭档任村长的白凤吉即于土改时在其家乡桐木被批斗死,但由于廖康宁只是副村长,阶级成分只是中农,所以未受多大冲击,可"文革"时期最终难逃厄运。而这一悲剧的发生,可能与当时掌权的大队干部有关。因为大队某干部有亲戚在新中国成立前被"抽"了壮丁,他认为此事是廖康宁使坏,一直记恨在心,于是借机把他整死。

　　"百分之九十五的农民承认对于百分之五的地主阶级财产的剥夺,实际上就意味着他们承认对于任何私有财产的剥夺,也即意味着对于自己的私有财产的剥

---

　　① 周晓虹. 传统与变迁:江浙农民的社会心理及其近代以来的嬗变. 北京:三联书店,1998:158.

　　② 所谓"三长"指一个队长和两个副队长;所谓"五员"指会计员、出纳员、保管员、记分员、验收员。

夺。另外，百分之九十五的农民对于百分之五的地主阶级身份的承认，实际上意味着他们对于国家暴力的承认，也即意味着他们对于自己被压迫者地位的承认。"① 从土地改革到人民公社时期，地主、富农诚然是国家暴力的对应物，可具有反讽意味的是，广大农民在通过阶级斗争剥夺、压迫地主、富农阶级，建立新经济、社会秩序的过程中，实际上也与地主、富农等"另类"农民一样成为被剥夺者和被压迫者。随着人民公社的建立，农民的生产资料被剥夺殆尽，国家权力以整体形象全面介入乡村社会生活的方方面面，农民在生产上的自主权几乎完全丧失，日常行为深受意识形态的约束。国家对农村干部群众的控制方式包括召开会议、"办学习班"，甚或"专政"等。那时大队和生产队干部的工作方式主要是开会，包括参加县和公社召开的会议和主持召开干部群众会议，传达上级的政策精神，灌输"正统"的社会主义意识形态，安排农村的生产生活。经过那个年代的人都说，那时的干部几乎天天开会研究工作，群众大会也经常开，不像现如今的村支部和村委会，几个月都不开一次会，群众大会基本没有开。对于有悖于上级政府政策和意识形态的行为，轻者"办学习班"以"改造思想"，重者则要对之实行"专政"。如 1960 年至 1962 年间，经历了"大公社"所带来饥荒的平安寨农民不顾国家禁令秘密实行包产到户的做法被发现后，大队和生产队的干部都被集中到县和公社"办学习班"，以认清"单干"的危害性，及集体化道路的正确性。自 1959 年至分田到户之前，上级政府一直不顾龙脊地区的实际情况，要求当地农民种两造水稻，结果产量非常低，两造产量加起来不如一造高，农民抵触情绪很大。1971 年许，一个读过点书的农民写了两句话发泄不满："流泪插秧千古恨，耐等夕阳枉牺牲。"这下不得了，县公安局派人来到平安寨调查，并把一个怀疑对象抓去审问，后经核对笔迹不符，才将之释放。人民公社时期，国家权力不仅干预农民的生产，而且干预农民的社会生活。传统的民间仪式活动几乎完全被禁止，道公、巫婆被集中"办学习班"。就连家庭中的祭祖、拜神活动及一些红白喜事仪式、节日庆典也在打压之列。"文革"期间，寨中唯一的庙宇"莫一大王庙"也被一个在外读书归来的人带人拆除。

国家对农民如此全面的干预和控制之所以得以实现，首先得益于新中国成立后国家已在农村建立了严密的党政权力体制。土地改革之后，不仅中国共产党已经在农村建立和健全了党支部、农会、民兵、妇联和儿童团等组织，而且国家权力向基层农村社会的延伸，建构起了乡镇和村政权，每一户农民都已处于党政权力的网络之中。而后，随着合作化运动的开展，初级社和高级社的建立，村务和

---

① 曹树基. 国家与农民的两次蜜月. 读书, 2002, (7): 21.

社务逐渐重合，初级社下辖生产队（组），并设"三长五员"，已使村民日常生活的基本内容为初级社所囊括，村政工作日渐虚化；高级社时，整个龙脊村就一个龙脊高级农业合作社，村、社已趋合一。到人民公社建立，政社合一体制宣告形成，原龙脊高级社社长廖东玉转任龙脊大队大队长。人民公社政社合一体制必然孕育村政权力的全能性特征。尽管人民公社的管理体制，从公社统一核算、统一分配，而以大队为基础、三级核算，而三级所有、队为基础，并非一成不变，但自1961年10月中共中央决定人民公社由原来以大队为基本核算单位改为以生产队为基本核算单位，广西壮族自治区党委于1961年12月制定并颁布《关于农村人民公社实行以生产队为基本核算单位的一些具体政策问题的处理意见（试行草案）》后，特别是1962年8月，中共八届十中全会通过了《农村人民公社工作条例（修正草案）》，进一步明确了生产队是人民公社的基本核算单位之后，人民公社的大队—生产队体制稳定了下来。大队—生产队体制与传统村政有很大的不同。传统村政是一种社区公共权力体制，它主要承担社区公共职能，是一种典型的行政治理结构。而政社合一的大队—生产队体制不仅继续承担原来的行政职能，而且将权力触角伸进村庄生活的经济、社会乃至于文化领域，成为村庄生产和生活的具体指挥、组织与协调者。①

村政权力的全能化，从国家与社会关系的角度看，意味着国家权力对社区权力的遮蔽，对村庄自主性的控制。这与吉登斯（Anthony Giddens）等人对民族—国家（Nation-State）建构的论述颇为相似。从世界历史范围来看，国家政权建设是近代社会的主导过程之一。不少西方学者从欧洲中心的立场出发，以民族—国家的成长为线索，对现代国家和现代社会做了大量论述。吉登斯认为，现代社会以民族—国家为特征，其突出表现是国家与社会的高度融合，社区和人的生活不断从地方性约束中"解放出来"，直接面对国家。他说："传统国家本质是裂变性的，其国家机器可以维持的行政权威非常有限。传统国家有边陲（包括次位聚落边陲）而无国界，这一事实表明其体系整合水平相对有限。至关重要的是应该强调指出：作为'社会体系'，传统国家如何有别于现代国家。大型传统国家内部存在异质性，因而我们可以认为，它们是由'众多社会组成的'。"② "阶级分化的社会中（吉登斯把"传统国家"traditional state 称为"阶级分化的社会" class-divided societies。——引者），事实上存在的而且能由国家予以牢固控制的

---

① 吴毅．村治变迁中的权威与秩序．北京：中国社会科学出版社，2002：91.
② ［英］安东尼·吉登斯．民族—国家与暴力，胡宗泽，赵力涛，译．北京：生活·读书·新知三联书店，1998：63.

'越轨'，只见于国家的官员以及那些同他们保持正规行政联系的人。其他人只要不造反并顺从地交纳税赋（不管是货币形式、实物形式还是苦役），那么，他们在日常生活中所做的一切与'越轨'都不会引起真正的麻烦。习俗和传统在乡村社区中持久地存在着，即便它们与统治精英们的信仰和实践具有巨大的差异，它们通常仍是巩固了而不是倾向于以任何方式来动摇国家的权力。中国，一如其他地区，乡村和小镇均实行有效的自我管理，关于这一点，马克思在其对'东方农村公社'所作的著名讨论中就已指出过，而韦伯在其中国研究中又对此作了更为精深的阐发。"①"随着民族—国家的到来，国家成了一个行政和领土有序化的统一体，这在以前还未曾出现过。这个统一体不可能纯粹是行政性的，因为它所包含的协调活动预设了文化同质性的因素。通讯的扩大不可能离开'观念'上对整个共同体的把握，这个共同体是能知能识的公民总体。一个民族—国家就是一个'观念共同体'，而传统国家却并非如此。共享通用的语言和通用的象征历史性是达致'观念共同体'的最彻底的方法。"② 而盖尔纳（Ernest Gellner）也认为，传统社会向现代社会的转型是社区受国家和全民社会渗透的过程③。按照这些论述，人民公社的实践似乎推进了民族—国家的建设。然而，建立在指令性计划经济基础之上的高度集权的人民公社体制始终无法从根本上解决国家制度建设的五个基本问题，即国家的认同性（identity）、合法性（legitimacy）、渗透性（penetration）、参与性（participation）和分配性（distribution）问题，危机四伏。认同性危机主要表现在农民以窝工等形式抵制国家的集体化政策；合法性危机主要表现在农民对代表国家的基层干部假意屈从；参与性危机主要表现在农民的政治参与变成了以"挣政治工分"为目的的被动式参与，使社员大会及社员代表大会等民主参与制度名存实亡；分配性危机主要表现在"大锅饭"式的平均主义使按劳分配原则名不副实。只有渗透性比较强劲④。可是，"国家政权建设，并非只涉及权力扩张，更为实质性的内容是，它必定还涉及权力本身性质的变化、国家——公共（政府）组织角色的变化、与此相关的各种制度——法律、税收、授权和治理方式的变化、公共权威与公民关系的变化。这些方面预示着，国家政权建设能够成功取代其他政治单位或共同体、成为版图内

---

① [英]安东尼·吉登斯. 民族—国家与暴力，胡宗泽，赵力涛，译. 北京：生活·读书·新知三联书店，1998：71.
② 同上：264.
③ [英]厄内斯特·盖尔纳. 民族与民族主义，韩红，译. 北京：中央编译出版社，2002：11~51.
④ 郭正林. 中国农村权力结构. 北京：中国社会科学出版社，2005：153~155.

公民归属中心的关键,在于伴随这个过程出现的不同于以往的治理原则,一系列新的社会身份分类,不同成员权利和相互关系的界定,以及公共组织自己成为捍卫并扩散这些基本原则、权利和关系的政治实体。在理解国家政权建设方面,这些方面代表的规范性意义十分重要。它的重要性在于,国家政权建设以新的治理原则为基础建立政府组织,并用一系列制度建制支撑、规范它的服务"[1]。张静从此视角出发对人民公社制度作了深刻而中肯的分析,指出,尽管公社对农民进行以基层政权为中心、为主导的重新组织,将几乎所有的生产、经营、居住及迁徙活动都掌握在基层政权手中,主要的农业资源及其分配由基层政权支配,但这是一个生产、动员和管理的组织化过程,而非利益的组织化过程。它没有遇到强有力的抵制,原因是"经济剥削"的理论解释和"分财"的处理方法得到了大多数人的认同,平息阶级间利益冲突代替并掩盖了社会身份间可能再造的利益冲突。在新的地方权威——基层组织的重建中,传统权威的政治经济力量已经受到重创,农民被迅速地组织到新的权威周围。新的地方权威对贫困农民的经济帮助,以及后者在变革中政治地位的改变,赋予了当时的基层政权有效的社会整合作用。这种整合不是通过建立利益权利平衡的制度安排,而是通过政治变革——掌权者团体成分的变化以及经济变革——财产的公共组织支配和均分达成的。这个变革将剥夺的财产均分给最贫困的农民,从而使其成为基层政权的强大支持力量。曾有一度,基层政权和社会的利益联系达到了前所未有的程度,它甚至可以一呼百应地动员社会。但是这种动员遇到了利益结构的限制,基层政权因而强烈地依赖于"积极响应号召"的骨干带动,而主要不再以农民受切身利益驱动而积极投入为基础。"一致"利益的假定并没有实际结构的支持,基层政权和农民之间存在诸多的利益矛盾。利益分离结构在人民公社时期延续着,它使得基层政权的立场导向授权者方,它的"服务"对象有相当部分是朝上的,社会利益的满足受到进一步的约束。对这种结构来说,强化社会权力是威胁而不是安全,所以政权和其社会基础的关系越来越弱,基层政权和社会整体产生疏离。在人民公社体制下,自上而下的授权关系得到了强化,但对基层组织的官方授权,刺激的是基层干部集团内部利益组织化的发展,社会本身的组织化并没有得到相应的发展。这个过程有建立了一个可以随时使用国家名分的基层组织,基层组织有选择地贯彻国家的意图,但更多的是利用官方地位增加自己集团的政治经济利益。国家政权建设本应造成权力沿科层体系向上移动,但基层组织的巨大权力空间表明,在治理规则方面它仍然沿用以往的惯例,基层还是在基层政权的控制之中。

---

[1] 张静. 现代公共规则与乡村社会. 上海:上海书店出版社,2006:47~48.

从表面上看，虽然控制农村资源的人群变了，而且他们更多地具有官方的身份，但他们并没有实际作用于贯彻统一的、普遍的治理规则，也没有作用于增长基层社会在权利保护方面对国家法规的依赖，更没有有助于基层社会和国家体制的实质性联系①。以此看来，美国学者弗里曼（Edward Friedman）等人根据对华北平原河北省饶阳县五公村的长期调查研究所得出的结论具有一定的普遍意义。他们认为，20世纪50年代的土地改革，加上风调雨顺的农业收成，使国家与农民建立了"蜜月关系"。然而，正是农业集体化加速了国家对农村社会的控制，始料不及的后果是断送了国家与农民的密切关系。表面上，农村和农民被国家控制了，实际上却是被农村干部所控制。因为"从深层次看，抵制变迁和保护稳定的结构性因素不是受到教条主义者的政策风向的冲击，就是受到改革者的政策风向的冲击。既没有致力于转变内在的政治文化，对保定性的国家控制提出异议，也没有摧毁地方上牢固的关系网络。政治文化、国家控制和地方关系网络结合得如此之深，以至于已经不能通过特殊的政策来摧毁它了"②。平安寨土改时期在斗地主中的"家门"顾忌、"文革"期间大队干部公报私仇斗死廖康宁，以及改革开放后"家门"观念等传统文化的"复兴"等，都证明上述观点是颇有见地的。

如此看来，人民公社制度其实继续了杜赞奇所谓民国时期"政权内卷化"的特征。其原因主要是国家对土地产权制度安排的干预，国家出于单方面的利益考虑建构了集体化的土地制度，农民从一开始就被设定在从属于国家利益的角色上，因而，对该制度安排消极、冷漠以对③。其影响不仅在经济上导致了"经济内卷化"，低效率经济长期徘徊，而且在政治上，国家虽通过意识形态实现了对乡土社会的全面控制，但新的普遍性治理原则没有真正确立，致社会严重萎缩，能动性、创造性被严重压抑。

第四节 村民自治：国家与农民关系的再建构

1949年之后建构新农村的过程，包括人民公社制度的实践，是掌握社会资源的国家在借鉴先发现代化国家经验并根据马克思主义经典作家的构想，设计出

---

① 张静. 基层政权——乡村制度诸问题. 杭州：浙江人民出版社，2000：33~46.
② 弗里曼（Edward Friedman），毕克伟（Paul G. Pickowicz），赛尔登（Mark Selden）. 中国乡村，社会主义国家，陶鹤山，译. 北京：社会科学文献出版社，2002：371~372.
③ 董国礼. 政权内卷化及其影响下的农业经济绩效. 学海，2001，(1)：132~135.

改造乡村社会的理想蓝图，然后通过严密的政权体系实施的过程。在建构理想的指导下，国家希望对乡村实行彻底改造，以建立一个与旧秩序毫无联系的新社会①。然而，这种纯粹从国家的视角出发的"极端现代主义"的计划注定是要失败的。因为"被设计或规划出来的社会秩序一定是简单的图解，他们经常会忽略真实的和活生生的社会秩序的基本特征。……任何生产过程都依赖于许多非正式的和随机的活动，而这些活动不可能被正式设计在规划中。仅仅严格地服从制度而没有非正式和随机的活动，生产可能在事实上已经被迫停止"②。"'三级所有，队为基础'的人民公社制度在实际运作中暴露出一系列的弊端，克服这些弊端的传统办法是超经济的政治强制，是持续不断地开展阶级斗争和路线斗争，是不遗余力地向农民灌输社会主义思想。但是，经济不会长期听任政治的摆布，经济演变的逻辑或迟或早会冲破政治的樊篱而表现出它的不以个人的意志为转移的特征；社会不会长期听凭与之不相适应的制度的控制，它或迟或早会迫使制度朝着更适合于它的发展的方向变革。"③20 世纪 70 年代末 80 世纪初，随着农业经营体制从集体经营转变为家庭经营，人民公社组织的凝聚力迅速弱化，原来的社会秩序受到强烈冲击，广西宜山、罗城一带农民面对社会秩序的激烈动荡，以自己的首创精神自发地建立了新的组织形式——村民委员会，实行新的农村管理机制——村民自治④。然而，村委会和村民自治在全国范围内的建立和实行，并不纯粹是诱制性的制度变迁，而是诱制性与强制性相结合的制度变迁⑤。中国共产党尊重实践，尊重人民群众在实践中的创造，对之积极支持、引导和推广。1982年 8 月，中共中央发出第 36 号文件，指出建立村民委员会的经验是成功的，要求各地有计划地建立村民委员会试点。同年底，村民委员会正式载入宪法第 111条，并规定了其为群众自治组织的性质。村民委员会及其村民自治遂得以合法化，开始在全国范围内推广。1983 年 10 月，中共中央、国务院发布《关于实行政社分开建立乡政府的通知》，要求各地把政社分开，建立乡政府，并就如何建立村民委员会作了具体规定。1984 年，全国各地普遍开展了撤社、队建乡

---

① 吴森．决裂——新农村的国家建构：江汉平原中兴镇的实践表述（1949～1978）．北京：中国社会科学出版社，2007：278．
② [美] 詹姆斯·C. 斯科特．国家的视角：那些试图改善人类状况的项目是如何失败的，王晓毅，译．北京：社会科学文献出版社，2004：6．
③ 张乐天．告别理想——人民公社制度研究．上海：上海人民出版社，2005：339．
④ 徐勇．乡村治理与中国政治．北京：中国社会科学出版社，2003：3～13．
⑤ 周振超．农民社区自治组织产生与发展的政治社会学分析．安阳工学院学报，2005，(4)：55～58．

(镇)、村的工作。龙胜各族自治县是1984年8月完成这一工作的,和平公社改为和平乡,平安村从龙脊大队中分出。从此,人民公社制度退出了历史舞台,龙胜各族人民与全国人民一道进入了一个新的时代。

  经济体制改革和公社的解体,使农民获得了财产权利和身份自由,给乡村社会利益和社会秩序的变动以巨大影响。诚如王沪宁指出:"经济体制改革之后,社会体制中的行政体制逐渐松散,作为一种秩序,其在失去调控手段之后,秩序的功能也逐渐削弱。这时,从行政体制中脱离出来的村民被自然地纳入到村落家族文化的秩序之中。"① 在改革开放之后,平安寨与全国许多农村一样,出现了"传统的复兴",其中一项重要内容即家族(家门)文化的复兴。1988年,平安寨成立了一个有38人的组织,梳理家族历史,撰写族谱,并到兴安县联宗祭祖。从此,各家门恢复了"清明会",每年清明节,"清明会"都组织各自家门开展扫墓和联谊活动。除此之外,作为家族文化的衍生,1985年,平安村成立了老人协会。每年重阳节前后,老人协会都有出墙报、座谈、聚餐等活动。不论是清明会,还是老人协会,都表现了民间权力的若干功能。他们通过宗族历史的追溯、族谱的修订和祭祖仪式等,造就了"同意权力"和"教化权力"。同时,他们通过引用传统规范,明长幼之序,鉴亲疏之别,对社会关系进行协调。"然而,由于村落家庭共同体长期以来已经被削弱,已经没有往日那种较为严格的体制,并且尚存的秩序因素又与社会秩序的原则不相符合。于是,脱离了社会秩序的村民便没有了必要的规范,仅有的规范并不足以约束村民的行为,也不足以维护社会秩序。实际上,现在大部分村民正处在无调控的状态之中"②。尽管平安寨各家门都复又形成了家族组织的形式——"清明会",但"清明会"的作用仅限于祭祖仪式,而且是家门内各家各户轮流主持,没有一个常设的组织。在婚丧嫁娶等仪式上,家门内外的身份不同,责任和待遇明显有别,因而家门的意义显而易见,可在现实生活中,同一家门的人家也会因生意利益而争执,不同家门的人家也会因生意利益而合作,这在平安寨已是屡见不鲜的事。尤其在旅游开发之后,更是司空见惯。各家门之上,整个寨子虽然复有了"寨老",但如今的寨老已不能像新中国成立前的寨老那样发挥作用。至今健在的寨老 Liaofulin 一语中的:"从前寨老决定的事有人去办,现在没有了。因为你不能给人家什么,手下自然就没有人了。"事实上,改革开放之后,自然形成的"寨老",已没有了独立发

---

① 王沪宁. 当代中国村落家族文化——对中国社会现代化的一项探索. 上海:上海人民出版社,1991:242.
② 同上.

挥实际作用的可能。不论是从教师岗位退休回家的 Liaokangying，还是长期在本大队、村担任会计的 Liaofulin，都被吸纳进入村支部或村委会，借以发挥他们经验和声望的作用，可这种作用只是象征性的。至于老人协会，是由村委会的提议成立的，自成立之日起，就是村委会下的一个"民间组织"，每当重阳节座谈、聚餐，必邀请村干部到场并讲话。而且其发挥"教化"作用也仅限于一年一度的重阳节前后。可以说，"家门"、"寨老"等作为一种表征符号，作为一种观念，或许还将继续影响着农民的社会生活，但作为一种组织，作为一种制度，已不足以规范村民行为，维护社会秩序。从整体上看，平安村的农户越来越趋于分散，即有的学者所归纳的"原子化"———一方面，农户间的社会联系趋于薄弱；另一方面，农户在追求自己利益时，以个体而不是以群体的形式行动①。

随着行政体制的松散和人际关系的疏远，传统社会规范的制约作用大大减弱。20 世纪八九十年代，平安村发生了村民长时间持续偷砍滥伐村林场树木的事件。以下是 Liaokangying 日记所记录的几次会议情况，从中可以看出当时事态的发展是持续蔓延，屡禁不止，令村干部无可奈何。

  1991 年 7 月 3 日晚

  平安村公所召开支部、村干、组干会议

  到会：Liaofujun、Liaoguoqing、Shiguijiao、Liaofulin、农科员、林业员、组干共 15 人

  关于林场被偷伐木材问题

  Liaodaosong：帮他人扛一根，给我三块钱。他是谁人？黄洛要罚 Longwu，他讲砍平安的。

  Panlongwu：我是砍黄洛的，我没有讲砍平安的。Longting 也砍队里两兜树。

  Liaodaosong：Longwu 砍黄洛的两株，Longting 先砍两兜。

  Panlongwu：砍两兜是黄洛队的。

  Liaoguoqing：那天我去林场，看你在林场用柴刀砍那兜树，当时我制止你，现在那株不见了。

  Liaodaosong：我是看见别人砍了许多树，你们不处理，我也去砍一株先，所以我去砍了两株。我要 Daoying 证明，谁知道 Daoying 也砍林场木头，现在黄可给汉林证明。

---

① 孙立平. 转型与断裂：改革以来中国社会结构的变迁. 北京：清华大学出版社，2004：255.

Zuan：Daosong 你砍我的树是事实吗？

Daosong：那我是承认了。我愿意还给你。先前我认为是 Daohuang 的树，Daohuang 也砍了我很多树。

Shiguijiao：那天我在林场遇到你，否则你就砍了吧？

Daosong 答：若不遇见人，我当然砍那株树了。

有人问：Longwu，那两株树是你扛去的吧？

Longwu 答：是，那两株树是我扛的。

有人问：Daosong，你是不是砍林场竹子？

Daosong 答：那根竹子是事实的，我承认。

群众 Liaoguopei 大胆批评村干部对于处理偷窃不力。

1991 年 8 月 16 日晚

村部通知 Liaodeqiong、Liaoguoli 到村部交代偷砍木材问题

Liaodeqiong、Liaoguoli 无故不到，已到晚 11 点多。

村部到会有 Liaoqizhao、Shiguijiao、Liaolongen、Liaofulin、Liaokangying

决定再用文字通知，17 日晚调来。

1992 年 1 月 28 日

平安村支部召开支委会

到会有 Liaofujun、Liaoguoqing、Shiguijiao、Liaodongwei、Liaokangying，全部到齐 5 人。

Liaofujun 支书讲话：

(1) 多年来，我们支部在同志们的努力、群众的支持下，我们胜利地过来了，希望我们支委同志要树立信心。只有社会主义才能救中国。今晚支委会上，我讲要搞好平安村工作。我今晚向大家宣布：我过年后主动让贤，希望新的成员早日上来。

(2) 目前平安村形势大乱，集体山林和私人承包山都受到破坏，乱砍滥伐。

Liaoguoqing 讲：分村以来（1984 年"撤社改乡"时，平安村从龙脊大队中分出。——引者），工作越搞越差，主要是自己年老无力，不能胜任工作，因此村里出现不少问题。请上级考虑，我是坚决不搞了，干部不能搞终身制。

Liaodongwei 讲：今晚我认为是研究如何齐心搞好当前工作，而不是叫支书、村长离职。村干部是由乡组织指派的，今晚开会，支委会怎能研究决定呢？群众意见是什么意见？是哪些人的意见？如果你们听到意见就不干了，就中了一些不怀好意的人意图了。昨天我砍了三兜树还我的钱，我去砍了，现在要求村干部去量树，多的由买树者补交钱。集体林场到现在有千把兜树被砍去了，种树的人不得受益，而不种树的人去偷砍。

　　Shiguijiao：今晚支委会不要讲当不当干部的问题。日后当不当由上面处理，现在支书、村长、文书都讲不干了，这样怎么行？护林员被打已汇报，上面又不下来。林业员也被打，汇报上级又不及时处理。Dongwei 你要砍树还你的帐 40 元，不应该砍这么多兜，40 元你砍了三兜（都适合于正柱）。

　　清末民国之时，龙脊人通过"家门"、"寨老"用"革逐"、"活埋"和"沉塘"等手段惩罚偷窃，是以民风淳朴，夜不闭户。新中国成立后至人民公社时期，盗窃也为当地人所不齿、所不敢。可如今，盗窃几乎是明目张胆地进行，禁而不止。它反映了人民公社解体后村民的无调控状态。之所以如此，是因为传统的权力机制已丧失功能，而新的权力运行机制尚未健全与完善。在人民公社时期，国家权力通过"三级所有，队为基础"的体制重构了中国农村，这一时期的村庄之所以能够作为一个社区或单位存在，主要靠的是村庄即当时的生产队具有由国家力量所建构的一种新型权力。这种新型权力有生产资料集体所有、工分制度、统购统销制度以及户籍制度等一系列制度所维系，是制度型权力。它是国家权力深入村庄时被赋予的，具有普遍性和强制性的特点，对村民形成强有力的支配能力。分田到户后，随着国家权力从乡村社会的不断上收，国家开始实施农民本位取向的改革，国家法律和政策支持村民抛开乡村两级组织直接面对国家，致使村组制度型权力不断弱化[①]。后公社时代的乡村治理方式是"乡政村治"，即在乡镇建立基层政府，对本乡镇事务行使国家行政管理职能，而在乡镇之下，由村民自己管理村落基层社会事务。这一治理方式是由国家政权的向上收缩造成的，其目的就是要给基层更多处理本地方事务的自主权力，激发和激活乡村基层的内在动力与活力。在经历了人民公社制度的实验之后，中央政府和广大人民已深刻地体会到，国家权力作为从社会中产生而又自居于社会之上并且日益与社会

---

① 申端锋. 二十世纪中国乡村治理的逻辑：一个导论. 华中科技大学学报（社会科学版），2006，(4)：103~109.

相脱离的力量,要想有效地发挥作用,必然要和社会发生密不可分的联系。国家权力的运行方向是自上而下,其目的是控制社会资源,整合社会力量,保持社会的和谐有序,但权力往往会导致腐败,绝对权力绝对导致腐败,要想防止国家权力变成可怕的"利维坦",必须对其进行约束。一是在国家权力内部实行分权和制衡;二是充分发挥自下而上的社会力量和社会权力的作用,以权利制约权力[1]。而由于国家政权的收缩,国家和社会的界线明晰化,由原来在人民公社体制下没什么地位的生产大队转变而来的村庄,在当代中国乡村政治中的地位凸显了出来,成为国家和由具有一定生产自主权的农民组成的社会的交界点。"国家权力要通过村下沉到村民之中,村民则要通过村进入国家生活,并在村的范围内行使民主自主权。村因此成为最基本的政治单元。"[2] 人民公社时期强调"三级所有,队为基础",生产队拥有集体资产,在土地承包之后,这种所有权的代表上移到了行政村。在"乡政村治"格局下,行政村作为国家与农民之间的一级组织,不仅在经济上成为农村资产的合法代表,而且在政治上成为村庄的合法管理者。表面上看,村庄已为村民自治提供了基础,村委会已是村民自治的代表。可是,不应忽视的是,"与西方地方自治是经过长期自然生成而得到国家法律认可的路径不同,中国的农村村民自治一开始就有国家立法以授权的性质,即村民自治是基于国家难以通过单一的行政管理有效地治理社会而将部分治理权下放给基层,并在这一层次实行直接民主的方式治理"。[3] 中国实行村民自治其实是一种外来制度的嵌入,在此过程中,中国的村庄经历了建构和解构[4],村民自治作为一种理念和外来制度,在改变着乡土中国的同时,也为中国乡土社会所改变和形塑。以平安村的情况看,其作为行政村只是一个靠行政力量建构和维系拥有共同财产的单位,缺乏社区的认同,所以,它实际上成为各种力量相互竞争和冲突的场所。这种冲突首先来自于资源的分配。"平安村"在人民公社时期属龙脊大队,1984年,龙脊大队一分为二,其中的8个生产队,即平安1~8队,变为8个村民小组,即平安1~8组,组成平安村。8个村民小组中,平安1~5组和8组集中在平安寨,平安6组和7组分别集中在中禄寨和二龙寨。二龙寨也就成了平安村二龙组。因为"平安村"并非村庄共同体意义上的"集体表象",随着国

---

[1] 周振超. 农民社区自治组织产生与发展的政治社会学分析. 安阳工学院学报, 2005, (4): 55~58.
[2] 徐勇. 中国农村村民自治. 武汉: 华中师范大学出版社, 1997: 3.
[3] 徐勇. 村民自治的成长: 行政放权与社会发育——1990年代后期以来中国村民自治发展进程的反思. 华中师范大学学报(人文社会科学版), 2005, (2): 3.
[4] 王晓毅. 村庄的建构与解构. 三农中国, 2006, (2): 110~127.

家权力的撤退，其作为一个单位的存在即受到了来自二龙组的挑战。起因是一片山林的归属问题。二龙屋背山山林是1964年的集体造林，后随着村庄区划建制的变更相继归属龙脊大队和平安村。20世纪80年代末，农村生产资料集体所有制逐渐瓦解后，二龙组指认这片山林归该组村民，于是与平安村支部和村委会发生纠纷。Liaokangying日记记录了平安村支部和村民委为解决此纠纷多次开会的情况：

1989年7月4日

乡政府司法组召开平安村代表和二龙组代表会议，讨论二龙屋背山场权属问题。

Liaoguoqing讲：64年集体造林，66年划片。二龙屋背山、高岸、花兰、平安屋背山、九雨山、龙虎山一带划为集体公山。

Liaofulin讲：此山权属问题，我认为是没有什么争议。今天划片的委员多数人还在，当时怎么研究，怎么划法，如实讲出来，不能推翻历史，也不能伪造历史。

Liaofuzheng讲：1966年我回来当干部，山场划片是清楚的。二龙屋背山原来是光秃秃的，当时谁也看不上眼。凡是集体造林的，是属于集体山林。

1989年9月7日

平安村公所召开会议，研究村与二龙组争执二龙屋背山山林权属问题。

《森林法》第三条：全民所有的和集体所有的森林、林木和林地，个人所有的林木和使用的林地，由县级以上地方人民政府登记造册、核发证书，确认所有权或者使用权。

森林、林木、林地的所有者和使用者的合法权益，受法律保护，任何单位和个人不得侵犯。

第二十二条第三段：宜林荒山荒地，属于全民所有的，由林业主管部门和其他主管部门组织造林，属于集体所有的，由集体经济组织组织造林。

第二十三条第二段：集体所有制造林归该单位所有。

原来划片、林地权属问题，前次Liaofuzheng同志已讲清楚。历史的事，今天不能否认和随便推翻。

乡政府已于七月四日作出了第一次司法调解，判集体造林永归集体。Liaodezhou同志宣布。第二次调解又于1989年9月8日举行。原因是：二龙组企图将集体山林划为私人自留地，想推翻1966年集体划片方案和决议。

1989年9月8日
二龙屋背山山林权属调解会
到会人员：

平安：Liaokangrong、Liaofuren、Liaoguochun、Shiguijiao、Liaofulin、Liaoguozheng、Liaoyuzhong、Liaohainian、Liaoqiming、Liaoshaosheng、Liaodaozhi、Liaoyuanxiu、Liaodongyu、Liaokanggui、Liaoshaokuan、Liaohaishan、Liaokangying、Liaoguoxing、Liaofujun、Liaoguoqing

二龙：Liaodonghuan、Liaohaikui、Liudaozhong、Caijinghui

乡政府司法助理：Liaodezhou同志

原定上午十时正开会，Liaodonghuan十二点五分才到，二龙的其他三人十二点半才来。十二点四十五分钟才开会。

划片副主任Liaokangrong讲：屋背山原是荒坡，集体造林是属集体所有。

Liaokanggui讲：当时支书Liaofuzheng上林场开会，向群众宣布过，二龙屋背山多少面积，高岸多少面积，九雨山多少面积等，是属于集体所有，林场要管起来。怎么屋背山划给二龙呢？

Liaodezhou同志：我将双方的意见和要求向政府、人大、党委三大班子汇报。

1993年4月14日
村部召开会议

村长讲：关于村与二龙组争执山场问题。有人建议：平安片要高岸、九雨，二龙要屋背山。这样的主张是瓦解集体，因为二龙也属于平安村，不是属于其他村。二龙组没有村干，他们怎么干就怎么干，这是特意制造分裂。蔡家屋背和双河口对面两处山林也是平安村山场，二龙组以每处5000元的价格出卖，是二龙组出卖黑山。听说二龙组花160元招待处纠办，只是不知道是什么时间地点。

1993年4月19日
村部开会

到会人员：Liaokanggui、Liaozhenghuan、Liaoqiming、Liaolongen、Liaoguozhong、Liaodongyu、Liaozhizhou、Liaoyuanxiu、Liaoyuanping、Liaodaoyong、Liaoyongsheng、Liaofujun、Shiguijiao、Liaoguozheng、Liaoqingrong、Liaoshaoxian、Liaoshaodong、Liaoguoan、Liaoyuzhong、Liaoshaosheng、Liaozhiguo、Liaohainian、Liaodaohuang

会议决定：

(1) 要人去龙胜了解情况。

(2) 要准备钱上告。

(3) 村干部要顶起腰，如果归二龙，我们村干部就不当了，请上级派人来挂职。

县处纠办个别同志，不顾历史事实，偏听偏信二龙组的 Liaodonghuan、Zoulongjiang。Liaodonghuan 43 岁，Zoulongjiang 24 岁，1964 年平安村集体造林时，Liaodonghuan 才 12 岁，Zoulongjiang 还未出世。

二龙组编造假象：

(1) 说什么自解放前此山是韦茂龙的祖业山。

(2) 从土改后到62年至今此山一贯是二龙组经营。如果真是这样，他们早已分到户，杉树早已砍光。

(3) 为讨得政府同情，说什么二龙组已将龙角山等处180亩山场划给平安片。

(4) 还说什么平安村干部看不起他们，不照顾他们，解放到1985年已36年了，过去从不吭声。

"当村庄越来越趋于松散，村庄的整体性被破坏的时候，村级组织也开始越来越独立于村庄，成为具有独立利益的组织。尽管他们可能是民主选举的，他们的成员也来自村庄，但是他们要在各种利益的纠葛中生存，并在这个过程中扩充自己的利益，就要学会在各种关系中保持自己相对的独立，他们既不能完全站在村民一边，也不能完全成为政府的基层机构，他们在两种关系中寻找一个平衡，并在这个平衡中实现自己的利益。"① 华中师范大学的徐勇教授认为，在新体制下，村干部扮演着政府代理人和村民当家人的双重角色②。可这"代理人—当家人"模式应该只是一个理想形态。正如有的学者指出，村干部的村治实践并不完

---

① 王晓毅．村庄的建构与解构．三农中国，2006，(2)：121．

② 徐勇．村干部的双重角色：代理人与当家人．见：刘青峰，关小春，编．90年代中国农村状况：机会与困境．香港：中文大学出版社，1998：153~166．

全符合"代理人—当家人"模式,部分村干部以乡村权力结构中的特殊地位为基础,以掌握的乡村话语权为依托,穿梭于国家和农村社会之间,躲避各种矛盾,推脱应有责任,谋求自身利益,成为政府和农民之间的"翻译者"①。在平安村,乡级权力对村民委的影响是非常之大的。虽然村民委员会不是基层政权的一部分,而是基层群众性自治组织,但政府的工作终究要落实到村庄,国家的功能性权力依然要下沉到村。尽管我国法律明确规定,乡政府与村民委是指导和被指导的关系,而非领导与被领导的关系,但由于乡村公共权力的分化及治理主体的多元化,乡(镇)、村和村民之间逐渐形成一种"博弈关系",而政府、村级组织和村民合作运用公共权力管理公共事务的工作方式尚未形成一种习惯②,政府行政管理难以依法达成与自治权力的良性互动。乡级权力制约和干预村级权力的主要途径之一是村党支部的人事任免。按照我国现今法律,村民委干部通过群众选举任免,上级党委政府干预属违法,但村党支部的人事任免在乡党委的职权范围之内。2005年,和平乡就免去了平安村支书 Liaoweiyuan 的职务,表面原因是该支书无故不参加一个重要会议,实际上是该支书"不听话",在平安村民与旅游公司的矛盾中,站在村民的立场上。村民委是在村党支部的领导下工作,而且村民委成员与党支部成员很大部分的重叠。所以,乡级权力对村党支部的人事任免权其实严重影响到了村民委的权力运行。乡级权力制约和干预村民委的另一种途径是通过操纵村民委选举对村级权力施加影响。如 2005 年的村民委选举,群众就普遍认为是由乡党委、政府从中操纵。因为现任村民委主任 Liaoyuanhuan 只有小学文化,上一届任村民委副主任,就表现不佳,私心杂念重,工作很不负责任,且有好赌恶习,群众普遍不满,但却硬是"选"上了。村民 Liaoguangmei 说:"村主任 Liaoyuanhuan 原是副主任。2005 年 3 月与旅游公司谈判时,明显是站在公司一边。但他家门人多,选上了村主任。这一届选举显然是乡政府操纵的。乡领导说选别个搞不来。选举也不是当场唱票,第二天才开票,我们都怀疑有问题。"

乡级权力操控村干部的目的是要他们为之完成诸多的行政任务,如税收、计划生育及协助政府调处纠纷等,可这些村干部未必就是基层政府的"代理人"。因为村干部没有离开村子的可能性,与村民"低头不见,抬头见",当政府与村

---

① 李军,朱新山."翻译者"模式与村治实践.中共南京市委党校南京市行政学院学报,2005,(1):45~49.

② 黄天柱.治理视野中的乡村政治:走向合作之路.中共浙江省委党校学报,2002,(1):70~73.

民发生矛盾时，村干部往往以不出面的方式逃避矛盾。以下事例充分反映了村干部周旋于政府与村民之间的策略型行为特征：

20 世纪 80 年代末，龙脊附近山上发现了金矿。从 1989 年开始，龙脊村有一批村民买了机器采金，分别污染了平安村农田 125 亩，黄洛村农田 30 亩。1990 年，平安、黄洛两村通过乡政府与采金者交涉，要求缴纳污染费予以补偿，但采金者不予理睬。平安村群众便将采金者打矿石的机器强行抬回存放在村部。1991 年 5 月 10 日，龙脊村采金者趁平安村干部赴乡开会之机，纠集一伙人闯到平安村村部，破门而入，将机器扛走。1991 年 5 月 12 日，乡政府召集龙脊村、平安村和黄洛村的村干及村民代表调解此事。Liaokangying 日记记录了当天会议的情况：

1991 年 5 月 12 日

乡政府：Panxiuen 副书记、Shiyulin 秘书、Liaokeye 团委书记、矿产局 1 人。

龙脊村：Panruilong 支书、Pantingfang 村长；代表：Hourongzhi、Liaochunning。

平安村：村干、群众 20 多人。

黄洛村：Panyonggui

Panruilong 支书讲：良田污染要协商解决，以后开采要先商量好。关于砸锁撬门私台机子一事，要追查责任。是谁带头？

Pantingfang 村长讲：因原来未达成协议，拖了下来，从现在起要商量好。砸门的事由上级按法律来解决。

平安村代表 Liaodongbao 讲：先解决污染费问题，日后要以协议为准。

平安村支书 Liaofujun 讲：9 日，龙脊村有 Liaozhaoyun、Panweishan、Panrongqiong、Houjiangong、Liaozhiqing、Hourongchang、Pantingjian 等代表来商量，没有达成协议。第二天就来撬门抬机子。原来由乡长 Zhaoshimin 在场面议，要采金者赔偿损失 3000 元，但龙脊采金者不同意。

平安村 Liaofulin 讲：研究一条解决一条，先讲污染费，什么时候交款？第二步，再商议排污沟问题，要有协议书。第三个问题，撬锁事件要由上面解决。

黄洛村 Panyonggui 讲：我们曾多次到矿山交涉，采金人迟迟不理，反驳我们偷机子，还扬言要罚我们的款，我们要污染费 900 元。

Hourongzhi 讲：污染费解决 3000 元。

Liaochunning 讲：我代表龙脊群众向良田受害者赔礼道歉。过去我们不来和你们商量是不对的。开沟的事，我们是与户主商量过了。3000元是包括黄洛的。开沟占田损失费不在这 3000 元之内。

Panruilong 支书讲：污染是去年的，原来有 30 多台机子，怕出钱都逃跑。现在有 10 台机子愿筹集 3000 元。要求平安群众原谅，只好想，平安 2600 元，黄洛 400 元，就可以解决了。去年要求每台机子交 40 元，当时没有收。

Panxiuen 副书记讲：今晚达不成协议。日后龙脊挑矿到别处打。群众轰起来了，发生问题要由乡里负责。

但 5 月 12 日的会议没有解决问题。1991 年 9 月 8 日晚，龙脊村有几个人闯到平安村村干 Liaoweiyuan 家，要他交出丢失的打金矿机子的零件，激怒了平安村村民，差点酿成冲突。

在此事件中，平安村群众将采金者打矿石的机器强行抬回是得到村干部默许和支持的，因而抬回来的机器存放在村部。龙脊村采金者 1991 年 5 月 10 日纠集人闯到平安村村部将机器扛走，以及 1991 年 9 月 8 日晚，龙脊村有几个人闯到平安村村干 Liaoweiyuan 家，要他交出丢失的打金矿机子的零件，龙脊村的村干部也是知道的，但他们不制止，因为他们不想得罪村民；他们也不到场，因为他们知道这些行为为政府所不许。在政府出面调处时，他们都表态说要由上级依法处理，貌似政府的"代理人"，但提出的具体方案又有袒护本村村民的明显倾向，而且在实际的处理过程中没有履行政府"代理人"应行之职责。

可要他们成为村民"当家人"的愿望也犹如水中捞月，尤其是当村庄利益与政府或企业利益发生冲突之时，简直就是缘木求鱼。这在他们对待村民与旅游公司矛盾的态度上，表现得最为明显。平安寨 1993 年开始卖票供游客进寨观看梯田，1995 年县旅游部门开始介入，于是有了合作经营。自 1998 年，平安村第一次与旅游公司签订为期 3 年的共同经营平安寨旅游的合同后，至 2005 年已 3 次签订合同。从 2002 年续签合同开始，每次的续签谈判，都是村民与旅游公司矛盾表面化的时候。因为该旅游公司是国有股份企业，有政府背景，所以旅游公司与村民的矛盾在当地被理解为政府与村民的矛盾。为了在政府和村民间寻求一种平衡，每临谈判，村干部就要每个村民小组推出两个村民代表参加谈判。谈判中，村民代表的态度是积极的、鲜明的，而村干部的态度多是模糊的、暧昧的。这固然使村干部在村民与政府的冲突中获得了缓冲的空间，处于一种比较超然的地位。但长此以往却使之失去了村民"当家人"的资格。2005 年，平安村在政府压力之下与桂林龙脊温泉旅游有限责任公司签订了一临时协议，该旅游公司于

2005 年上半年支付平安村"梯田维护费"15 万元,但村干部至今没有去将此款取回。该临时协议至 2005 年 6 月 30 日期满后,本应尽快协商签订新协议,但村干部也不过问,因为他们已难以充任"当家人"。

实际上,当村干部只能在政府与村民之间周旋、寻求平衡的时候,他们就必然会经营权力,实现自己的利益。平安村干部经营权力的方式之一是经营集体资产。村里最大宗的集体资产是"连心阁"酒店。该店 2002 年由定点到龙胜各族自治县扶贫的广西壮族自治区新闻出版局出资 17 万元援建。建成后,村里将之出租。2003 年村里的 Liaoyanli 和 Liaozhonggen 两户人家联合租赁该店,每年租金 13888.00 元,合同一签 4 年,从 2003 年 9 月 30 日至 2007 年 9 月 30 日。但合同尚未到期,两人就终止了租赁。后来,"连心阁"又换了两个老板,现在的老板是从龙胜县城来的,每年租金 18000.00 元。这笔收入由村干部掌握,如何使用不清不楚,村民普遍认为村干部经济上"不干净"。既是"寨老"又是村党支部委员的 Liaokangying 在 2003 年 5 月 14 日的日记中,用一首诗表达了群众的不满:

> 财务公开要实行,广大人民最关心。
> 拖泥带水明不了,空话千篇也不清。
> 久盼财务要公开,为何长期未出来?
> 到底原因是何在?莫要群众把事猜。

平安村干部经营权力的另一种方式是利用自己代表国家行使权力所获得的特殊身份,编织利益网络,为自己谋取利益。如现任村民委主任 Liaoyuanhuan 平时村里的事很少过问,开会也经常不参加,甚至县、乡领导找他开会也经常找不到人。可在 2005 年桂林龙脊温泉旅游有限责任公司出资 32 万元,铺设平安寨及通往各景点的石板小路时,他就利用其特殊身份悄悄地承包了这项工程,此事连很多村干部都不知晓。为了保密,他组织施工队都不要本村人,而到伟江乡去组织民工。

既然村干部经营权力以谋取独立利益,与村民有利益冲突的旅游公司便以各种方式拉拢之。如像上面所说的给某村干部予项目工程,或组织村干部外出旅游等。2006 年 7 月末,旅游公司就以考察的名义组织了平安村的村干部到张家界旅游,引起了群众的议论:"村中能说一点话的,公司就给甜头,封嘴。"而对于群众来说,经营权力以谋取独立利益的村干部给他们的印象就是,有利可图的事就抓,无利可图的事根本不理,所以没有什么威信。以往每年农历七月半,寨老和村干部都会组织每家每户义务修路,群众也很自觉,可这些年村委会都没有组织,群众也没有了自觉性,组织不起来了。现任村民委副主任 Liaocuiyun 说:"以前五六十年代至七八十年代,每当有节日庆典,村里都搞一些集体活动,如篮球和拔河比赛等，可近十多年来，村干部都不张罗这些事，估计也组织不起来了。"村级权力给村民提供的公共产品越来越少。这些状况，从以下抄录的Liaokangying2002年1月8日的日记可以窥见一斑。

2002年元月8日

县、乡领导来平安村检查开展学习"三个代表"重要思想情况。

九点钟了，支书、主任都还未到会。

Liaoyuanxin支书作三年来的工作总结：

（1）协助旅游部门开展旅游事业，公路、征地问题得到了解决。

（2）不幸受灾，及时领导受灾户重建家园。

（3）修建平安小学大楼。

（4）消防工作。消防池很快就要完工。

问题：

（1）旅游事业发展存在一些问题。

（2）环保工作做得还不够好。

（3）冬天发展农田优势做得很不够，影响景点和景观。

（4）班子问题。工作还很不协调，主要是主要领导不抓责任。我们班子4人中就有3人建房，所以忙于自家事务，对集体事业抓得不狠。

Liaocuiyun同志（村民委副主任。——笔者注）讲：我们班子讲团结又不太团结，有时支书讲一套，主任又讲一套。我是个副的，不知所从。主任今晚又不来。有时班子中，还像小孩子一样，你骄我傲。学习"三个代表"像这样下去怎么能搞好工作？以后工作我希望班子要团结。

Liaoyuanzhong同志（村支部委员。——笔者注）讲：支部会开少了些，党员做事要走在前面点。村干部要深入群众，吸取群众意见，向群众学习。平安村这两年，组干会开得少了。如果我们常听群众意见，改进工作，什么工作都能干好。现任班子成员，不管连任还是落选，都要有为人民服务的思想。

Liaoyuanxin同志作自我检查说：我是落选支书岗位仍任组织委员，今年又任支部书记，但工作急躁。我家庭负担重，没有时间做细致工作。我和班子成员，有时做得来，有时又做不好。原因是我性情急噪，会议开得少了。有的党员屡次不参加，会后又发表议论，因此，我对党的组织有些心灰意冷，失去信心和决心。

Liaoweiyuan同志（村支部委员。——笔者注）讲：我最大的缺点是把学校工作丢掉了。我没有什么工作经验，人性又懒，工作没有把握,又胆小怕事,有人吵点,我就怕了。

Liaocuiyun 同志讲:我只是懒得看书,所以事情就不太懂。

Mengyongzhang 同志(联系平安村的乡干部。——笔者注)讲:我来平安两年了,能与群众打成一片,今年在乡工作多些。平安村领导班子的凝聚力不强,缺乏互相沟通,工作不够协调,各讲各的,使群众不够信任。

Tangxiujiao 同志(县宣传部副部长。——笔者注)讲:今晚会议是成功的,但村民委主任 Liaohankun 同志没有到会。平安村领导班子主要存在以下一些问题:

(1) 班子成员沟通不够。
(2) 财务不公开,引起群众不满。
(3) 战斗力不强。
(4) 学习不够认真。

但开展批评与自我批评做得不错,各位成员的自我解剖是中肯的,廖老(指 Liaokangying。——笔者注)对班子提出的意见是正确的,每个干部不能放松思想,要给群众交出一份完整的答卷。只要你们领导班子振奋精神,团结协作,互相沟通,平安村的工作是能够搞得更好的。希望通过这次民主生活会,能切实解决一些问题。

县杨副书记讲:今晚的民主生活会是成功的,大家诚恳地交了心。我提几点希望:

(1) 加强班子建设,搞好团结。
(2) 加强我们的工作责任心。
(3) 加强党的政策宣传。
(4) 加强对群众的教育和引导。
(5) 工作不足的地方要改正过来,搞好旅游事业,促进发展。

第五章 总结与思考

第一节 重构中的转型:"平安模式"

如果说中国农村的根本出路在于"非农化"——即农村农民的活动由农业为主转化为以非农产业为主,因为中国长期以来人—地关系高度紧张,而且随着耕地减少越来越紧张,光靠提高农民在土地上的收入是极其有限的,只有将剩余劳动力从土地上转移开去,让他们从事非农产业,才能大幅度增加农民收入。依此看来,上天对平安寨人是不公的。他们地处偏僻山区,交通不便,耕地远少于全国平均水平,因而长期处于贫困状态。但同时他们又是幸运的,因为他们继我国东南沿海地区农村以创建和发展乡镇企业走上了非农化的道路之后,也突破了农业的内卷化,走上了非农化的道路。

平安寨人的幸运在于他们的祖先在冥冥之中早已为他们开凿了一片如今可供观赏的梯田,并创造了富有地方和民族特色的文化;在于他们生逢一个发展极不均衡的全球化时代,在这个时代里,现代社会的人们面对现代性给人类带来的灾难性后果,已背上了沉重的包袱,他们失落、彷徨、焦虑、烦恼,四处寻找解脱之道,而旅游正可通过对异文化的体验和对现实喧嚣生活方式的暂时逃避,为现代社会的人们提供了一种解脱方式。于是,旅游业随着现代化运动的深入发展而蓬勃兴起。当人们对现代大众化旅游渐渐厌倦,曾一度被人们认为是贫穷、落后的乡村,被赋予了人情浓郁的田园风光的想象,那些饱受现代性之苦的"现代人"如织而来,因为他们向往着回归自然,亟须以纯真的自然、古朴的风情、传统的文化洗涤、抚慰他们的心灵。正是值此"天时",平安寨这个在地图上难以找到的村庄,如今可以凭借他们祖宗留下的那片长期以来养不活他们的贫瘠的梯田,挣脱了土地的束缚,以出卖"贫困"走上了富裕的道路,并扬名世界。当看到一个个不同肤色的"洋人"手执旅游手册,按图索骥地在寨中寻找通过电子邮件预定的农家旅舍时,你就会真切地感受到古老的平安寨如今确确实实地进入了世界旅游市场,真真切切是"地球村"的一员(图5-1)。

然而,与其说平安寨人是幸运的,不如说他们是坚毅、聪慧的。千百年来,他们披荆斩棘,筚路蓝缕,勤勤恳恳地耕耘着那片狭小贫瘠的土地,默默地承受着繁衍生息之重。而当机会来临,他们便以世代累积起来的经验和智慧,敏锐地抓住机遇,寻求发展。如果当初没有他们抱定"要致富,先修路"的信念,一而再再而三地要求上级支持,修通了通往本寨的公路,它独特而丰富的旅游资源、靠近世界知名旅游城市桂林的区位优势等,都得不到发挥,平安寨就无法进入旅游市场圈,旅游业的发展也无从谈起。所以,归根到底是市场使这个古老的

a. 外国游客在寨中游走

b. 外国游客入住农家旅舍

图 5-1　世界各国游客纷至沓来使平安寨俨然一国际性村寨

村庄获得了新生，而市场的获得或进入靠的是村民自己的不懈追求。

在实现非农化的方式上，平安寨与我国长江三角洲和珠江三角洲等地是殊途同归。长江三角洲和珠江三角洲的非农化主要是靠"工业下乡"来实现的，而平安寨的非农化道路则是依靠旅游业带动服务业来实现，因而，可以将之概括为"平安模式"。"平安模式"与"苏南模式"、"温州模式"、"珠江三角洲模式"等模式的共存，充分说明了市场经济与地方性相结合的多样性和复杂性，以及中国人民探索现代化途径的积极性和创造性。20 世纪 80 年代前，中国经济作为一个整体，其二元结构表现为制度化的城乡差别。改革开放后，长江三角洲和珠江三角洲走上了乡村工业化的道路，产生了农村的二元经济。而"平安模式"则是后工业时代的产物。费孝通先生曾以"三级两跳"来概括 20 世纪中国社会的深刻变化。所谓"三级"，指中国社会在 20 世纪经历的三种社会形态：农业社会、工业社会和信息社会；"两跳"即其中包含的两个大的跳跃：从农业社会跳跃到工业社会，再从工业社会跳跃到信息社会①。就全国来说，我国的第一个跳跃还在进行当中，有的地方尚未完成，而又开始了下一个更大的跳跃。"平安模式"即是以传统农业社会与外界的信息社会对接的结果，因而其社会转型具有跨越式双重转型的意味。

"平安模式"作为从农业经济向"文化经济"或"符号经济"转型的一种模式，在我国经济发展中具有一定代表性和示范性，前景非常远大。因为祖国大地江山如此多娇，中华各族历史如此悠久，文化如此灿烂、辉煌，旅游资源之丰富，举世罕见。尤其是西部地区，不仅生物多样性为世界瞩目，文化的多样性也

---

① 费孝通."三级两跳"中的文化思考. 读书，2001，(4)：3~9.

令人叹为观止。众多的民族自古繁衍、生息在这块辽阔的土地上，祖祖辈辈前赴后继地追求着自己的幸福生活，世世代代不屈不挠地按照自己的理想建设着自己的家园，并且，在创造中交流，在交流中创造，以自己的勤劳和聪慧造就了西部缤纷多彩的民族文化。从经济形态上看，西部民族既有稻作农业民族和山地农业民族，又有畜牧民族、渔业民族及商业民族；从文化形态上看，既有山地文化，又有高原文化和海洋文化。在漫长的历史过程中，丰富多彩的西部文化像一条奔腾不息的河流，伴随着人类从童年走到现代，历尽了是非成败、兴衰荣辱，饱览了沧海桑田的变化和世态炎凉，积淀和融汇了人类对宇宙万物真谛的感悟。也许从现代经济的眼光来看今天的西部是落后的，但文化并不落后，那从历史深处走来、多姿多彩的文化之河蕴涵着不竭的创造性。如果说目前西部是贫困的，那么它的贫困也是"富饶的贫困"。这块古老的热土所蕴藏的不可估价的文化资源——包括历史文化资源和民族文化资源，为旅游业的发展提供了优越的基础和条件。而旅游业的发展不仅能以较低的成本给经济欠发达地区带来巨大的经济效益，而且会强化族群认同意识，推动民族传统文化复兴，激发民族文化的复制、再造和创新。这是全球化背景下文化与经济协调发展的重要途径之一，尽管在发展旅游的过程中，也可能带来一些负面的影响，但只要民众有了"文化自觉"，就可以趋利避害①。

"平安模式"的重要价值或远大前景还在于它以一种"不离土不离乡"的非农化方式，开辟了一条超越乡土社会的新途径。"乡土社会的生活是富于地方性的。地方性是指他们活动范围有地域上的限制，在区域间接触少，生活隔离，各自保持着孤立的社会圈子。""乡土社会在地方性的限制下成了生于斯、死于斯的社会。常态的生活是终老是乡。假如在一个村子里的人都是这样的话，在人和人的关系上也就发生了一种特色，每个孩子都是在人家眼中看着长大的，在孩子眼里周围的人也是从小就看惯的。这是一个'熟悉'的社会，没有陌生人的社会。"② 而如今的平安寨似乎已不纯粹是一个"乡土社会"了。经营家庭旅馆村民与桂林、南宁、广州、深圳、香港等地旅行社建立长期或短期的稳定关系，并通过电话、电脑向国内外的游客招揽生意，经营店铺的村民频繁往来于各大城市进货，越来越多的外来经营者定居寨里，平安寨的生活已经很难说是局限于地方性的生活，平安社会也很难说完全是一个没有陌生人的社会了，或许可借用贺雪

---

① 李富强．让文化成为资本——中国西部民族文化资本化运营研究．北京：民族出版社，2004：85~100.

② 费孝通．乡土中国生育制度．北京：北京大学出版社，1998：9.

峰的话称之为"半熟人社会"①。

在中国现代化的进程中，与乡土社会对应的概念是都市社会。乡土中国和城市中国不仅代表着传统社会和现代社会的区隔，而且代表着现代化的路径选择。②而平安寨在村庄中实现的乡土社会的超越，对乡土社会与城市社会的二分及"城市中国"这一现代化路径提出了挑战。城市中国的现代化路径的立论逻辑是：既然城市社会是现代社会，现代化就是城市化。城市化既是手段，又是终极目标。因而，有人甚至提出："要解决当前农村面临的根本问题，可考虑通过土地的集中以实现现代农业的产业化；通过土地出卖使农民获得原始积累资金，以实现中国农村的城镇化。"③可不少学者发现，实际上，这种主张来源于西方的发展经验，其形成的根源可追溯为现代化理论的误解和新民族主义的误导。世界范围的现代化实践证明，非西方国家城市化的高实现程度并不必然带来如西方国家的现代社会④。我国著名学者温铁军甚至在考察了众多发展中国家后指出，在那些发展中的人口大国，只要人口超过1亿，没有哪个发展中国家有城市化的"成功典范"，发展中国家的城市化大多只是一种空间平移贫困，也就是说是用贫民窟来实现的⑤。中国是一个农民大国，近百年的现代化也仅实现了不到1/3的人口成为城市居民。尽管在改革开放之后，随着工业化、城市化的快速发展，农村剩余劳动力转移的速度加快，但是，"过去将近30年的蓬勃工业发展以及大规模的农村劳动力转移并没有能够从根本上改变中国农业的过密实际，而那样高速的工业化和城市化是不大可能再长期延续下去的。乡镇企业在20世纪80年代初期每年吸收了将近1000万劳动力（其后有上有下），但到1995年连续收缩两年，其后年增长人数降到平均约200万。离土离乡的城市非农业就业迟早肯定会出现同样的收缩。……农村在相当长的时期内将仍然处于人多地少的小农经济局面。如果真的完全通过产权私有化和市场机制来做到劳动力资源的'最合理配置'，在贫富分化之上，农村的1.5亿隐性失业者立刻会变成显性失业者，其后

---

① 贺雪峰. 新乡土中国——转型期乡村社会调查笔记. 桂林：广西师范大学出版社，2003：1~4.
② 李远行. 乡土中国城市中国——当代中国现代化路径选择刍议. 三农中国，2004，(2)：79~85.
③ 阎周秦，程华. 论农村土地所有权的平稳转移. 社会科学研究，2003，(3)：35.
④ 李远行. 乡土中国城市中国——当代中国现代化路径选择刍议. 三农中国，2004，(2)：79~85.
⑤ 温铁军. 两个没有看见和两个支持体系. 三农中国，2007，(1)：3~11.

果不堪设想。"① "且不说现在大中小城市吸纳农民人口的能力已经明显下降，从长期分析来看，即使我们加快城市化，到 2030 年可能实现 50% 城市化率，到那时我们是 16～17 亿人口，按 16.8 亿计算仍然还有 8 亿 4 千万人生活在农村；而在城市化加速阶段，按正常的城市化发展速度和规模来看，每年被征占的土地至少在 1200 万亩以上。也就是说 30 年后，无论按新口径 19.5 亿亩算，还是按老口径 14.5 亿亩算，都要减少 3 亿多亩，人均耕地面积也实际上会减少更多。在这种情况下，农村这三个基本要素的配置关系能调节得了吗？这个基本国情矛盾制约是一个大问题。"② 因此，城市中国的现代化路径有待反思。从西方发展经验提炼出来的"城市化"的经典概念，是城市人口比例的增加；而它的"中国化"概念应如美国人类学家顾定国（Gregory E. Guldin）在深入研究中国都市化之后提出的："都市化并非简单地指越来越多的人居住在城市和城镇，而应该是指社会中城市与非城市地区之间的来往和相互联系日益增多这种过程。"③ 与此概念相对应的城市化路径选择就是城乡统筹、协调发展。这一路径选择不仅符合中国国情，而且吸取了拉美和非洲不发达国家都市化的教训，顺应了世界当代都市化的发展趋势。按形成的时代背景和特征，城市可分为 3 类：前工业城市、工业城市和后工业城市。工业城市是伴随着工业革命而产生的，在西方，工业革命使大批的农民失去土地，涌入城市。所以，工业革命时期西方人口非常迅速地向城市聚集，城市数量快速增加，规模迅速增大，城市人口很快超过乡村人口，西方也随之成为城市化国家。而后工业城市是在后工业时代形成的。随着后工业时代的来临，人们对于工业化带来的"城市病"越来越有了深切的感受，而交通、通讯和计算机技术的发展，又使人们"逃离"城市有了可能。所以，后工业城市时期的人口运动与工业城市时期是相反的，即从中心城市向四郊和农村扩散。尽管在 40 年前法国著名社会学家 H. 孟德拉斯（Henri Mendras）就曾出版了《农民的终结》一书，宣示"20 亿农民站在工业文明的人口处，这就是在 20 世纪下半叶当今世界向社会科学提出的主要问题"④。受该书的影响，我国社会学家李培林也致力于探讨"村落的终结"议题，他敏锐地洞察到："对于整个中国来说，这种'巨变'可能要延迟很长时间，但由于中国地区发展的不平衡性，在一些较发达的地区，这种'巨变'已经在加速地进行。从 1985 年到 2001 年，

---

① 黄宗智. 制度化了的"半工半耕"过密型农业（下）. 读书, 2006, (3)：76.
② 韩德强. 评"三农问题"上的若干主张. 三农中国, 2004, (1)：64～65.
③ 周大鸣. 现代都市人类学. 广州：中山大学出版社, 1997：219.
④ [法] H. 孟德拉斯（Henri Mendras）. 农民的终结. 李培林, 译. 北京：社会科学文献出版社, 2005：1.

在这不到 20 年的时间里，中国村落的个数由于城镇化和村庄兼并等原因，从 940617 个锐减到 709257 个。仅 2001 年一年，中国那些延续了数千年的村落，就比 2000 年减少了 25458 个，平均每天减少约 70 个。它们悄悄地逝去，没有挽歌、没有诔文、没有祭礼，甚至没有告别和送别，有的只是在它们的废墟上新建的文明的奠基、落成仪式和伴随的欢呼。"① 因而大声疾呼：这些数千年的村落解体以后，农民怎样融入与他们完全不同的城市，是一个亟待解决的问题②。可是，"农民的终结"并不等同于村落或乡村社会的终结。正如李培林先生自己指出：

> 孟德拉斯所说的"农民的终结"，并不是"农业的终结"或"乡村生活的终结"，而是"小农的终结"。在孟德拉斯看来，从"小农"（paysan）到"农业生产者"（agriculteur）或农场主（fermier）的变迁，是一次巨大的社会革命。在一个传统的农业社会转变为工业社会和后工业社会的过程中，农民的绝对数量和人口比例都会大幅度减少，但农业的绝对产出量并不会因此大幅度减少，这是一些发达的工业大国同时也是农业产出大国的原因，如美国、加拿大、澳大利亚、法国、西班牙等。而且，无论社会怎样发展，无论乡村怎样变化，农民不会无限地减少，作为基本生活必需品原料的生产供应者——农业的从业者——也不会消失。③

其实，1984 年，孟德拉斯在为《农民的终结》再版写的《跋：二十年之后》中，利用新的调查资料描绘了法国"乡村社会的惊人复兴"的状况：1975 年的人口普查表明，乡村人口的数量不再下降。1982 年的普查告诉我们，乡村人口开始回升，而且回升的速度比法国人口的其他部分快。与此同时，农业劳动者的数量继续下降，但下降幅度很小。法国的城市化已经进行了 30 年，但它仍然具有浓厚的乡村色彩。如今，人口流动的方向逆转了，不仅农村人口外流停止了，而且乡村人口又多起来。从 1975 年至 1982 年，乡村人口的增长速度（7%）比总人口的增长速度（3.3%）要快，城市人口增长几乎停滞了（1.5%）。村庄现代化了，人又多起来。在某些季节，城市人大量涌到乡下来，如果城市离得相当近的话，他们有时甚至会在乡下定居。退休的人又返回来了。一个拥有 20 户人

---

① 李培林. 村落的终结——羊城村的故事. 北京：商务印书馆，2004：1.
② 李培林. 《农民的终结》中文版再版译者前言. 见：[法] H. 孟德拉斯（Henri Mendras）. 农民的终结，李培林，译. 北京：社会科学文献出版社，2005：6~7.
③ 同上：2.

家和若干处第二住宅的村庄可能只有二三户是经营农业的。这样，乡村重新变成一个生活的场所，就像它同样是一个农业生产的场所。乡村社区重新获得了罕见的生命力，城里人一有可能就从城市溜走，以便到乡村和小城镇里去重新找回城市的乐趣，仿佛只有这一点才赋予生活一种意义①。所谓乡村社会复兴，其实就是逆城市化的趋势，它说明，城市化未必就是人类所必须追求的方向。

因此，不论是从世界大势，还是从自身现实来说，中国的现代化路径不应专注于城市中国之一途，即不应把一切希望都寄托在城市化，而应该同时致力于乡土中国的现代化。当然，乡土中国的现代化并不尽然反对城市化、工业化，更不是回到传统的小农世界，而是要把关注的焦点聚集在居住着大部分中国人口的乡村社会，重建现代化的价值体系，将现代性中具有价值合理性的元素与乡土中国的价值观念相结合，使中国的现代化同时具有价值的合理性和人性的基质。此一认识和思路是符合中央政府新近提出的"建设社会主义新农村"的重大战略决策的。作为一个呼应新时期发展战略转变的、统领全局的新主张，"建设社会主义新农村"改变了以往简单地加快城市化的倾向，更关注城乡之间的良性互动，主张"工业反哺农业，城市支持农村"；在农村建设中，重在农村社会相关制度建设；强调在农村发展的同时保持田园风光，建设自然和人文环境良好的生态型农村社会②。这一战略决策体现了以人与自然、人与人、人与自己内心世界和谐相处来证明人的价值的思想，不仅与中国传统文明"天人合一"、"知足常乐"的智慧相合拍，而且顺应了从旧式现代性向新型现代性转变的世界潮流③，在地球不可再生资源越来越少，人类掠夺式开发文明面临危机时，为人类发展提供了新的路径选择。而平安寨的实践使我们看到了这一路径的可行性和宏大愿景。

第二节　转型中的失衡："3·25事件"的警示

如果说平安寨经济在非农产业兴起前如同黄宗智对新中国成立前6个世纪和新中国成立后30年的农村经济所作概括，是"没有发展的增长"的话④，平安寨经济在20世纪90年代之后就步入了"发展"。而且，发展是迅速的。现如今，当你徜徉古寨之中，沐浴在灯红酒绿之下，观赏着那应接不暇的店铺牌匾，与各

---

① [法] H. 孟德拉斯（Henri Mendras）. 农民的终结. 李培林，译. 北京：社会科学文献出版社，2005：276~282.
② 温铁军. 新农村建设新在哪里？. 决策与信息，2006，(4)：32~33.
③ 郑杭生. 新型现代性及其在中国的前景. 学术月刊，2006，(2)：21~24.
④ 黄宗智. 长江三角洲小农家庭与乡村发展. 北京：中华书局，2000：11~12.

种肤色的游客交臂而过，你就会发现，平安寨其实已是"村庄中的都市"，村落的各种设施逐渐配套，自身已初步具备了镇的职能，不再依赖原有的镇——和平镇，村民生活已孕育了城市化的某些特征，村庄的每一个角落似乎都弥漫着浓郁的"现代性"。它已经或正在超越"乡土社会"！

"人类的经济，是嵌合并陷于制度、经济的和非经济的因素中的。"① 经济发展伴随着社会转型，而转型中的社会往往是各种矛盾和冲突比较突出的社会。在平安寨的发展过程中，始终存在着一些不和谐因素。"3·25事件"就是最典型的例子。此事件发生在2005年，起因是平安寨群众与GLLJWQ旅游有限责任公司的利益纠纷。2002年7月3日，GLLJWQ旅游有限责任公司（甲方）曾与平安村（乙方）签订了有关平安村梯田维护费的协议，规定甲方每年付给乙方15万元梯田维护费；景点的开发建设由甲方按规划负责进行；乙方必须维护梯田完好状况，按季节进行耕作；协议期限为3年，即从2002年1月1日起至2004年12月31日止，合同期满后必须在2005年3月1日前续签合同。可是，合同期满后，因双方在梯田维护费数额等问题上有较大分歧，合同迟迟没有续签。平安寨群众便从2005年3月1日开始起而拦客，阻止购买了旅游公司售票的游客入寨游览。2005年3月6日，县领导来到平安村开会协商解决矛盾。Liaokangying在当天的日记中记录了会议的情况：

2005年3月6日

为平安景区的门票问题，县领导到平安村协商解决。

到会人员：县、乡和旅游局领导，村干部。

Liaoweiyuan支书汇报：群众拦客是因为合同不按时签订引起的。现在平安景区乱在秩序，差在管理，脏在环境，梯田景区是靠人民辛勤劳动创造出来的。应该解决以下两个问题：

（1）环保问题。要完善基础设施建设，要在风雨桥到停车场之间建商品一条街，要扩大停车场，建公厕，建寨门。

（2）门票问题。村民要有继承权、参与权、决策权，有了这三权，才能实行自治权。要划分景区，专设平安村售票处，才能独立核算。

Shidonglong县长讲话：这次来主要是听取平安群众的意见和建议，龙脊景区是我们县重视的景点。如何兼顾人民的利益，群众和政府没有

---

① 波拉尼（K. Polanyi）在与阿伦斯伯格（C. M. Arensberg）和皮尔逊（H. W. Pearson）于1957年共同编撰的《早期帝国的贸易与市场》(Trade and Market in the Early Empires)所提出的观点。转引自：陈庆德. 经济人类学. 北京：人民出版社，2001：84.

什么矛盾。"平安"这个产品是突出的。刚才支书和fulin老人的发言是很好的意见,听后我很佩服群众对旅游事业的认识与政府的想法是一致的,是融洽的。问题处理要坐下来商量。目前群众采取关门的办法是不合适的。这样会损害国家与群众的切身利益。目前群众有参股的意见,但我们初步想是要引进外地投资才有发展。县占一份股,群众占一份股,外地占少份股,要让群众有决策权、参与权和继承权。要落实各方的责任和职权,群众要负责管好田园,保护环境。政府已计划解决平安人畜饮水问题,主要是把雨兰水库容量扩大,由原来的300立方米扩大到400立方米。眼前是过渡的问题,必须恢复正常旅游秩序,否则会影响平安群众、龙脊景区、龙胜、桂林的利益。

和平乡党委Su书记讲话:各级领导来这里是为群众利益而来的。以后采取参股制是群众的要求,可以考虑。成立龙脊景区总公司不是一天做得好的,需要很多时间去落实,去完善。现在最要紧的是要开门,正常运行。

县旅游局Lu局长讲话:我是桂林旅游总公司聘请来的副经理,要听上级的意见,政府投入的不要回报,公司的投入是要回报的。人畜饮水问题和农田灌溉问题,我们要想法解决。进寨费和耕田补助费问题,要进一步协商。

Shidonglong县长最后讲:讨论半天了,总要有个落实。水利问题要抓主要地方。旅游经营的问题,要尽快恢复正常运营,长期关门不是个好办法。

但这次的协商并未真正解决问题。2005年3月8日,村民继续拦客。为平息事件,县公安局派来了公安人员。在村口的停车场,由县城开来的班车停泊在以往的位置上等客,公安人员要求班车让开,群众不满,遂蜂拥上前与公安人员论争。公安人员用摄像机记录了这些场面。2005年3月12日,GLLJWQ旅游有限责任公司(甲方)与平安村(乙方)协商达成了共识:双方暂签半年合同,时间从2005年1月1日至6月30日,甲方付给乙方梯田维护费15万元,下半年的梯田维护费按新组建公司的分配方案执行。第二天,群众不再拦客,开始放游客进寨。事情似乎已得到了解决。不料,县公安局却于2005年3月25日根据摄像机所拍下的图像到平安寨抓走村民2人,拘留15天后释放。这一事件据说当时只有香港有媒体进行了报道,大陆群众很少有人知晓,但在事发地的影响非常之大,当地群众至今对此事记忆犹新,说起来仍有不平之色。

其实,这一事件不过是长期积累的矛盾的一次激烈爆发而已。据了解,从县旅游公司参与平安景区的旅游经营活动开始，就与当地村民有了矛盾。村民们认为，平安寨能成为旅游目的地是因为有梯田的存在，而梯田是自己的祖先留下的，因而应归村寨所有，由谁来经营应由村民决定，就像是城里的一间铺面，以什么价钱租给谁经营自然是主人的事，价钱不合适就可以租给别人。可平安景区由 GLLJWQ 旅游有限责任公司经营是由政府决定的，付给平安村的梯田维护费（群众又叫进寨费）似乎也不容商量。所以，每次合同期满，群众都要求提高梯田维护费，从而使他们与旅游公司的矛盾激化。群众自行设卡"拦客"的事已不是第一次。2001 年 3 月，平安村与旅游公司于 1998 年签订的合同期满，群众就曾提出要增加梯田维护费，旅游公司不同意，续签合同的事被搁置，于是群众自己设卡售票，向游客收取进寨费。为打破僵局，县领导于 2002 年 5 月 10 日来到平安村召开干部群众代表会议。我们可从 Liaokangying 当天的日记所记录的会议情况，窥见当时平安村群众与旅游公司矛盾冲突之一斑：

2002 年 5 月 10 日

县在村委会召开干部群众代表会议

到会人员：Shidonglong 县长、Yin 副县长、Tangdeliang 副书记、县政协领导、旅游各部门领导等。

原来签订合同是 1999~2001 年 3 月，已满期，群众反映意见后，县领导作了如下答复：

旅游局领导：平安开发旅游事业以来已多年，但我到这里时间很少，特别是我官僚，原来是 Zeng 局长来签的合同。这次合同之所以迟迟未签是因为部门之间还有矛盾，旅游管理处成立迟缓而搁了下来。

政协领导：龙脊景区能发展到现在是不容易的，现在群众有的是合理要求，有的是基本合理要求，有的是无理要求。县、乡都希望群众富裕起来，希望大家从长远利益出发，不要一下要求过高，要切合实际。

Tangdeliang 副书记：我就同志们最关心的问题讲几点意见。大家反映出来的意见一定要想办法解决，要考虑平安、乡、县的共同利益。开发旅游事业要考虑长远的利益，要认识到这是党的政策带来的好处。你们能保护梯田是有环保意识，要保护好环境才能吸引顾客。大家要有法律观念、政策观念，有意见要向上级党委汇报，要相信党的领导。今天上级领导是来帮大家解决问题的，你们还去收费是不对的。

Yin 副县长：问题坐下来商量，不能把事情扩大，闹下去没有好后果。要做好规划管理工作，平安村与旅游公司的关系、村与村、寨与寨的关系、人与人的关系都要理顺、搞好。

Shidonglong 县长：问题不处理还是我们群众的损失，旅游开发要有规划，盲目建设是不行的，必须走长远发展之路，必须搞好各方面的关系。要允许别人来投资，我们才有发展。要处理好周边关系，处理好群众之间的关系。门票问题，另找时间商议，双方要互相谅解，合理解决。

Yin 副县长：你们要选出代表，成立旅游管理领导小组，定出每年的进寨费数额，与公司商谈。

由于群众与公司之间在梯田维护费的问题上一直未能达成共识，群众对公司的要求历来不怎么配合，有时故意不按时令种植和灌溉，梯田崩塌了也不修整，甚至根本不种植，更严重的是，一些农户屡屡在停车场至寨口风雨桥之间、从寨子至二号景点之间及二号景点上乱建、乱搭各种违章建筑（图5-2）。县建设局、旅游局一而再再而三禁而不止。"3·25事件"绝不是偶发的。

图 5-2　景区内屡禁不止的违章建筑

平安社会的不和谐，归根到底是由于社会转型过程中经济、政治和文化等子系统的变迁速度不匹配所致。借助于现代化的部分结果如日益发达的交通、通讯和现代传媒等，平安寨的经济相对于制度层面超前发育，造成经济发展与社会、制度重构失调：当市场取代再分配成为资源配置的基本机制，利益的分配便不再是主要取决于国家，而是市场和社会中的利益博弈，可是相应的利益协调机制却没有建立、健全起来。这主要表现为分散的小农与市场和政府的矛盾。分散的小农由于缺少用组织的方式为自己争取合法利益的机制，在市场、政府面前处于弱势地位，难于与市场和政府达成良性互动关系，易于激化矛盾，酿成冲突。

作为"3·25事件"当事方之一的当地村民是无组织的、分散的。随着旅游业的开展，平安寨群众的经济理性汹涌澎湃，势不可挡。各家各户纷纷创造条件新建、改建或扩建家庭旅馆和店铺，根本不顾政府部门的规划。在群起追求经济效益最大化的潮流中，人际关系愈来愈趋于理性化。原本和睦相处的同宗兄弟，如今为了"抢客"而反目的现象屡见不鲜。尽管村委会采取了措施，把平安寨的6个村民小组编成3个组合（第一组合由第一和第八村民小组组成、第二组合由第二和第三村民小组组成、第三组合由第四和第五村民小组组成）轮流到停车场去招揽游客，但冲突仍时有发生。经济理性的爆发进一步加剧了村民的"原子化"。尽管人们在筹集（家庭旅馆、店铺等的）建设资金时，仍常常借助传统的亲缘关系，但传统的以"家门"等强制力建构的人际联系的权力文化网络已经瓦解，而现代社会关系尚未建立，村庄的社会关联度大大降低。诚如贺雪峰所指出，农民之间原本长长的社会链条已断裂为若干小节，构成链条的中间结构无一致行为，也无领袖①。在此情况下，无论是政府和企业要进入农村，都面临一个交易成本问题。

为了顺利地进入和扎根于平安梯田景区，GLLJWQ旅游有限责任公司企望通过与平安村民委员会这一对手的谈判，以较低的成本获取平安景区的旅游经营权。从现行法律来看，这未尝不可。因为我国土地制度在20年改革过程中不断修订和完善，已经形成了有中国特色的村社所有、家庭承包制度，这个制度在1998年中共中央十五届三中全会发布的"跨世纪的文件"确立为"中国农村基本经济制度"。问题是村民们缺乏对村民委员会的信任，而村民委员会无力将村民组织起来，其代表村民的合法性受到了动摇。事实上，在"3·25事件"前后，乃至在10多年的旅游经营过程中，村民委员会对村民的影响力、号召力和控制力都非常虚弱。根本原因是村财务不清。1992年和1994年，平安村两次出售集体林场木材，所得款项均提留若干作为集体积累，可这些款如何开支，一直无法说明。开发旅游后，村部出租铺面"连心阁"的租金流向何处，村干部也从未能交代。村民从此对村干部失去了信任。所以，2007年以前，旅游公司每年支付的梯田维护费（村民俗称"进寨费"）都按1997~1998年间开二龙桥至平安寨公路时各家各户完成的土石立方数全部分配完毕，村民委员会没有任何提留。Liaofulin老人的笔记本上《平安公路纪要》一文写道：

  公元1997年农历四月初五日开始，平安公路在平安寨底风雨桥头正式开工。

  因农忙季节，急需下秧、犁耙田、种地等，到七月三十日民工正式上马。

---

① 贺雪峰. 乡村治理与秩序——村治研究论集. 武汉：华中师范大学出版社，2003：245~247.

到1998年农历四月二十四日试行通车。

平安公路由二龙桥到平安寨底风雨桥头全程6.6公里，由二龙桥头到双则瓦厂5公里，由政府请机械挖通，从双则瓦厂到平安寨底风雨桥头1.6公里，由平安群众出工开成平台，开水沟、铺粗沙等，因劳力不足，边坡有些不到位的，政府请机械挖。

此段1.6公里按人口分配到户，每人93立方米（此人口按八六年分得田的人口计算）。由于人心不齐，有些完成任务，有些不完成，有些超额完成。经过干部群众协商讨论，此后此旅游路有收入的，按完成土石方量参加收入分配，永远得受益，直到不搞旅游业没有收入为止，哪一届村干不按此方案执行，不能作村干部，此方案永远继承。

虽也曾有村干部提出方案，要求开家庭旅馆、抬滑竿（当地俗称"抬轿子"）或帮客人背行李等从事与旅游有关活动的村民，要从收入中按一定比例向村民委员会交纳公益金，但村民们普遍反对，理由是村里以往的财务不公开，而且近些年村委会也没有开展什么公益事业，因而一直是分文未交。从2007年开始，村民们原则上同意村委员会从梯田维护费中提留5%作为公益金，但也是以财务公开为条件的，如果以往的财务到时无法厘清公布，村民还是要求把该费全部分光。可见，村民们对村民委员会能否充任自己的"当家人"是心存疑虑的。所以，在与旅游公司的谈判中，当分散的村民提出各种各样的意见时，村民委员会根本没有协调统一的能力，只能退居一旁当旁观者，无形中失去了代表村民与公司谈判的资格。

对村民来说，这并非好事。我国学者潘维曾以市场化为框架，以中国农村工业的兴衰史为线索，对"农民与市场"的论题进行研究，他通过比较分析温州、四川盆地、珠江三角洲和长江三角洲四种不同的基层组织与农村工业的关系，指出中国农村工业之所以能蓬勃发展，农民企业之所以能弄潮于市场经济，乃得益于农村集体的社会主义传统。通过改革前就存在的农村社区集体，农村干部使农民能够有组织地、相对安全地迈入市场。更重要的是，这些被保留下来的农村集体，对市场竞争具有出人意料的适应能力，竞争力非常强大，在小农和工业市场之间发挥了有效的中介作用。一个地区的基层政权能否扮演农民与市场之间的中介，决定了这个地区的农民在市场中的命运[①]。潘维的整

---

① 潘维. 农民与市场：中国基层政权与乡镇企业. 北京：商务印书馆，2003.

个研究虽有不少值得商榷之处①，但他的上述分析和结论颇有启发性。随着旅游业的发展，平安寨已越来越深地卷入市场经济之中，如若不能组织起来，就会成为市场经济的牺牲品。因为现代市场经济不是个体农户的天下。由于信息、资源等的不对称分布，市场往往使农民边缘化，在市场贸易中处于不利地位。对于公司机构来说，分散的个体农户是弱势的谈判者，往往只能被动接受市场价格。况且平安寨面对的旅游公司是一家政府公司，它的后面是政府。一旦政府和企业联手，分散的个体农户的弱势地位就更加突出了。不仅如此，一盘散沙般的小农由于难以通过正常的渠道、合法的程序表达和维护自己的合法权益，还使冲突难以消解，造成社会不稳定。在社会转型时期，利益主体趋于多元化，主体意识不断增强，某种程度的冲突不可避免，重要的是要将冲突控制在一个稳定的制度框架之内，通过正常的渠道来解决。而构建这个制度框架的关键是要把农民组织起来，使之可与政府、公司平等地对话，而不至于激化矛盾，酿成群体事件。

政府如同农民、企业一样，也是平安梯田景区旅游开发经营以及"3·25事件"中的主体之一。这个主体的目标与前两者有所不同。农民的目标是"安身立命"、"发家致富"；企业的目标是实现利润最大化；政府的目标则比较复杂，具体政府行为的目标是财政收入（龙胜县政府从平安景区的经济利益包括6%的营业税、防洪费、教育附加费、城建附加费；以及据龙政函［2001］33号文件征收的20%的政府资源费等），而人民政府的性质又要求政府必须代表农民根本利益，解决"三农"问题。因而，如何界定政府的角色和职能就非常重要了。应该说，当地政府为平安梯田景区的开发和经营殚精竭虑，做了大量卓有成效的工作，如投资公路建设和景区的广告宣传等，为当地旅游业的发展奠定了良好的基础。但景区村民对政府普遍不信任，甚至怀疑。最主要的原因是由于经营景区的旅游公司属于政府企业，政府支持其对景区实施垄断性经营，所以，每当村民与公司发生矛盾，当地政府都出面做深入细致的调解工作，村民们总是认为政府偏袒公司。政府与村民之间难以通过对话消除矛盾。其实，对于国家或政府与市场的关系，新比较政治经济学的研究成果颇具借鉴价值。在大量经验研究的基础上，新比较政治经济学发现，虽然国家与市场的关系还要受到许多其他因素的影响，但国家干预和市场取向相结合是促进发展中国家经济发展的比较优越的途径。然而，同样是实行了这种结合的国家，能否实现经济的迅速发展，却取决于国家与政府本身的性质和特点。其中关键的，一是政府机构本身的能力；二是政

---

① 张于牧. 重读集体主义. 读书，2006，（11）：74~77.

府独立于社会中各种利益群体的自主性程度。新比较政治经济学对于国家自主性的强调，有助于我们思考和探索，在市场经济条件下，如何保持和重建政府的自主性和超越性，使公共权力能够公正地行使的问题①。有"农民代言人"美誉的李昌平说得好："在解决三农问题的过程中，不能没有市场，但市场只是政府的工具。如果政府成为市场的工具，那么，农民就只有死路一条。"② 这也是我们应该从平安寨"3·25事件"中吸取的教训之一。

由于弱势的农民与旅游公司和政府之间没有达成一种良性的互动关系，尽管村民有很高的参与旅游的热情和要求，但他们的参与程度低，参与范围窄。政府主导了当地旅游业的发展方向，决定由谁及如何开发经营；旅游公司在得到政府许可后，开始实施其开发经营计划，而村民只是将自己的部分劳动和社区资源参与到旅游经营中，至于开发目标、景区规划、产品类型、经营方式等，他们一无所知或知之甚少，他们的主动性、积极性受到打击，智慧和地方性知识等一概没有机会参与。这也是平安寨人与自然、传统与现代等不和谐的重要根源之一。人与自然的不和谐主要体现在生态环境的恶化上，村民因其旅游发展的参与权没有受到应有的尊重，无心维护梯田，乱建乱盖，生活用水未加处理，直接排入河中，且因生活用水增加，梯田灌溉缺水的问题亦迟迟无人解决。传统与现代的不和谐主要是因为主导产品开发的是"外来的"公司或政府管理部门，他们不了解当地的历史文化，而了解当地传统文化的村民又被排斥在外，所以，在"复兴"和"创造"传统的过程中，当地文化的"真实性"和"独特性"遭到破坏。如龙胜已举办了多届"红衣节"，这个节庆本是从瑶族文化中演绎出来的③，可好几届"红衣节"都是在平安景区举行，对游客造成了误导。为了强化文化特色，旅游公司为平安寨请了一位来自邻县三江侗族自治县的艺人，即在龙胜经营一个景点的老板、自称"银水侗寨101代寨主"的刘金敏，编排了一台节目，供接待游客时表演。可是节目主题不鲜明，特点不突出，不能反映平安寨深厚的文

---

① 孙立平．超越简单线性思维的发展视角．三农中国，2007，(1)：24～31.
② 李昌平．我向百姓说实话．呼和浩特：远方出版社，2004：41.
③ 红衣节本是龙胜瑶族的一个支系红瑶所特有的民族节庆日。红瑶名称的由来乃缘于妇女爱穿自己编织的红衣衫。每年农历三月十五或四月初八是龙胜红瑶同胞的会期。这天，男女老少身着节日盛装，肩挑自己生产的土特产品，成群结队来到街市，交换一年所需的生活用品和农业生产资料用品，未婚青年则在这一天借机唱山歌、吹木叶，以优雅动听的情歌来相约幽会意中人。因当天红衣遍野，举目皆是，故称红衣节。据说早在元朝期间便已成俗。从1995年起，龙胜县开始把"红衣节"作为弘扬民族文化、向世人展示龙胜少数民族风情的节庆日。广西旅游部门随后又将之确定为"广西重点少数民族节庆日"。

化底蕴，而与"银水侗寨"等周边景点的节目雷同。所有这些问题都对平安景区的可持续发展构成威胁。

由此可见，"3·25"事件虽只是当地社会"不和谐"的一个片段或个案，但其发生有深刻的社会背景，从根本上说是当地社会在超越乡土社会的社会转型过程中，经济与社会、制度重构失调造成的，其影响广泛而深远，因而，其警示意义不容忽视。

第三节 重构与调适：迈向繁荣与和谐

也许"和谐社会"在中国历史上并未曾出现过，只寄托在文人骚客的诗情画意中，但它却千真万确是中国人千百年来梦寐以求的理想。我国（台湾）著名人类学家李亦园曾撰文阐述，中国传统文化呈现三层面均衡和谐体系：一是自然系统（天）的和谐；二是有机体系统（人）的和谐；三是人际关系（社会）的和谐。这个三层面均衡和谐系统只是中国人信念中总体和谐的三步骤，但它却在纵的形式上勾连了中国文化中大传统和小传统两部分，在小传统的民间文化上，追求和谐均衡的行为表现在日常生活上最多，因此总体的和谐目标大都限定在个体的健康及家庭兴盛上面，反映出小传统文化的功利现实的特性；而在大传统的士绅文化上，追求和谐均衡则表达在较抽象的宇宙观和国家社会的运作上，而"致中和"的观念则成为最高和谐均衡的准则，这也就是《中庸》所说的："喜怒哀乐之未发，谓之中，发而皆中节，谓之和。中也者，天下之大本也；和也者，天下之达道也。致中和，天地位焉，万物育焉。"由于"致中和"观念如此深厚地存在于大小传统的文化脉络中，所以，追求均衡和谐的理念始终是士大夫知识分子思维推衍的中心，而追求个体与家庭的和谐则是一般民众日常生活之所系，也由于这样源于深层文化的观念，所以和谐均衡就发展成为现代华人的共同文化特征[①]。现如今，身为中华民族优秀子孙的中国共产党人，继承和发扬中华民族优秀传统，把"建设和谐社会"作为治国理念，带领全国人民开展了波澜壮阔的"构建社会主义和谐社会"的伟大实践。

我不能说平安寨曾经是一个世外桃源式的"和谐社会"，但从前面的论述可以看到，由于中国古代皇权秉持"无为而治"的统治方式，加以平安寨地处边陲，近代以前平安寨基本上是一个"自主性"社会。它实行的"寨老制"是一种"村寨自治"制度。在此制度下，平安社会基本上是"礼治社会"。这种社会

---

① 李亦园. 人类的视野. 上海：上海文艺出版社，1996：148~156.

平静、安宁、有序，但却缺乏活力。人们凭借"道义经济"维持着生存。可是，平安寨的"自主性"是相对的、历史性的。而后，随着中国现代化运动的开展，国家权力逐步深入乡村，平安寨的内源性社会结构在与自上而下的国家权力的互动中重构，演绎了一幕现代背景下乡土社会变迁的壮丽历史话剧。在此过程中，国家政权加强对农业和农民生活的干预，村寨的自主性逐渐丧失。特别是在中华人民共和国成立后，新政权为重组农村经济，促进农村经济的发展，不仅进一步把触角纵向地伸入农村，从基层开始建立了与国家政权相联结的各级组织，而且横向地扩展权力，经过土地改革和集体化运动，建立起政社合一的人民公社制度，掌握了农民的经济抉择权，全面地控制了农村社会，造成了农村被国家化的倾向。可是，正如有的学者指出，组织结构的运行特性颇近于韦伯（Max Weber）所谓"科层制"的人民公社制度，虽然实现了生产资料与劳动者和管理者的分离，构造了科层式的互动关系，但却无法采用科层化的生产体系的激励机制，因为农村社区无法解雇它的成员，而国家对待发展不好的农村社区也无法对待资不抵债的公司那样宣告破产与重组；官僚体系的"升迁预期"亦不可能适用于亿万农民。这个内在逻辑使农民表现出了"吃大锅饭"的情绪和倾向。科层结构对于激发目的性行动趋于失败。尽管作为一种秩序维护机制，它非常有效，但这种秩序与贫困是一体的。这是国家体系的科层结构的内在属性[1]。所以，长期以来平安寨的经济无法突破生存经济的格局，农民生活处于贫困之中。直至人民公社制度终结，实行了家庭土地承包责任制和村民自治的政治经济体制之后，平安寨村民才通过千方百计开发旅游，走出了小农经济"内卷化"的陷阱，走上了市场经济的道路，过上了富裕的生活。然而，富则富矣，随着村庄越来越深地卷入市场，社会的失序现象亦屡见不鲜。"3·25事件"虽然只是众多不和谐中一个不大不小的事件，但却是社会转型过程中权利失衡的表现，足以说明平安寨村民在市场经济中的弱势地位及其后果。要实现经济繁荣发展与社会和谐的统一，最重要的是要建构农民与市场、农民与国家的良性关系与互动，提高农民以规范化和制度化方式表达和追求自己利益的能力。而要实现农民与市场和国家之间的良性互动，必须实质性地提高农民合作的能力和组织水平，并把农民组织与合作能力的形成纳入体制的框架内，使之成为新体制的有机组成部分，以适应市场化的需要。

---

[1] 杨善华，赵力涛．中国农村社会转型中社区秩序的重建：制度背景下的"农户—社区"互动结构考察．见：中国社会科学院社会学研究所．中国社会学（第三卷）．上海：世纪出版集团、上海人民出版社，2004：142~159．

这一切的关键在于村民自治的进一步完善。因为平安寨所遭遇的问题说明潘维关于基层政权与市场经济的观点很有参考价值。潘维发现：在农民从计划经济迈向市场经济的痛苦过程中，基层政权——村政权和乡政府——天然是农民与市场的中介。它能否发挥中介作用及中介水平的高低，对市场化的结果产生决定性的影响。而基层政权是否有能力充任中介，及其充任中介的质量，取决于当地社会主义传统的强弱，取决于回归家庭耕作的早晚和彻底程度。回归家庭耕作越早、越彻底，基层政权充任市场中介的能力就越低，当地农民受市场伤害，成为输家的机会也越多。反之，回归家庭耕作越晚、越不彻底，原有的社会主义集体在组织上和精神上保持得越完整，当地农民就越容易适应市场，成为市场赢家的机会也越多①。平安寨的所谓"社会主义传统"应该说是不强的，20世纪60年代初发生震惊全国的暗中自发搞包产到户的事件充分说明了这一点。在20世纪70年代末80年代初全国"分田到户"浪潮中，他们回归家庭耕作虽不是很早，但比较彻底，分田到户后，集体经济已非常弱小。所以，村民委员会充任市场中介的能力有限，充任中介的质量不高。在此条件下，要提高村民委员会充任市场中介的能力和质量，关键是要完善村民自治制度。因为村民自治是中国现代化进程中的明智选择。中国现代化的历史表明，追求国家对社会的完全控制，如人民公社时期将亿万农民完全纳入国家体系之中，根本行不通，只能阻碍国家和社会的发展。改革开放以来，中国为了实现从计划经济社会向市场经济社会的转型，一直致力于建立社会主义市场体系。市场经济最显著的特征是，通过市场"这只看不见的手"来进行资源配置和调控，这必然要求改革国家完全控制社会经济的状况，给社会和市场以应有的独立地位。因而我们在完善官僚体制，建立理性政府，加强国家对社会控制的同时，还应该重视社会力量的作用，使之有一定的发展空间，以达成国家与社会的良性互动。这是实行村民自治的宗旨和意义所在。村民自治在实际运行中暴露出来的弊端，不应导向对村民自治的质疑，而应导向对它的进一步完善。

完善村民自治需要创新。从前面的论述可以看到，平安寨是有自治的传统的。当年"龙脊十三寨"的寨老制倒也把一个多族群杂处的龙脊管理得整然有序。但寨老制的自治是村寨自治，而非村民自治，村寨自治和村民自治两者有极为关键的差别。"寨老制"式"村寨自治"是人身依附式的自治，其存在虽然与中央王朝的治理理念有关，但它本身是自发生成的，其运行的基础是农民

---

① 潘维.农民与市场：中国基层政权与乡镇企业.北京：商务印书馆，2003：375~376.

的生存经济或"道义经济"。而村民自治应是以人的个性自觉和契约人格为条件的自治，它实际上是国家政权为适应市场经济需要的一种设计，是国家权力向社会的回归，是国家对社会自生力量的尊重与合作。它的实行是一个还政于民的过程。因而，完善村民自治不可能也不应该回归传统村寨自治，而应是新形势下村治制度的创新和发展。潘维对完善村民自治的设想是朴实而可行的。他认为，村民自治的目的不是搞政治抵抗运动，而是要把准失业者组织起来，开展经济自助。自助是我国农民的唯一出路。村民自治的大方向是：以村庄社区为单位，把农民组织起来，积累"社会资本"，引导农民从事改善社区生活环境和文化环境的生产劳动，说服和引导农民走上共同富裕的道路，逐渐安全地脱离耕地。村民自治的形式应是"百花齐放"，判断"村民自治"形式先进与否，应该以能否推动农村的社会和谐与经济进步为标准①。就平安寨而言，要完善村民自治，重新把村民组织起来，窃以为应该如同仝志辉所主张的，把村民委员会建设成为一个基础性综合发展组织。所谓综合发展组织，它首先应该是一个有主导的发展愿望，有在社区内调动资源的能力，组织社区公益事业供给和对外以一个合作经济主体身份进行经济交换的发展型组织。其次是说它能组织基本的公共物品供给，如社区安全、道路、灌溉、社区文化生活等。第三是说它是各种专业性组织发育的平台或孵化器，各种专业性组织的人力资源、组织资源等来自社区经济合作组织②。孙中山先生早就提出过"地方自治体不止为一政治组织，且并为一经济组织"③的主张。梁漱溟也在对乡村建设运动的思考中认识到："乡村是个小单位社会，经济组织、政治组织皆天然要造端于此的；一切果从这里建造起来，便大致不差。恰好乡村经济建设要走'合作'的路，那是以'人'为本的经济组织；由是而政治亦自形成为民主的。那么，富与权操于人人，更于是确立。现在所急的，是如何遵着这原则以培起乡村经济力量，乡村政治力量；这培起力量的工夫，谓之乡村建设；乡村建设之所求，就在培起乡村力量，更无其他。力量一在人的知能，二在物资，而作用显现要在组织。"④先贤圣哲的这些论述可谓是高屋建瓴的真知灼见，至今仍有借鉴和指导意义。

---

① 潘维. 论村民自治的形式. 三农中国, 2006, (2)：5~17.
② 仝志辉，等. 农村民间组织与中国农村发展：来自个案的经验. 北京：社会科学文献出版社，2005：272~273.
③ 转引自：梁漱溟. 河南村治学院旨趣书. 见：许纪霖，编选. 内圣外王之境——梁漱溟集. 上海：上海文艺出版社，1998：153.
④ 梁漱溟. 梁漱溟全集（第五卷）. 济南：山东人民出版社，2005：231~232.

为此，就必须重构乡村社会基础，开发村民自治的组织资源。现行村民自治之所以机制不协调和功能萎缩，是由于其机制和组织功能与市场经济建设不相适应的结果。重要原因是诺斯（Douglass C. North）所说的"路径依赖"，即制度本身的惯性①。作为村民自治载体的村民委员会和村民小组是从人民公社的生产大队和生产小队转变而来，它们的运行机制和功能没有得到根本的改造，而事实上，随着国家权力构建的"三级所有，队为基础"体制的瓦解，村民小组在平安只是一个编号作用，村民委员会既然仍被惯势思维定位为以前的生产大队，自然就是"政府的脚"，除了协助乡政府完成收缴税费、计划生育等行政任务外，不能发挥凝聚组织农民的功能。从前"寨老制"式"村寨自治"的实现依靠的是"勒栏"、"泰瓦"等血缘组织及维系这些组织的行为规范。尽管改革开放以来，宗族文化有"复兴"之势，可时过境迁，"勒栏"、"泰瓦"组织几经打击，其社会作用和影响已经式微，与之相适应的行为规范也在市场经济社会中纷纷失效，现如今，"勒栏"、"泰瓦"仅具礼俗性意义，因而，村民自治断无依靠传统的"家门"组织而实现组织农民目的之可能。完善村民自治首先必须培育和建构新型的农村社会组织。这一见解与李昌平的观点不谋而合。他认为："村民自治在农村搞了十几年，收效不大的原因也就在于没有足够的民间组织资源；只有民间组织的放活和发展，法制社会才有基石。……弱势的人没有组织为后盾，法律就会成为强势者欺负弱势人的工具。"②

培育和建构新型的农村社会组织的实质，在于限制、规范行政权力的乡村介入，启动和充分利用一切组织资源包括民间自组织资源，实现国家和乡村社会关系的良性互动③。这是中国市场经济发展的需要和趋势。因为市场化的过程就是社会资源由国家集中控制向社会分散配置的过程。改革前的中国社会是一个总体性社会，国家体制垄断了几乎所有的组织资源，反映在农村，也是实行高度集权的组织制度，经济、政治、社会组织都受到政治权力由上而下的超强控制，功能分化和结构分化滞后，缺乏独立性。整个乡村社会的运行完全由国家正式组织统制驱动，其活力、自主性和积极性被极大地消弭。改革开放之后，中国社会从总体性社会向分化社会过渡。国家权力收缩，体制外社会组织的获得了一定的资源和生存空间。而国家权力的后撤，也需要培育和建构一些

---

① 林毅夫. 再论制度、技术与中国农业发展. 北京：北京大学出版社，2000：37.
② 李昌平. 我向百姓说实话. 呼和浩特：远方出版社，2004：73～74.
③ 朱新山. 乡村社会结构变动与组织重构. 上海：上海大学出版社，2004：200.

新型社会组织，重构社会秩序。对此，我国学者已有明确论述。如社会学家孙立平指出，市场化是我国改革过程中的一种选择，应当坚定不移地坚持下去，但市场和政府一样，如果它的力量处于一种不受制约的状态，就会带来种种问题，所以我们需要一个与市场相对应的社会，来与市场相抗衡，矫正市场的消极作用。我国的市场经济已经搞了28年，迫切需要建设在市场经济条件下的社会生活新秩序，社会重建的任务应该明确地提出来了。① 在诸如平安寨的农村，随着市场经济的发展，需要新型的社会组织，维护市场秩序，改善政府对农村经济管理，促进经济社会发展。因此，应该合理放宽国家控制，推动社会自生力量的发展，此即重建社会。

培育和建构经济专业组织是培育和建构新型社会组织、完善村民自治的首要切入点。早在20世纪二三十年代，梁漱溟在倡导乡村建设时，就一针见血地指出，要把一盘散沙似的农民组织起来，"必藉经济引入政治"，"经济的组织之促进实为根本"②。他深刻地分析道：

> 在往者之民族自救运动中，亦未尝不有知求组织者，如历来之求为政治的民治化是已。然毕竟为错误的。以其着手在国家，而又唯于政治一面求之，则固未为知求组织也。政治之进于组织所以必要，以经济之进于组织的也。苟经济之不进，则社会本为散漫的，可不生若何关系。政治之进于组织所以可能，以经济之进于组织的也。苟经济之不进，则社会个个分子知识能力必稚陋不足以问政。乃于此先决问题既忽而置之，又不务自下以筑上；由小而扩大，遽求组织国家焉；盖几于造空中楼阁矣！③

现如今的中国乡村正向市场经济迈进，培育和建构经济专业组织，不仅可以提升农户适应市场的能力，而且是完善村民自治的基础。据有关方面调查，2005年，全国农村专业合作经济组织已超过15万个④。到2007年底，加入农民专业合作组织的成员总数已达3870多万，其中农民（户）成员3480多万。加入农民专业合作组织的农户成员收入普遍比非成员农户收入高出20%左右。农民专业

---

① 孙立平．以社会重建推动和谐社会的构建．社会学研究，2007，（2）：175～180．
② 梁漱溟．河南村治学院旨趣书．见：许纪霖，编选．内圣外王之境——梁漱溟集．上海：上海文艺出版社，1998：153．
③ 同上．
④ 侯保疆．我国农民专业合作组织的发展轨迹及其特点．农村经济，2007，（3）：123～126．

合作组织的凝聚力、吸引力不断增强①。广西农民专业经济组织也呈蓬勃发展态势。2003 年，经各级民政部门登记的各类农村专业经济组织已达 4425 个，并以每年 18% 的速度增长，2007 年有会员 80 多万户，辐射、带动农户 50 多万户。这些农民专业经济组织为当地农民提供产、供、销全程服务，实行专业化生产，开展一体化经营。最新统计资料显示，广西各类农民专业经济组织成员年人均收入增加 500 多元，受辐射带动的农户年人均增收 200 多元②。龙胜目前也有了 30 多个各种经济合作组织。各种模式的农村经济合作组织在维护农民权益、引导和帮助农民走向市场方面发挥了重要作用。据一位在和平乡当干部的平安寨人说，距平安寨不远的伟江乡就有一个农民专业合作组织"番茄协会"，组织、带动了一大批农户共同致富。该协会前几年与广东的一家公司签订合同发动农户种番茄，公司承诺按保护价收购，但后来市场价钱下跌，公司撕毁合同，低价收购，该协会便奋而拿起法律武器维护农民权益，为农民挽回了损失。这件事一时在龙胜广为流传。有学者研究发现，自发性合作组织不仅可为农民提供有效信息和最基本的心理、社会保障，而且为农民提供合作规范和合作意识③。在平安寨，如果能够围绕旅游业和农业的发展培育和建构经济（专业）合作组织，不仅将大大推进其经济发展，而且将大大提升当地农民的组织化程度。由于旅游业的发展，效益低下的农业越来越趋于边缘化。现在，守土参与旅游业的村民种田的积极性越来越低，可是当地旅游业发展所依赖的资源主要是梯田和梯田农业，如果农民一味地疏于梯田的耕种和维护，必将导致旅游资源的萎缩，最终不利于旅游业的发展。倘若能如黄宗智先生所言，让各家各户的梯田流转集中，建立"适当规模"的家庭农场，然后建立农业合作社，在国家扶持下，投入资本，提高产品质量，促进经营多样化及单位土地效益，改变农业停滞、衰落的状况④，其意义将不仅是农业的发展，还可为当地旅游业的发展提供优良的社会和环境效益。在旅游业方面，也可培育和建构各类合作组织，如家庭旅馆协会、民族歌舞表演队、滑竿队、导游队等，以规范市场秩序，改善政府管理，提高农户抗风险能力。在此基础上，把村民委员会转换为一个在村党支部领导下的社区综合性发展组织，由它统领和整合各类经济合作组织及其他社会组织（如妇联组织、老年人

---

① 高文. 农民专业合作社发展步入快车道. 农民日报，2008 年 1 月 3 日. 第 005 版.
② 蒋秋，黄光曦，梁雄明. 我区农村专业经济协会健康发展. [广西农网] 2007 年 10 月 9 日.
③ 王道勇，郓彦辉. 农民市民化：传统超越与社会资本转型. 甘肃社会科学，2005，(4)：9~13.
④ 黄宗智. 制度化了的"半工半耕"过密型农业（下）. 读书，2006，(3)：72~80.

协会等),使村庄权力结构朝多元化方向发展,可为乡村民主政治奠定坚实的基础,因为"所有大规模的民主制度、所有的民主国家、所有的多头政体都是组织上的多元主义"①。作为综合性发展组织的村民委员会,既协助乡政府完成行政任务,又率领农民在市场经济的大潮中搏击,全方位介入农村经济生活的方方面面,便为实现真正的村民自治、重新把组织农民起来创造了所必需的组织载体和基础。"农村产业合作组织既立,自治组织乃缘之以立,是则我所谓村治也。盖政治意识之养成,及其习惯能力之训练,必有假于此;自治人才与经费等问题之解决,亦必有待于此。"② 梁漱溟斯言甚善。

然而,以经济专业组织为基础,把村民委员会转换为一个在村党支部领导下的社区综合性发展组织,只是完善村民自治、重新组织农民的必要条件,其充分条件则在于,以现代组织形态和科学民主的组织形式建立和建设各经济专业组织,在推进农村组织化的此基础上,建立新的治理关系、治理原则和规则,通过强大的约束和保护力量确立现代公民的地位。在西方社会学经典理论中,关于人类社会性相互关系的论述主要有两种不同的观点。德国社会学家斐迪南·滕尼斯(Ferdinand Tonnies,1855~1936)在其著作《共同体与社会》(*Gemeinschaft und Gesellschaft*)中,把社会性的相互关系区分为"社区"(德文 Gemeinschaft,对应英文 Community,中文一般译为"社区",有时译为"共同体")和"社会"(德文 Gesellschaft,对应英文 Society)两种类型:社区是持久的和真正的共同生活,社会只不过是一种暂时的和表面的共同生活③。他认为,在社区(或共同体)中,成员的相互依赖关系非常紧密,社会关系形成一个极其稠密的网络,家庭是组织的基本形态。而现代社会的关系是通过契约和交换关系确立的,因此,社会团结的基础必定会被范围越来越大的地域流动、城市的兴起以及大规模产业结构所削弱。这意味着,随着文明化进程的展开,个人之间的社会关系反而抽象性越强、越疏远,陷入"无限制的经济竞争"之中。如果现代"社会"建立在上述前提下,那么财富垄断和阶级分化就不可避免,只

---

① [美]罗伯特·A. 达尔. 多元主义民主的困境——自治与控制,周军华,译. 长春:吉林人民出版社,2006:27.
② 梁漱溟. 河南村治学院旨趣书. 见:许纪霖,编选. 内圣外王之境——梁漱溟集. 上海:上海文艺出版社,1998:155.
③ [德]斐迪南·滕尼斯. 共同体与社会——纯粹社会学的基本概念,林荣远,译. 北京:商务印书馆,1999:52~57.

有重建社区团结,才是现代社会的真正出路①。法国社会学家(E. Durkheim)则以"机械团结"和"有机团结"区分前现代社会和现代社会的社会关系。机械团结来源于人的相似性,而有机团结是在分工和契约关系的基础上确立的。他认为,19世纪欧洲步入工业社会后之所以发生激烈社会冲突和社会失范的危机,是由于从传统社会向工业社会急剧转型过程中,利益和价值分化,传统利益协调方式和价值体系解体,社会矛盾不断加深造成的。解决这一问题的根本出路,是在新的社会组织的基础上进行社会重组,形成"社会团结"的有机形式,防止"社会排斥"和"社会分裂"②。其实,在日益超越乡土性的现代乡村社会,企图通过重建"社区团结"或"机械团结"把农民组织起来,既不可能亦无益处。赵泉民在深入研究了国民政府农村合作运动后指出,契约性关系是自由、民主、平等存在的前提和保障,而以人身依附为基础的身份性社会和习俗经济,是以压抑人的个性自觉和否定契约人格为条件的,靠其来推动商品生产者的契约性联合,实现社会个体利益的组织化,无异于缘木求鱼。即便是勉强地合作起来,也是一种"有组织的无秩序状态"中的"垃圾桶"模式。合作经济制度必须同相应的环境条件结合,才能展现它的效率、民主、平等诸价值。否则的话,合作只能是一种"浮面的东西"而乏持久的社会基础。这一"环境条件"就是商品生产者自由个性的觉醒、经济理性的成熟,作为契约主体的独立人格(包括法人人格)的存在③。因而,以科学民主的组织形式建立和建设各种组织,培育农民普遍理性的公民意识,进而使之成为拥有独立个性的社会主体,是完善村民自治、重新组织农民的充分条件和根本保证。如今的村民自治实践之所以存在村干部经营权力、以权谋私、乏于提供公共产品、难以代表广大民众等诸多问题,是因为村庄自主性地位增强的只是少数村干部的支配权,这些支配权没有促使其角色转变为提供公共产品、受公共权利约束的权威,其实质是一种"权威性自治",而非现代意义的"代表性自治"。权威性自治倾向于扩大一种权威支配或局部垄断,对村民权利及局部之外的他者权利采取整体排斥的立场,妨碍了普遍的个体权利扩展。因而没有力量能够对这种权威本身进行约束。权威性自治不一定自然导致公民权的确立④。要使村民自

---

① 李培林,苏国勋等. 和谐社会构建与西方社会学社会建设理论. 社会,2005,(6):3~4.
② 同上:2~3.
③ 赵泉民. 政府·合作社·乡村社会——国民政府农村合作运动研究. 上海:上海社会科学院出版社,2007:379~380.
④ 张静. 现代公共规则与乡村社会. 上海:上海书店出版社,2006:133~137.

治取得建设性进展，实现"权威性自治"到"代表性自治"的转变，必须构建强大的约束力量规范基层权威，使村民委员会成为使用公共同意规则管理公共资源、提供公共产品的公共机构，推动公民权利的确立及更广泛的分布。因此，自治与国家政权建设的权利扩张并不矛盾，进一步完善村民自治，需要国家政权通过强行推行新规则，规范各种组织和各级政权本身的角色及治理规则的转变，使其成为真正意义上的现代组织和公共机构。这说到底，就是要进一步加强法制建设，推进"公民文化"创造，构建法治秩序。

唯有如此，方可建构当地农民与市场和国家的良性互动关系，生成与市场经济相适应的社会生活新秩序，克服乡村社会中权利失衡，消除由此引发的各种社会矛盾和冲突，实现经济发展繁荣与自然、社会和谐的有机统一。

参考文献

一、中文著作

薄一波．若干重大决策与事件的回顾．北京：中共中央党校出版社，1991.

陈国强，主编．简明文化人类学词典．杭州：浙江人民出版社，1990.

陈庆德．经济人类学．北京：人民出版社，2001.

褚建芳．人神之间——云南芒市一个傣族村寨的仪式生活、经济伦理与等级秩序．北京：社会科学文献出版社，2005.

戴乐旺．理性与道德之间：近代赣闽边民间借贷与乡村社会经济发展研究：[硕士学位论文]．南昌：江西师范大学，2003.

费孝通，王同惠．花篮瑶社会组织．南京：江苏省人民出版社，1988.

费孝通，张之毅．云南三村．北京：社会科学文献出版社，2006.

费孝通．费孝通文集（第十二卷）．北京：群言出版社，1999.

费孝通．江村农民生活及其变迁．兰州：敦煌文艺出版社，1997.

费孝通．乡土中国 生育制度．北京：北京大学出版社，1998.

费孝通．乡土重建．见：民国丛书·第三编（14）．上海：上海书店，1948.

傅筑夫．中国社会经济史（第二卷）．北京：人民出版社，1982.

广西省政府民政厅．民国二十二年度广西各县概况·龙胜县．南宁：南宁大成印书馆，1934.

广西省政府十年建设编纂委员会．桂政纪实（民国廿一年至民国三十年）上册．1941.

广西壮族自治区编辑组．广西少数民族地区碑文、契约资料集．南宁：广西民族出版社，1987.

广西壮族自治区编辑组．广西壮族社会历史调查（第七册）．南宁：广西民族出版社，1987.

广西壮族自治区编辑组．广西壮族社会历史调查（第一册）．南宁：广西民族出版社，1984.

广西壮族自治区地方志编纂委员会．广西通志·农业志．南宁：广西人民出版社，1995.

广西壮族自治区民族事务委员会，编．民族识别文件资料汇编（1951～2001）．2001.

郭立新．天上人间——广西龙胜龙脊壮族文化考察札记．南宁：广西人民出版社，2006.

郭正林．中国农村权力结构．北京：中国社会科学出版社，2005.

国家民族事务委员会经济司、国家统计局农村社会经济调查总队，编．中国民族统计——1992．北京：中国统计出版社，1993.

贺雪峰．乡村治理与秩序——村治研究论集．武汉：华中师范大学出版社，2003.

贺雪峰．新乡土中国——转型期乡村社会调查笔记．桂林：广西师范大学出版社，2003.

胡起望，范宏贵．盘村瑶族．北京：民族出版社，1983.

黄现璠，黄增庆，张一民. 壮族通史. 南宁：广西民族出版社，1988.
菅志翔. 族群归属的自我认同与社会定义——关于保安族的一项专题研究. 北京：民族出版社，2006.
李炳东. 广西当代经济史. 南宁：广西人民出版社，1991.
李昌平. 我向百姓说实话. 呼和浩特：远方出版社，2004.
李昌平. 我向总理说实话. 北京：光明日报出版社，2002.
李富强，朱芳武. 壮族体质人类学研究. 南宁：广西人民出版社，1993.
李富强. 让文化成为资本——中国西部民族文化资本化运营研究. 北京：民族出版社，2004.
李富强. 人类学视野中的壮族传统文化. 南宁：广西人民出版社，1999.
李培林. 村落的终结——羊城村的故事. 北京：商务印书馆，2004.
李亦园. 人类的视野. 上海：上海文艺出版社，1996.
李竹青. 西藏经济的发展与对策. 北京：民族出版社，1990.
梁漱溟. 梁漱溟全集（第五卷）. 济南：山东人民出版社，2005；连玉明. 中国数字黄皮书. 北京：中国时代经济出版社，2003.
梁庭望. 壮族文化概论. 南宁：广西教育出版社，2000.
梁永佳. 地域的等级——一个大理村镇的仪式与文化. 北京：社会科学文献出版社，2005.
林耀华. 金翼：中国家族制度的社会学研究，庄孔韶，林宗成，译. 北京：生活·读书·新知三联书店，1989.
林耀华. 凉山夷家. 上海：商务印书馆，1947.
林耀华. 义序的宗族研究（附拜祖）. 北京：生活·读书·新知三联书店，2000.
林毅夫. 再论制度、技术与中国农业发展. 北京：北京大学出版社，2000.
刘朝晖. 超越乡土社会：一个侨乡村落的历史文化与社会结构. 北京：民族出版社，2005.
刘峰. 民族调查通论. 贵阳：贵州民族出版社，1996.
刘国新，主编. 中华人民共和国历史长编·卷一（1949～1956）. 广西人民出版社，1994.
刘少奇. 刘少奇选集（下卷）. 北京：人民出版社，1985.
刘世锦，冯飞. 1999中国产业发展跟踪研究报告. 北京：经济科学出版社，2000.
刘锡蕃. 岭表纪蛮. 上海：商务印书馆，1934.
龙胜各族自治县民族局《龙胜红瑶》编委会. 龙胜红瑶. 南宁：广西民族出版社，2002.
龙胜县志编纂委员会. 龙胜县志. 上海：汉语大词典出版社，1992.
罗荣渠. 现代化新论. 北京：北京大学出版社，1993.
农冠品，曹廷伟. 壮族民间故事选. 南宁：广西人民出版社，1982.
欧阳若修，周作秋，黄绍清，等. 壮族文学史（第一册）. 南宁：广西人民出版社，1986.
潘维. 农民与市场：中国基层政权与乡镇企业. 北京：商务印书馆，2003.
（清）谢沄. 广西省义宁县志. 据清道光元年抄本影印，台北：成文出版社有限公司，1975.
齐治平. 桂海虞衡志校补. 南宁：广西民族出版社，1984.
秦晖. 传统十论——本土社会的制度、文化及其变革. 上海：复旦大学出版社，2004.

丘振声. 壮族图腾考. 南宁：广西教育出版社, 1996.

邱昌渭. 广西县政. 桂林：桂林文化供应社, 1941.

宋涛，等. 传统裂变与现代超越——西部大开发与西南少数民族生活方式变革问题研究. 北京：民族出版社, 2006.

苏建灵. 明清时期壮族历史研究. 南宁：广西民族出版社, 1993.

孙立平. 博弈——断裂社会的利益冲突与和谐. 北京：社会科学文献出版社, 2006.

孙立平. 断裂——20世纪90年代以来的中国社会. 北京：社会科学文献出版社, 2003.

孙立平. 失衡——断裂社会的运作逻辑. 北京：社会科学文献出版社, 2004.

孙立平. 转型与断裂：改革以来中国社会结构的变迁. 北京：清华大学出版社, 2004.

覃尚文，陈国清. 壮族科学技术史. 南宁：广西科学技术出版社, 2003.

田里. 现代旅游学导论. 昆明：云南大学出版社, 1994.

田汝康. 芒市边民的摆. 上海：商务印书馆, 1946.

仝志辉等. 农村民间组织与中国农村发展：来自个案的经验. 北京：社会科学文献出版社, 2005.

汪宁生. 文化人类学调查——正确认识社会的方法. 北京：文物出版社, 2002.

王沪宁. 当代中国村落家族文化——对中国社会现代化的一项探索. 上海：上海人民出版社, 1991.

王建民，张海洋，胡鸿保. 中国民族学史·下卷（1950—1997）. 昆明：云南教育出版社, 1998.

王铭铭. 村落视野中的文化与权力：闽台三村五论. 北京：生活·读书·新知三联书店, 1997.

王铭铭. 社会人类学与中国研究. 北京：生活·读书·新知三联书店, 1997.

王铭铭. 社区的历程——溪村汉人家族的个案研究. 天津：天津人民出版社, 1997.

王铭铭. 走在乡土上——历史人类学札记. 北京：中国人民大学出版社, 2003.

王同惠. 广西省象县东南乡花篮瑶社会组织. 广西省政府特约研究专刊, 1936.

温铁军. 三农问题与世纪反思. 北京：生活·读书·新知三联书店, 2005.

文军. 承传与创新：现代性、全球化与社会学理论的变革. 上海：华东师范大学出版社, 2004.

翁乃群，主编. 南昆八村——南昆铁路建设与沿线村落社会文化变迁. 北京：民族出版社, 2001.

吴淼. 决裂——新农村的国家建构：江汉平原中兴镇的实践表述（1949~1978）. 北京：中国社会科学出版社, 2007.

吴毅. 村治变迁中的权威与秩序——20世纪川东双村的表达. 北京：中国社会科学出版社, 2002.

吴忠军. 民俗文化与民俗旅游. 南宁：广西民族出版社, 2001.

徐赣丽. 民俗旅游与民族文化变迁——桂北壮瑶三村考察. 北京：民族出版社, 2006.

徐万邦，祁庆富. 中国少数民族文化通论. 北京：中央民族大学出版社，1996.
徐勇. 乡村治理与中国政治. 北京：中国社会科学出版社，2003.
徐勇. 中国农村村民自治. 武汉：华中师范大学出版社，1997.
许中继. 新桂系乡村建设研究（1931~1945）：［硕士学位论文］，桂林：广西师范大学，2004.
杨宗亮. 壮族文化史. 昆明：云南民族出版社，1999.
于建嵘. 岳村政治——转型期中国乡村政治结构的变迁. 北京：商务印书馆，2001.
张海洋. 中国的多元文化与中国人的认同. 北京：民族出版社，2006.
张静. 基层政权——乡村制度诸问题. 杭州：浙江人民出版社，2000.
张静. 现代公共规则与乡村社会. 上海：上海书店出版社，2006.
张乐天. 告别理想——人民公社制度研究. 上海：上海人民出版社，2005.
张佩国. 地权分配·农家经济·村落社区——1900~1945年的山东农村. 济南：齐鲁书社，2000.
张声震. 壮族通史. 北京：民族出版社，1997.
张珣，江灿腾. 当代台湾宗教研究导论. 北京：宗教文化出版社，2004.
张琢，马福云. 发展社会学. 北京：中国社会科学出版社，2001.
赵泉民. 政府·合作社·乡村社会——国民政府农村合作运动研究. 上海：上海社会科学院出版社，2007.
郑超雄. 壮族文明起源研究. 南宁：广西人民出版社，2005.
郑杭生，主编. 当代中国农村社会转型的实证研究. 北京：中国人民大学出版社，1996.
中国共产党中央委员会. 中国共产党关于建国以来党的若干历史问题的决议. 北京：人民出版社，1981.
中央档案馆，编. 中共中央文件选集·第十八册（一九四九年一月至九月）. 北京：中央党校出版社，1992.
钟文典，主编. 广西通史（第三卷）. 南宁：广西人民出版社，1999.
钟文典. 广西近代圩镇研究. 桂林：广西师范大学出版社，1998.
周诚之. 龙胜厅志. 道光丙午季夏刊好古堂藏版，中华民国二十五年（1936年）影印本.
周大鸣. 凤凰村的变迁：《华南的乡村生活》追踪研究. 北京：社会科学文献出版社，2007.
周大鸣. 现代都市人类学. 广州：中山大学出版社，1997.
周晓虹. 传统与变迁：江浙农民的社会心理及其近代以来的嬗变. 北京：三联书店，1998.
朱新山. 乡村社会结构变动与组织重构. 上海：上海大学出版社，2004.
庄孔韶. 人类学通论. 太原：山西教育出版社，2002.
《壮族百科辞典》编纂委员会. 壮族百科辞典. 南宁：广西人民出版社，1993.
《壮族简史》编写组. 壮族简史. 南宁：广西人民出版社，1980.

二、中译著作

［美］陈佩华（Anita Chan），赵文词（Richard Madsen），安戈（Jonathan Under）. 当代中国农

村历沧桑——毛邓体制下的陈村,孙万国,杨敏如,韩建中,译.香港:Oxford University Press (China) Ltd., 1996.

[美]克利福德·格尔兹.文化的解释,纳日碧力戈,等,译.上海:上海人民出版社,1999.

[美]大卫·阿古什.费孝通传,董天民,译.郑州:河南人民出版社,2006.

[美]丹尼尔·哈里森·葛学溥.华南的乡村生活——广东凤凰村的家族主义社会学研究,周大鸣,译.北京:知识产权出版社,2006.

[美]杜赞奇.文化、权力与国家——1900—1942年的华北农村,王福明,译.南京:江苏人民出版社,1994.

[美]弗里曼(Edward Friedman),毕克伟(Paul G. Pickowicz),赛尔登(Mark Selden).中国乡村,社会主义国家,陶鹤山,译.北京:社会科学文献出版社,2002.

[美]埃里克·沃尔夫.欧洲与没有历史的人民,赵丙祥、刘传珠、杨玉静,译.上海:上海世纪出版集团,2006.

[美]沃尔夫(Eric R. Wolf).乡民社会,张恭启,译.台北:巨流图书公司,1983.

[美]费正清.美国与中国,张理京,译.北京:世界知识出版社,2001.

[美]韩丁.翻身——中国一个村庄的革命纪实,韩倞,等,译.北京:北京出版社,1980.

[美]黄宗智.长江三角洲小农家庭与乡村发展.北京:中华书局,2000.

[美]吉尔伯特·罗兹曼.中国的现代化,国家社会科学基金"比较现代化"课题组译.南京:江苏人民出版社,2005.

[美]詹姆斯·C·斯科特.农民的道义经济学:东南亚的反叛与生存,程立显、刘建,等,译.南京:译林出版社,2001.

[美]詹姆斯·C.斯科特.国家的视角:那些试图改善人类状况的项目是如何失败的,王晓毅,译.北京:社会科学文献出版社,2004.

[美]詹姆斯·C·斯科特.弱者的武器,郑广怀,张敏,何江穗,译.南京:译林出版社,2007.

[美]罗伯特·A.达尔.多元主义民主的困境——自治与控制,周军华,译.长春:吉林人民出版社,2006.

[美]明恩浦.中国乡村生活,午晴,唐军,译.北京:时事出版社,1998.

[美]明恩浦.中国人德行,张梦阳,王丽娟,译.北京:新世界出版社,2005.

[美]施坚雅.中国农村的市场和社会结构,史建云,徐秀丽,译.北京:中国社会科学出版社,1998.

[美]施坚雅,主编.中华帝国晚期的城市,叶光庭,等,译.北京:中华书局,2000.

费孝通.中国绅士,惠海鸣,译.北京:中国社会科学出版社,2006.

黄树民.林村的故事:1949年后的中国农村变革,素兰,纳日碧力戈,译.北京:生活·读书·新知三联书店,2002.

[英]安德鲁·韦伯斯特.发展社会学,陈一筠,译.北京:华夏出版社,1987.

[英]安东尼·吉登斯.民族—国家与暴力,胡宗泽,赵力涛,译.北京:生活·读书·新知

三联书店，1998.

［英］厄内斯特·盖尔纳．民族与民族主义，韩红，译．北京：中央编译出版社，2002.

［英］安东尼·吉登斯．现代性与自我认同，赵旭东，方文，译．北京：生活·读书·新知三联书店，1998.

［英］莫里斯·弗里德曼．中国东南的宗族组织，刘晓春，译．上海：上海人民出版社，2000.

［法］H. 孟德拉斯（Henri Mendras）．农民的终结，李培林，译．北京：社会科学文献出版社，2005.

［法］葛兰言（Marcel Granet）．古代中国的节庆与歌谣，赵丙祥，张宏明，译．桂林：广西师范大学出版社，2005.

［法］布迪厄．文化资本与社会炼金术——布尔迪厄访谈录，包亚明译．上海：上海人民出版社，1997.

［德］斐迪南·滕尼斯．共同体与社会——纯粹社会学的基本概念，林荣远译．北京：商务印书馆，1999.

［德］韦伯．中国的宗教 宗教与世界，康乐，简惠美，译．桂林：广西师范大学出版社，2004.

［日］栗本慎一郎．经济人类学，王名，等，译．北京：商务印书馆，1997.

［日］竹村卓二．瑶族的历史和文化——华南、东南亚山地民族的社会人类学研究，金少萍，朱桂昌，译．北京：民族出版社，2003.

［俄］A. 恰亚诺夫．农民经济组织，萧正洪，译．北京：中央编译出版社，1996.

联合国教科文组织，编．世界文化报告——文化的多样性、冲突与多元共存（2000），关世杰，等，译．北京：北京大学出版社，2002.

三、外 文 著 作

Edmund. Leach, Social Anthropology, London and New York: Fontana. 1982.

Helen F. Siu, Agents and Victims in South China, Yale: Yale University Press. 1989.

Pierre Bourdieu, Outline of a Theory of Practice, Cambridge : Cambridge University Press, 1978.

S. H. Potter and J. M. Potter, China's Peasants: The Anthropology of a Revolution, Berkeley: Cambridge University Press, 1990.

［日］塚田誠之．壮族社会史研究——明清時代を中心として．吹田市：国立民族学博物館，2000.

［日］塚田誠之．壮族文化史研究——明代以降を中心として．东京：（株）第一书房，2000.

四、中 文 论 文

曹树基．中国村落研究的东西方对话——评王铭铭《社区的历程》．中国社会科学，1999，(1)：119～133.

曹树基．国家与农民的两次蜜月．读书，2002，(7)：19~22．
陈维刚，苏良辉．龙胜瑶民起义．见：政协龙胜各族自治县委员会，编印．龙胜文史（第四辑），1989：64~79．
陈春声．走向历史现场．见：张应强．木材之流动：清代清水江下游地区的市场、权力与社会．北京：生活·读书·新知三联书店，2006：Ⅰ~Ⅶ．
成官文，王敦球，秦立功，等．广西龙脊梯田景区生态旅游开发的生态环境保护．桂林工学院学报，2002，(1)：94~98．
董国礼．政权内卷化及其影响下的农业经济绩效．学海，2001，(1)：132~135．
樊登，粟冠昌，李干芬，等．龙胜各族自治县龙脊乡壮族社会历史调查．见：广西壮族自治区编辑组，编．广西壮族社会历史调查（第一册）．南宁：广西民族出版社，1984：69~152．
费孝通．中华民族多元一体格局．北京大学学报（哲学社会科学版），1989，(4)：1~19页．
费孝通．农村、小城镇、区域发展．北京大学学报（哲学社会科学版），1995，(2)：4~14．
费孝通．重访江村．见：费孝通．江村农民生活及其变迁．兰州：敦煌文艺出版社，1997：227~251．
费孝通．重读《江村经济·序言》．见：马戎，周星，主编．田野工作与文化自觉（上）．北京：群言出版社，1998：1~37．
费孝通．"三级两跳"中的文化思考．读书，2001，(4)：3~9．
甘雪春，杨雪清，杨雪梅，等．知识经济条件下民族地区的旅游产业定位与条件支撑——以云南丽江为例．思想战线，2000，(2)：12~16．
甘满堂．社会学的"内卷化"理论与城市农民工问题．福州大学学报（哲学社会科学版），2005，(1)：33~38．
高文．农民专业合作社发展步入快车道．农民日报，2008年1月3日．第005版．
郭德宏．中国现代社会转型研究评述．安徽史学，2003，(1)：87~91．
郭立新．亲属称谓、婚姻与继嗣：以桂北龙脊壮族为例．见：魏捷兹，编．云贵高原的关系称谓——"云贵高原的亲属与经济"计划第一年度期末报告会议论文集．1999：73~105．
郭立新．清晰与模糊：龙脊壮族十八世纪至二十世纪中叶土地制度研究．见："云贵高原的亲属与经济"第二次学术讨论会论文．南宁：2000．
郭立新．打造生命：龙脊壮族竖房活动分析．广西民族研究，2004，(1)：36~42．
郭立新．界限与共享：龙脊壮族社会空间模式分析．见：周建新，黄兴球，主编．首届中国与东南亚民族论坛论文集．北京：民族出版社，2005：75~85．
郭立新．荣耀的背后：龙脊壮族丧葬仪式分析．中南民族大学学报，2005，(1)：57~61．
郭于华．"道义经济"还是"理性小农"：重读农民学经典论题．读书，2002，(5)：104~110．
郭于华．"弱者的武器"与"隐藏的文本"：研究农民反抗的底层视角．读书，2002，(7)：11~18．
郭于华．转型社会学的新议程——孙立平"社会断裂三步曲"的社会学述评．社会学研究，2006，(6)：195~211．

郭于华. 再读斯科特：关于农民反抗的日常方式. 中国图书评论, 2007, (8): 53~55.
韩德强. 评"三农问题"上的若干主张. 三农中国. 2004, (1): 58~66.
侯保疆. 我国农民专业合作组织的发展轨迹及其特点. 农村经济, 2007, (3): 123~126.
胡隆镁, 刘显才. 六十年代初期广西龙胜包产到户述评. 党史研究与教学, 1989, (5): 42~50.
胡瑞琴, 俞祖华. 近代中国社会转型问题研究综述. 青岛大学师范学院学报, 2006, (3): 57~64.
黄应贵、叶春荣, 主编. 从周边看汉人的社会与文化——王崧兴先生纪念论文集. 台北: 中央研究院民族学研究所, 1997.
黄应贵. 农村社会的崩溃？当代台湾农村新发展的启示. 见: 赵旭东, 编. 乡土中国研究的新视野——国际社会学论坛暨社会学系十年庆论文集. 北京: 中国农业大学人文与发展学院社会学系, 2005: 28~35.
黄钰. 龙脊壮族社会文化调查. 广西民族研究, 1990, (3): 86~93.
黄润柏. 试论壮族农民的职业分化——龙胜金竹寨壮族生活方式变迁个案研究之一. 广西民族研究, 2002, (1): 43~47.
黄润柏. 壮族乡村家庭消费结构的变迁——广西龙胜金竹寨壮族生活方式变迁研究之二. 广西民族研究, 2002, (2): 25~31.
黄润柏. 壮族婚姻家庭生活方式的变迁——龙胜金竹寨壮族生活方式变迁研究之三. 广西民族研究, 2002, (3): 62~66.
黄海珠. 民族旅游多元利益主体非和谐因素探讨——以广西龙胜平安村为例. 广西社会科学, 2006, (10): 68~71.
黄平. 当代中国农民寻求非农活动之根源初探. 见: 刘青峰, 关小春, 编. 90年代中国农村状况: 机会与困境. 香港: 香港中文大学出版社, 1998: 3~25.
黄宗智. 制度化了的"半工半耕"过密型农业（上）. 读书, 2006, (2): 30~37.
黄宗智. 制度化了的"半工半耕"过密型农业（下）. 读书, 2006, (3): 72~80.
黄天柱. 治理视野中的乡村政治: 走向合作之路. 中共浙江省委党校学报, 2002, (1): 70~73.
菅志翔. 国家构建中的族群身份转变——以保安族为例. 广西民族学院学报（哲学社会科学版）, 2004, (5): 85~91.
江红英. 试析土改后农村经济的发展趋势及道路选择. 中共党史研究, 2001, (6): 54~59、84.
蒋斌. 亲属与社会组织. 见: 周星, 王铭铭, 主编. 社会文化人类学讲演集（上）. 天津: 天津人民出版社, 1997: 356~368.
蒋秋, 黄光曦, 梁雄明. 我区农村专业经济协会健康发展. ［广西农网］2007年10月9日.
蓝林友. 义序与中国宗族研究范式. 广西民族学院学报（哲学社会科学版）, 2001, (3): 44~51.
李富强. 华南地区原始农业的起源. 农业考古, 1990, (2): 84~95.

李富强．壮族认同论．社会科学战线，2006，（1）：163~167．

李军，朱新山．"翻译者"模式与村治实践．中共南京市委党校南京市行政学院学报，2005，（1）：45~49．

李远行．乡土中国城市中国——当代中国现代化路径选择刍议．三农中国，2004，（2）：79~85．

李培林，苏国勋，等．和谐社会构建与西方社会学社会建设理论．社会，2005，（6）：1~22．

梁漱溟．河南村治学院旨趣书．见：许纪霖，编选．内圣外王之境——梁漱溟集．上海：上海文艺出版社，1998：149~157．

梁钟荣．龙脊梯田景区家庭旅馆发展对策研究．零陵学院学报，2005，（3）：49~51．

廖康英．侯会庭生平事迹．见：政协龙胜各族自治县委员会，编印．龙胜文史（第四辑）．1989：89~92．

廖国一．龙胜少数民族民俗风情旅游景点开发与管理现状的调查研究．桂林旅游高等专科学校学报，2004，（1）：41~43、48．

林志远．参加土改试点工作的一些回忆．见：政协广西龙胜各族自治县委员会学习文史资料委员会，编．龙胜文史资料（第七辑）．1993：136~154．

凌鹏．围绕"内卷化"的讨论——一次新的范式转型．开放时代，2006，（5）：141~147．

刘世定、邱泽奇．"内卷化"概念辨析．社会学研究，2004，（5）：96~110．

吕新雨．"民工潮"的问题意识．读书，2003，（10）：52~61．

麻国庆．农耕蒙古族的家观念与宗教祭祀——土默特左旗把什村的传统与变迁．见：王铭铭，主编．人文世界：中国社会文化人类学年刊（第一辑）．北京：华夏出版社，2001：59~80．

毛泽东．《中国农村的社会主义高潮》的按语．见：毛泽东选集（第五卷）．北京：人民出版社，1977：225~259．

毛泽东．湖南农民运动考察报告．见：毛泽东选集（第一卷）．北京：人民出版社，1991：12~44．

潘乃谷．但开风气不为师——费孝通学科建设访谈．见：潘乃谷、马戎，主编．《社区研究与社会发展》．天津：天津人民出版社，1996：37~70．

潘维．论村民自治的形式．三农中国，2006，（2）：5~17．

彭兆荣．"体验差异"：民族志旅游与人类学知识．见：杨慧，等，主编．旅游、人类学与中国社会．昆明：云南大学出版社，2001：133~146．

秦晖．当代农民研究中的"恰亚诺夫主义"．见：[俄] A. 恰亚诺夫．农民经济组织，萧正洪，译．北京：中央编译出版社，1996：1~25．

阮云星．义序：昔日"宗族乡村"的民俗节庆．广西民族学院学报（哲学社会科学版），2000，（3）：20~26、91．

阮云星．宗族研究中的"义序"与"义序研究"中的宗族．见：庄孔韶，主编．汇聚学术情缘——林耀华先生纪念文集．北京：民族出版社，2005：214~224．

申端锋. 二十世纪中国乡村治理的逻辑：一个导论. 华中科技大学学报（社会科学版），2006，(4)：103~109.

粟新民. 中南民族地区第一个土地改革试点——广西龙胜县里骆试点. 见：政协广西龙胜各族自治县委员会学习文史资料委员会，编. 龙胜文史资料（第七辑）. 1993：95~110.

苏俊才. 邓子恢"中间不动两头平"土地分配原则述评. 党史研究与教学，2002，(6)：31~37.

孙庆忠. 海外人类学的乡土中国研究. 社会科学，2005，(9)：122~128.

孙立平. 社会转型：发展社会学的新议题. 社会学研究，2005，(1)：1~24.

孙立平. 超越简单线性思维的发展视角. 三农中国，2007，(1)：24~31.

孙立平. 以社会重建推动和谐社会的构建. 社会学研究，2007，(2)：175~180.

孙占元. 中国近代化问题研究述评. 史学理论研究，2000，(4)：124~134.

谭云开，潘宝昌. 民国时期龙胜县政始末见闻. 见：政协龙胜各族自治县委员会，编印. 龙胜文史（第二辑）. 1986：1~15.

谭文经. 龙胜县土地改革试点工作情况. 见：政协广西龙胜各族自治县委员会学习文史资料委员会，编. 龙胜文史资料（第七辑）. 1993：111~136.

谭肇毅. 评三十年代新桂系的乡村建设. 学术论坛，1998，(1)：97~100.

唐晓云，吴忠军. 农村社区生态旅游开发的居民满意度及其影响——以广西桂林龙脊平安寨为例. 经济地理，2006，(5)：879~883.

陶鹤山.《范式创新与终极关怀——评〈中国乡村，社会主义国家〉一书》，见：复旦大学历史学系、复旦大学中外现代化进程研究中心，编. 近代中国的乡村社会. 上海：上海古籍出版社，2005：367~378.

王道勇，郧彦辉. 农民市民化：传统超越与社会资本转型. 甘肃社会科学，2005，(4)：9~13.

王道勇. 现代性延展与社会转型——从概念体系角度考察社会转型论与社会互构论的统合性. 学习与实践，2007，(2)：109~115.

王铭铭. 变迁·现代性·文化思考（下）. 见：马戎，周星，主编. 田野工作与文化自觉. 北京：群言出版社，1998：1357~1383.

王雅林. 社会转型理论的再构和创新发展. 哈尔滨工业大学学报（社会科学版），1999，(1)：44~49.

王先明，常书红. 晚清保甲制的历史演变与乡村权力结构——国家与社会在乡村社会控制中的关系变化. 史学月刊，2000，(5)：130~138.

王晓毅. 村庄的建构与解构. 三农中国，2006，(2)：110~127.

温铁军. 百年中国，一波四折. 读书，2001 (3)：3~11.

温铁军. 新农村建设新在哪里？决策与信息，2006，(4)：32~33.

温铁军. 两个没有看见和两个支持体系. 三农中国，2007，(1)：3~11.

翁乃群. 山野研究与走出山野——对中国社会文化人类学的反思. 广西民族学院学报（哲学

社会科学版),1997,(3):17~23.

吴忠军,叶晔. 民族社区旅游利益分配与居民参与有效性探讨——以桂林龙胜龙脊梯田景区平安寨为例. 广西经济管理干部学院学报,2005,(3):51~55.

薛暮桥,刘端生. 一九三四年广西农村经济概况调查报告. 见:陈翰笙,薛暮桥,冯和法,编. 解放前的中国农村(第三辑). 北京:中国展望出版社,1989:606~625.

徐勇. 村干部的双重角色:代理人与当家人. 见:刘青峰,关小春,编. 90年代中国农村状况:机会与困境. 香港:中文大学出版社,1998:153~166.

徐勇. 村民自治的成长:行政放权与社会发育——1990年代后期以来中国村民自治发展进程的反思. 华中师范大学学报(人文社会科学版),2005,(2):2~8.

徐赣丽. 广西龙脊地区旅游开发中民俗文化的价值化. 广西民族研究,2005,(2):195~201.

徐永志,戴巍. 政治—社会史:深化史学研究的新路径. 史学月刊,2007,(1):117~122.

阎周秦,程华. 论农村土地所有权的平稳转移. 社会科学研究,2003,(3):34~37.

杨树喆,吴建冰,杨艺,等. 龙脊壮族旅游景区建设与可持续发展的考察研究. 广西右江民族师专学报,2003,(5):76~85.

杨善华,赵力涛. 中国农村社会转型中社区秩序的重建:制度背景下的"农户—社区"互动结构考察. 见:中国社会科学院社会学研究所,编. 中国社会学(第三卷). 上海:世纪出版集团 上海人民出版社,2004:142~159.

张海洋. 评"民族概念"与民族研究的可能范式. 见:王铭铭,主编. 人文世界:中国社会文化人类学年刊(第一辑). 北京:华夏出版社,2001:204~219.

张小军. 理解中国乡村内卷化的机制. 二十一世纪,1998,45:150~159.

张小军. 历史的人类学化和人类学的历史化——兼论被史学"抢注"的历史人类学. 历史人类学学刊,2003,1(1):1~28.

张小军. 阳村土改中的阶级划分与象征资本. 见:黄宗智,主编. 中国乡村研究(第二辑). 北京:商务印书馆,2003:96~132。

张佩国. 质疑近代中国乡村史的概念化书写. 见:复旦大学历史学系、复旦大学中外现代化进程研究中心,编. 近代中国的乡村社会. 上海:上海古籍出版社,2005:222~254.

张于牧. 重读集体主义. 读书,2006,(11):74~77.

郑杭生. 社会转型论及其在中国的表现——中国特色社会学理论探索的梳理和回顾之二. 广西民族学院学报(哲学社会科学版),2003,(5):62~73.

郑杭生. 中国社会的巨大变化与中国社会学的坚实发展——以社会运行论、社会转型论、学科本土论和社会互构论为例. 江苏社会科学,2004,(5):46~52.

郑杭生. 新型现代性及其在中国的前景. 学术月刊,2006,(2):21~24.

钟泓. 基于社区的旅游管理模式实证研究——以桂林龙脊梯田景区为例. 集团经济研究,2005,(8):131~132.

钟福民. 礼物交换与人际互动——广西龙脊壮族的馈赠礼俗考察. 广西社会科学,2006,(1):95~98.

周大鸣. 重访凤凰村. 读书, 1998, (9): 68~70.
周大鸣. 凤凰村的追踪研究. 广西民族学院学报 (哲学社会科学版), 2004, (1): 33~38.
周源和. 清代人口研究. 中国社会科学, 1982, (2): 161~188.
周晓虹. 1951~1958: 中国农业集体化的动力——国家与社会关系视野下的社会动员. 中国研究, 2005, (1): 22~43.
周振超. 农民社区自治组织产生与发展的政治社会学分析. 安阳工学院学报, 2005, (4): 55~58.
朱宇. 19世纪中叶至20世纪中叶中国乡村治理结构的历史考察. 政治学研究, 2005, (1): 68~77.
珠江. 抗战中的广西农村. 申报, 1938年3月16日至3月19日.
庄英章. 汉人社会研究的若干省思. 中央研究院民族学研究所集刊, 1996, 80: 27~35.
庄英章. 历史人类学与华南区域研究——若干理论范式的建构与思考. 历史人类学学刊, 2005, 3 (1): 155~169.

五、中译论文

[美] 郝瑞. 再谈"民族"与"族群"——回应李绍明教授. 民族研究, 2002, (6): 36~40.
[美] 马歇尔·萨林斯. 资本主义的宇宙观——"世界体系"中的泛太平洋地区, 赵丙祥, 译. 见: 王铭铭, 主编. 人文世界: 中国社会文化人类学年刊 (第一辑). 北京: 华夏出版社, 2001年. 第81~133页.
谢林. 乡民经济的本质与逻辑. 见: 沃尔夫. 乡民社会, 张恭启, 译. 台北: 巨流图书公司, 1983年. 第163~205页.
[澳] W.R. 葛迪斯. 共产党领导下的中国农民生活——对开弦弓村的再调查. 见: 费孝通. 江村农民生活及其变迁. 兰州: 敦煌文艺出版社, 1997: 349~464.

六、外文论文

Maurice. Freedman, A Chinese Phase in Social Anthropology, In The British Journal of Sociology, Vol. 14, No. 1, Mar., 1963: 1~19.
王崧兴. 中国人: その中心と周边. 见: 黑田悦子, 编. 民族の出会うかたち. 东京: 朝日新闻社, 1994: 243~261.

附录1 马城寨宗支

窃思三才之间，人为之上先烈，有生气，有操作，有文明礼貌，有伦理五常。古今往来，纲常不紊。追思木本水源，尽管江流万脉，水乃同源。我始祖于海外而来，幸得莫一大王制止狂风大浪，带我始祖飘洋渡海，来到山东省东昌府长德街大巷口人氏，廖广道、廖广元、廖广兴三兄弟于闲神王二年二月初一离开山东，来到广西庆远府思恩县南丹州金兰乡。洪武二年（朱元璋二年，即公元1369年）大房广道北上移居全州弩箭，二房广元居住灵川廖家塘，三房广兴（又名广德）子万甫居住兴安县富江洞明塘口。万甫育公承，承育良浦、良还二子。良还公之子廖胜鸾育二世廖贵朝，次子廖胜伟。伟育贵相，贵相之姚育文庄，文庄之姚育钦明、钦义、钦宗（又名钦楼）三子。钦宗之子廖世邦，世邦之姚育下友直、友顺、友义、友荣、友孝、友才、友谅七子。我们是友才之后裔。友才之姚韦氏育尔瑚、尔玑，居溶江，尔宁、尔瑗（瑗授正九品官）。我们是尔瑗后裔，瑗之姚育登仁、登太和仕洵。仁、太二公因家发生大灾而迫逃到龙脊廖家宅。后太公返回溶江，仁公独居龙脊廖家。仁公之子曰恩，恩之子曰齐，育三昆玉各分居住。金弥长房，才量次房，公额季房。额分来马城下宅，额之姚育公江。公江之姚育公律。公律之姚育朝田、胡袜二子分居，朝田居住下宅为始立居（下宅由此另述）。胡袜分居中宅为始立居，育下公耍、公因、公协，育下昌公育洲公（中宅由此另述）。胡袜再娶大河龙甸塘八滩宅石宜发遗孀，石宜发之子（随母下塘）长大跟随廖姓氏由石姓改为廖姓，其名廖立公为田宅始祖。立公育下四子诺公、水公、分公、灵公。诺公育五子，即暇公、恶公、利公、腹公、列公。水公育果公。（树大枝多各房列表详述）

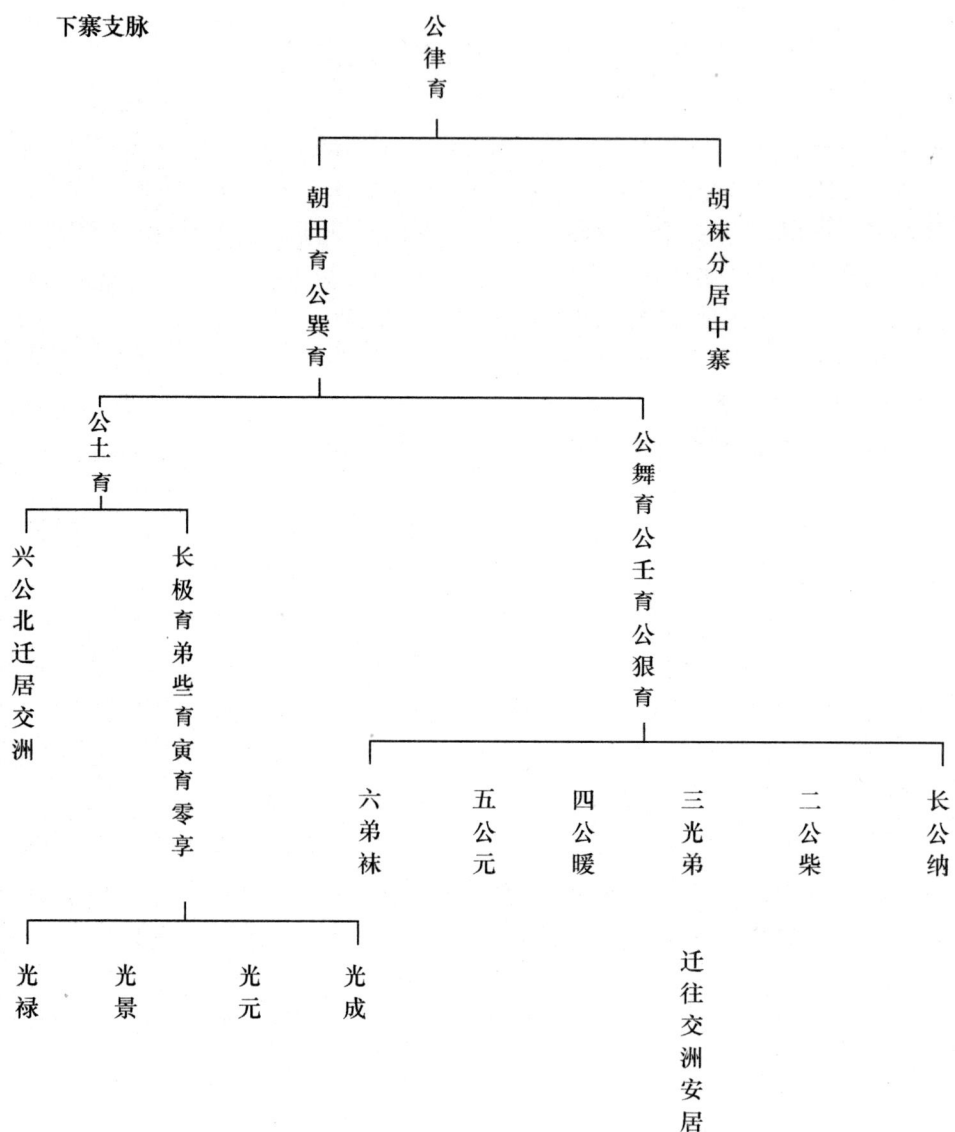

附录1 马城寨宗支

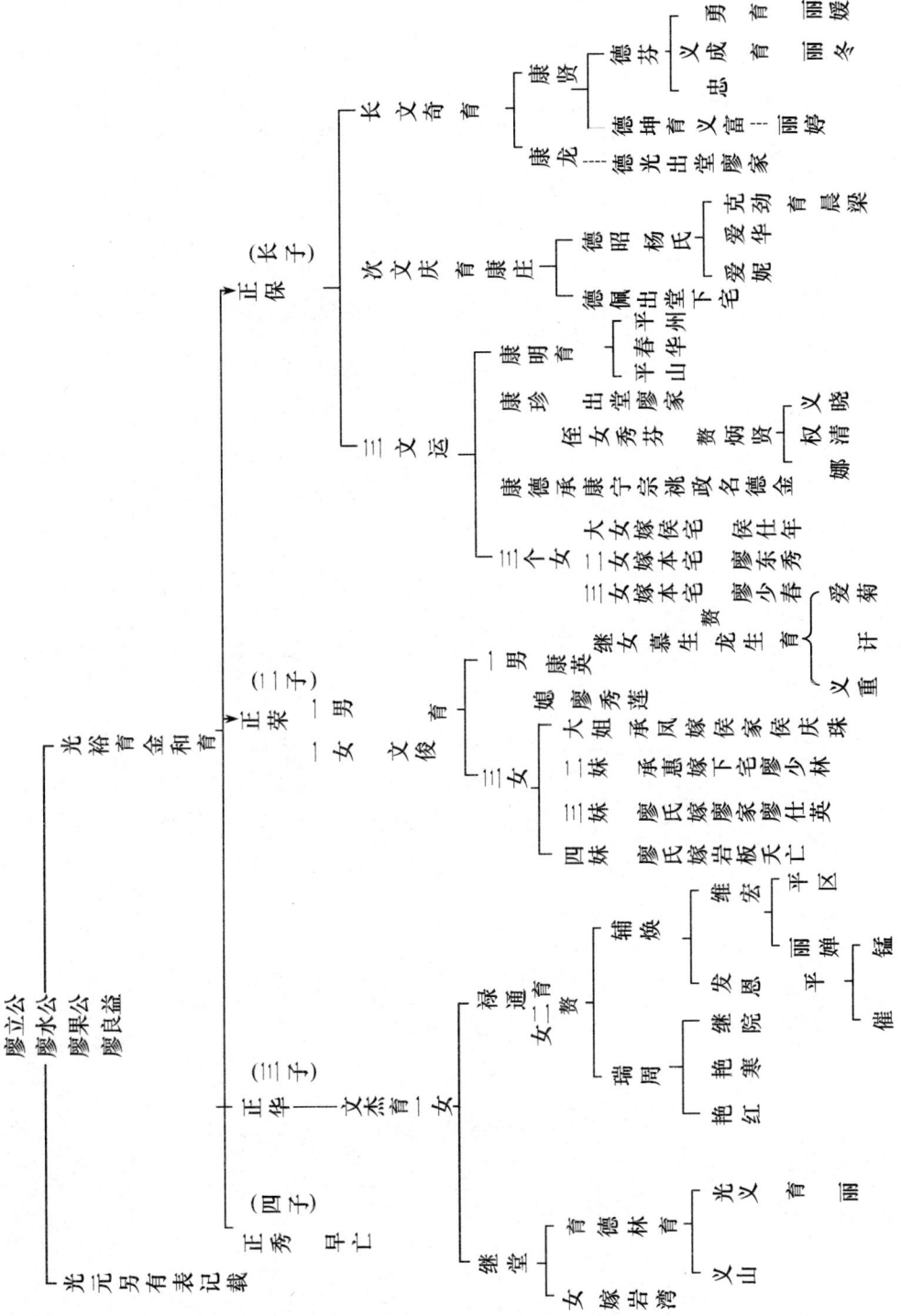

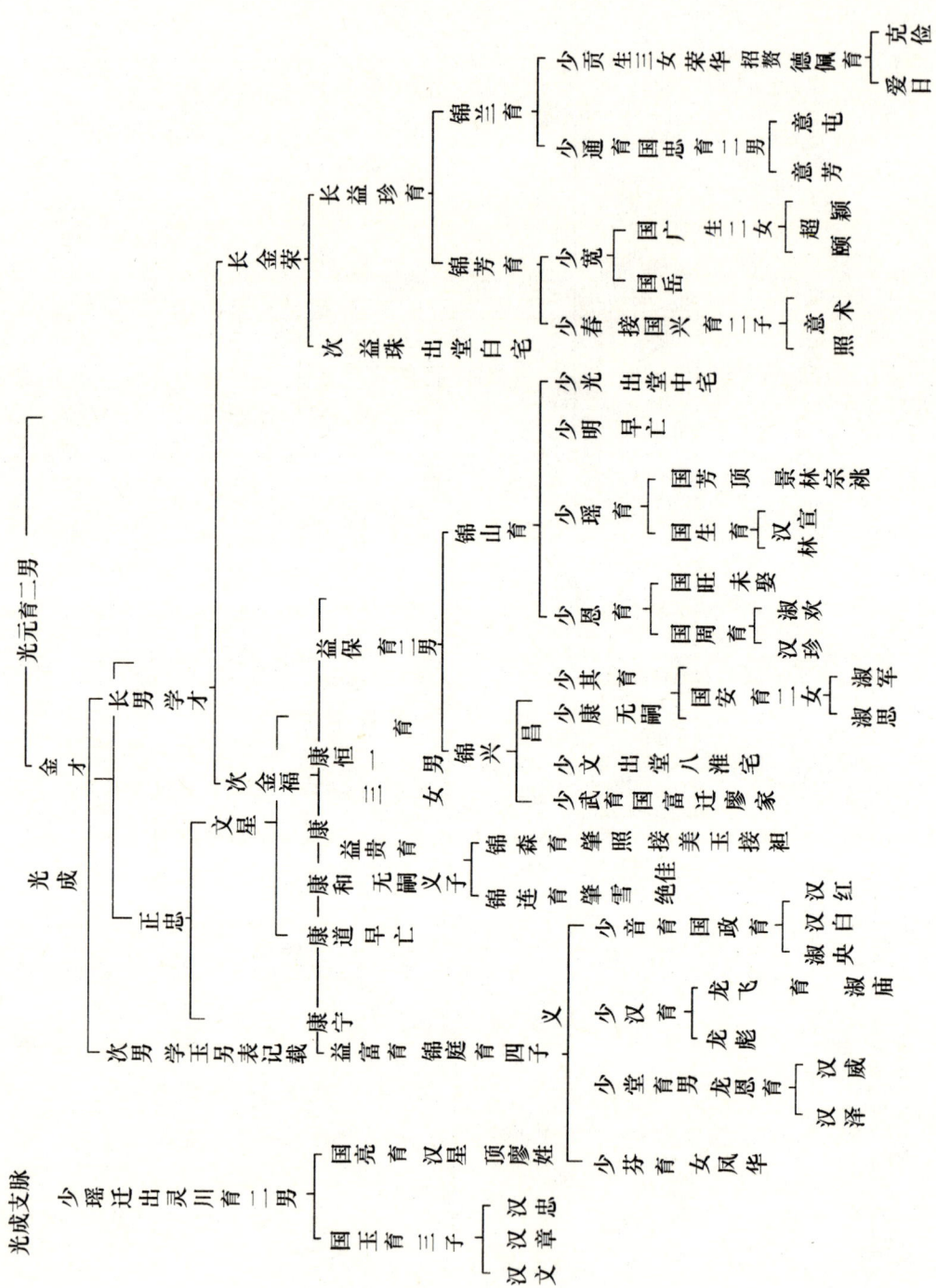

附录1 马城寨宗支

学玉支脉

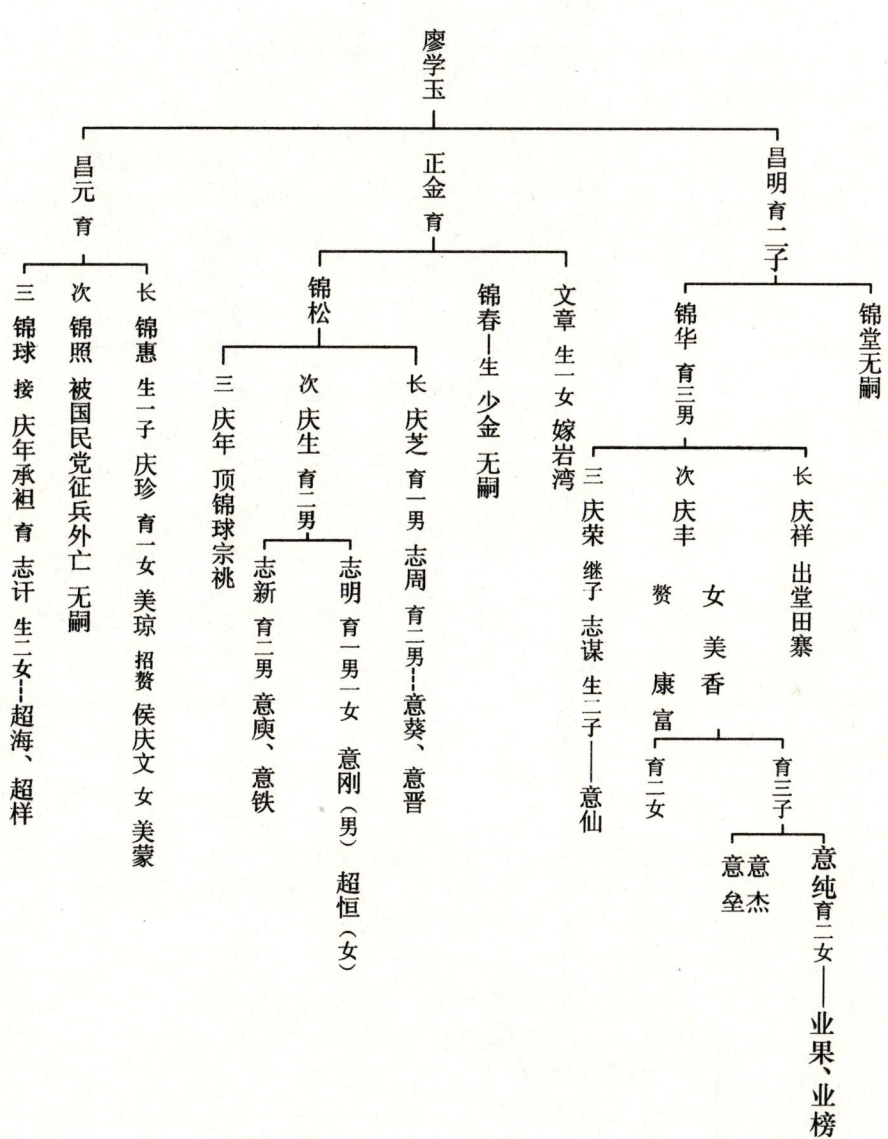

· 224 ·　　　现代背景下的乡土重构

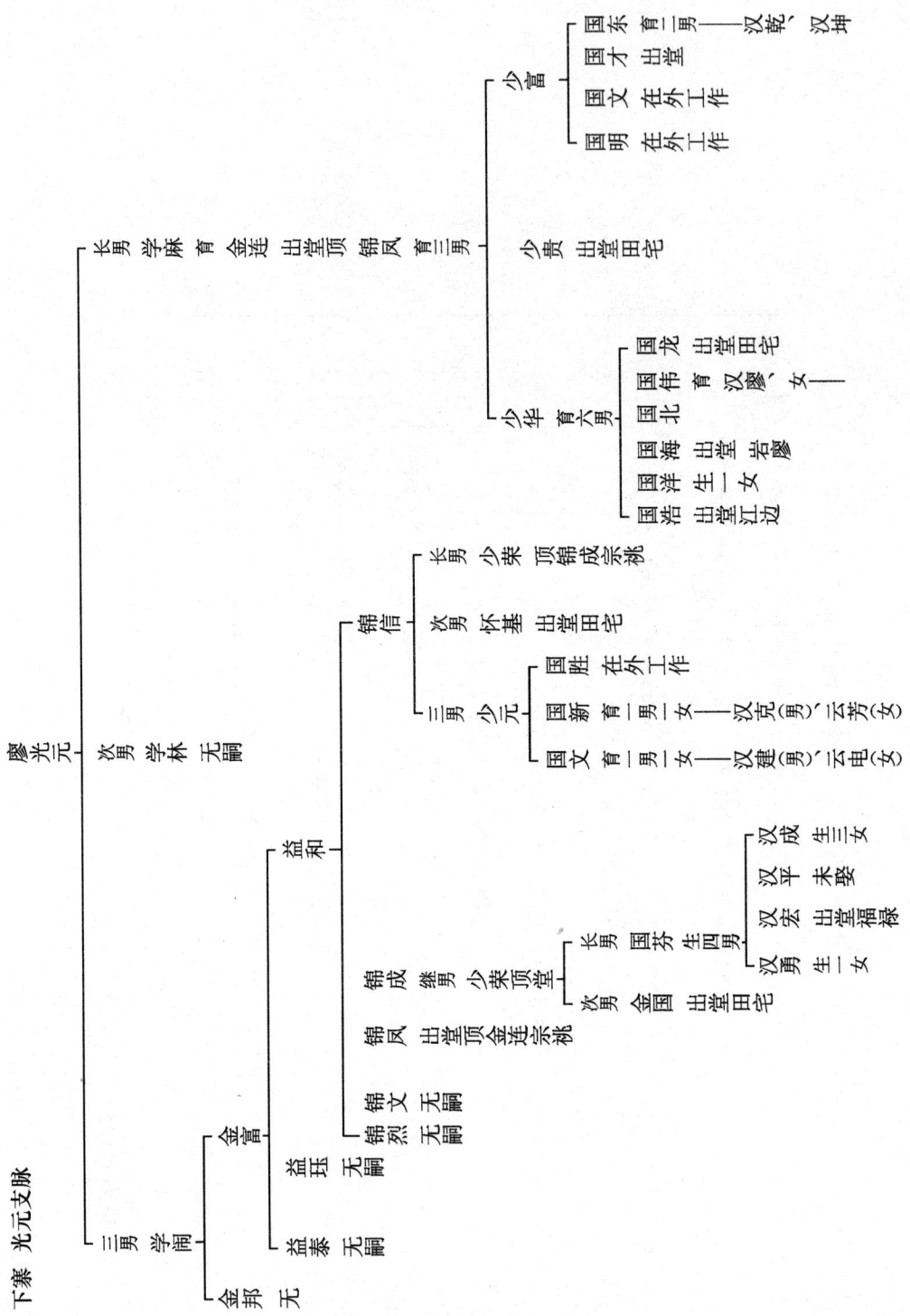

下篆 光元支脉

附录1 马城寨宗支

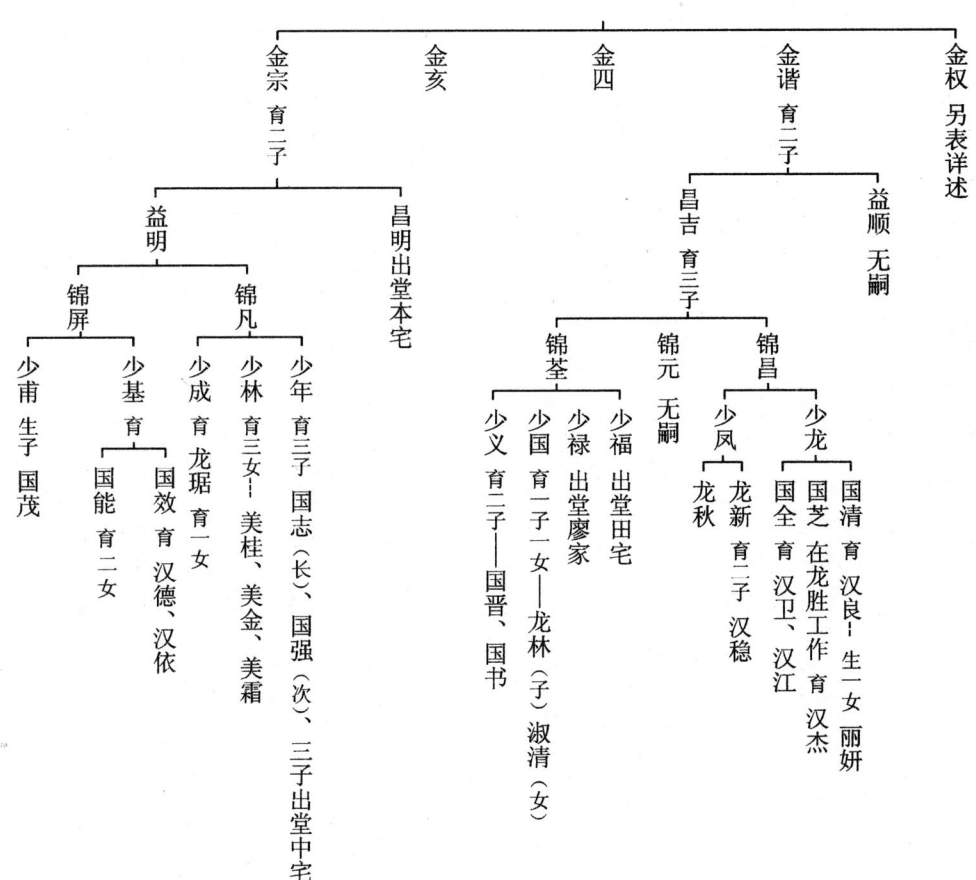

金权支脉

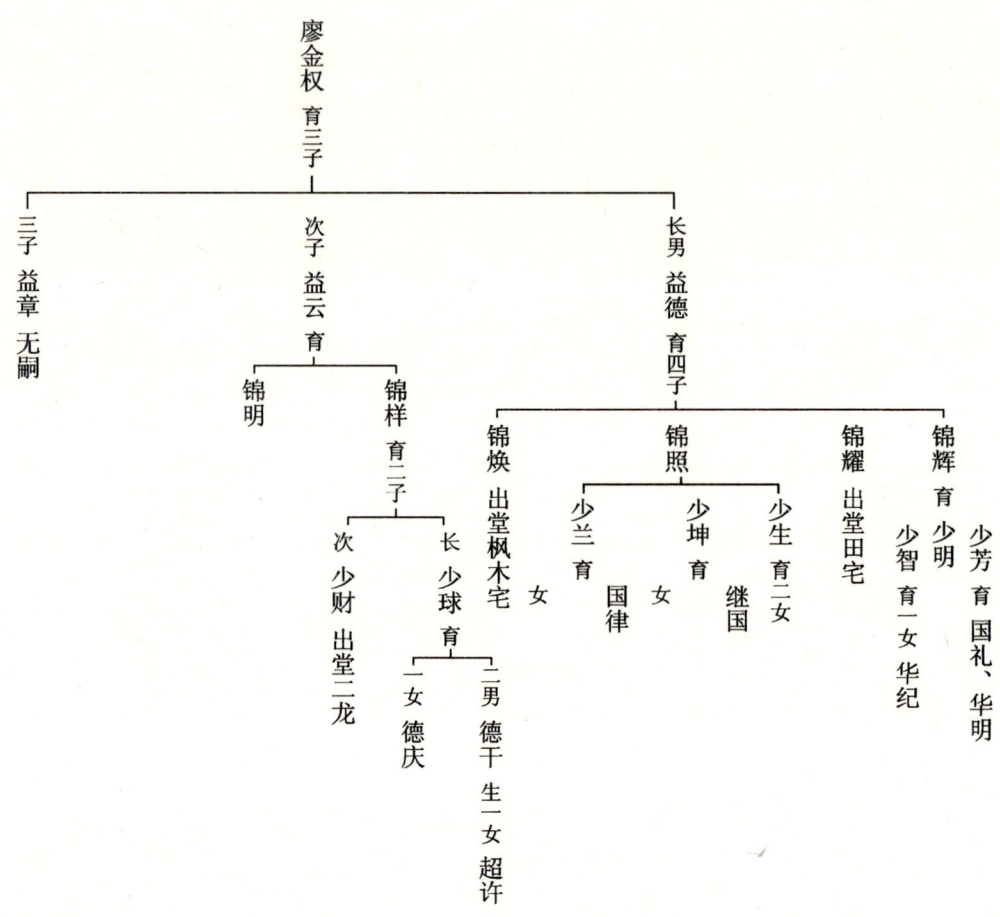

弟合支脉

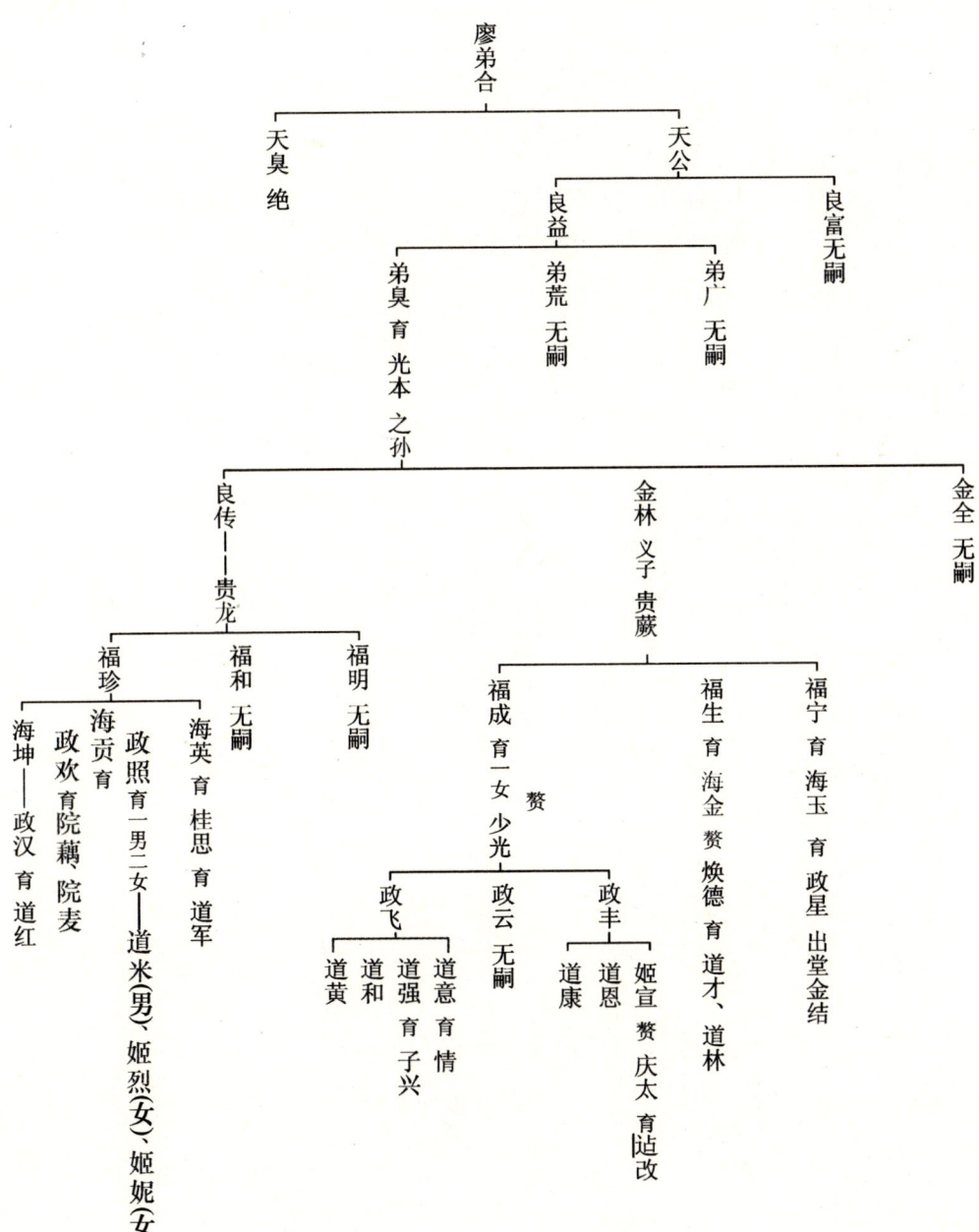

良衡支脉

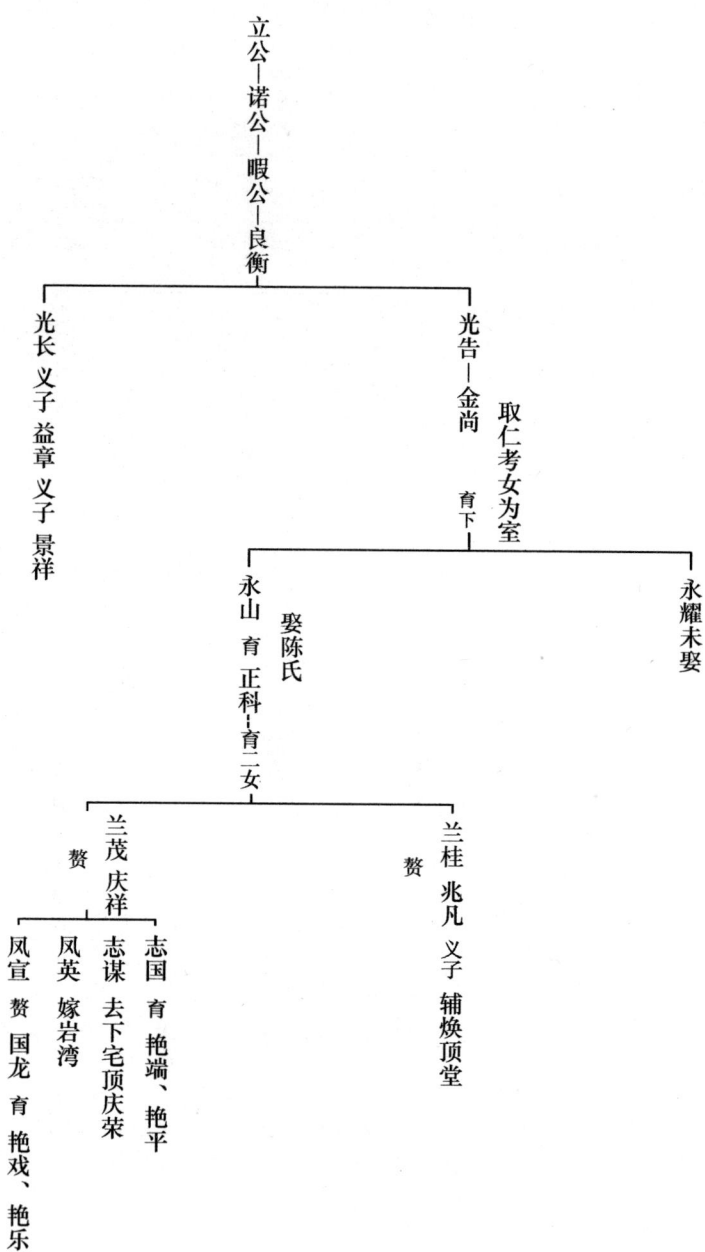

附录1 马城寨宗支

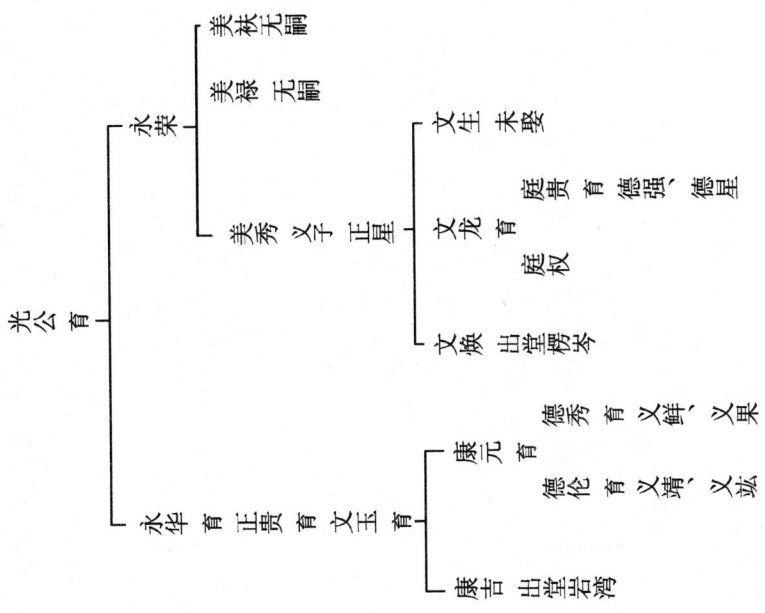

恶公支脉

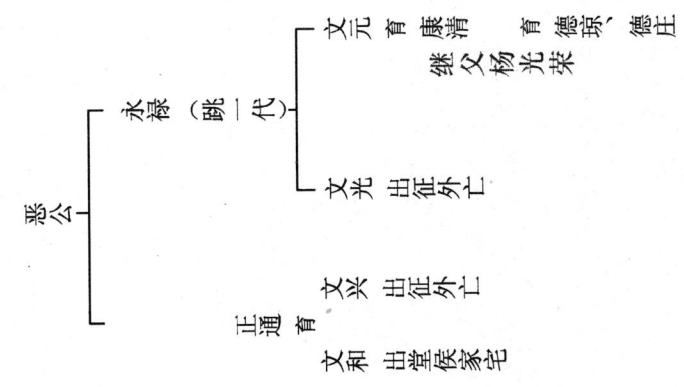

良宁支脉

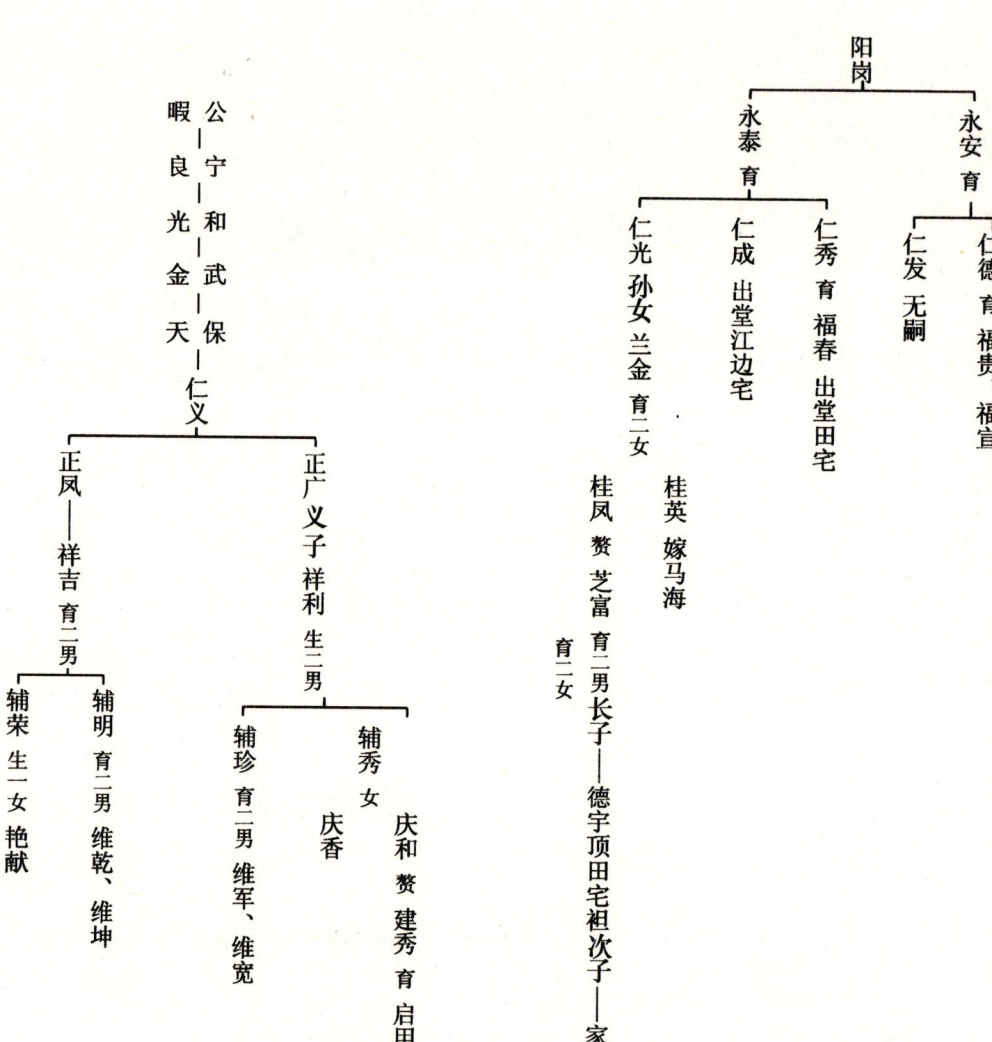

附录1 马城寨宗支

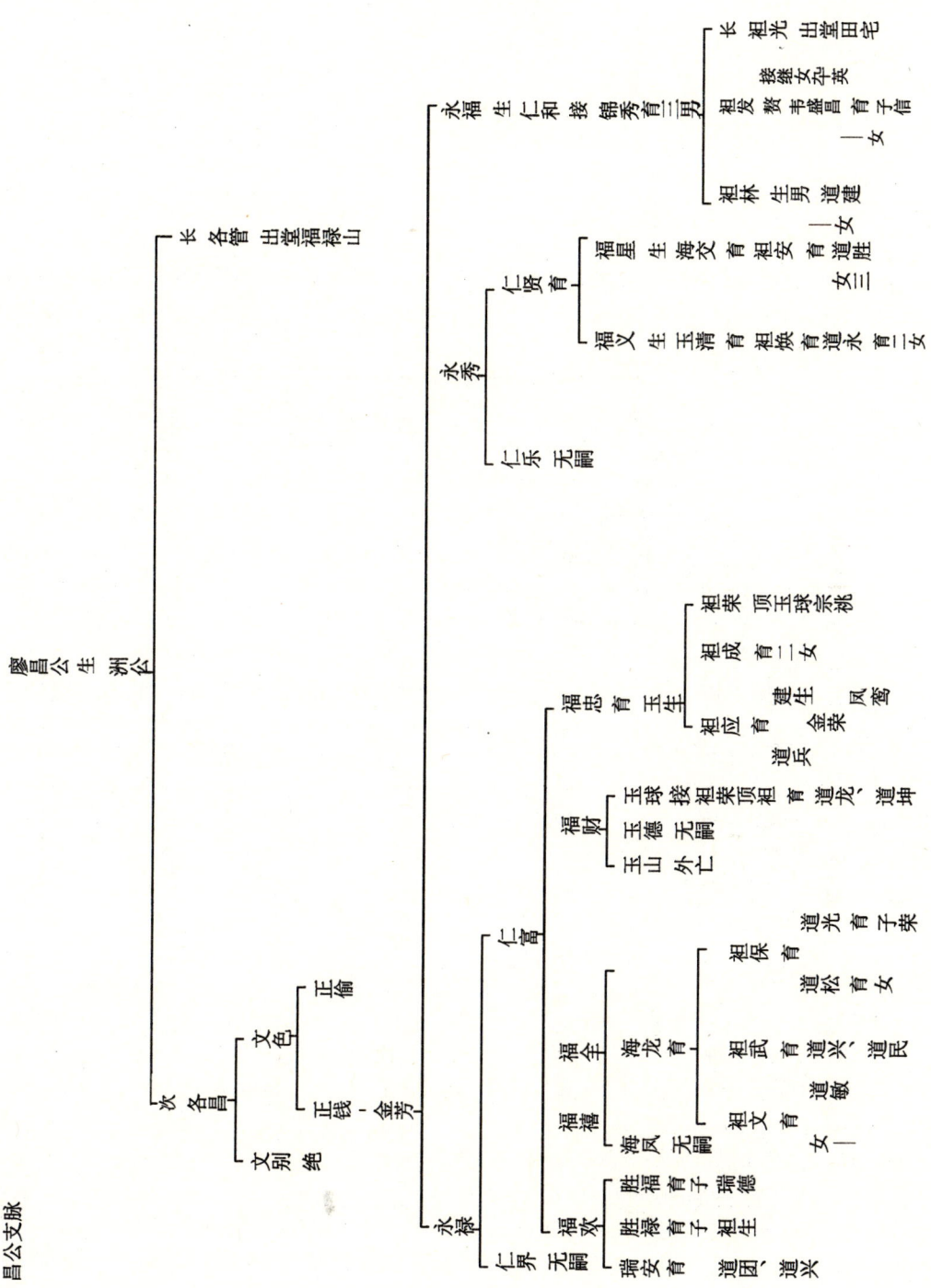

昌公支脉

金荣支脉

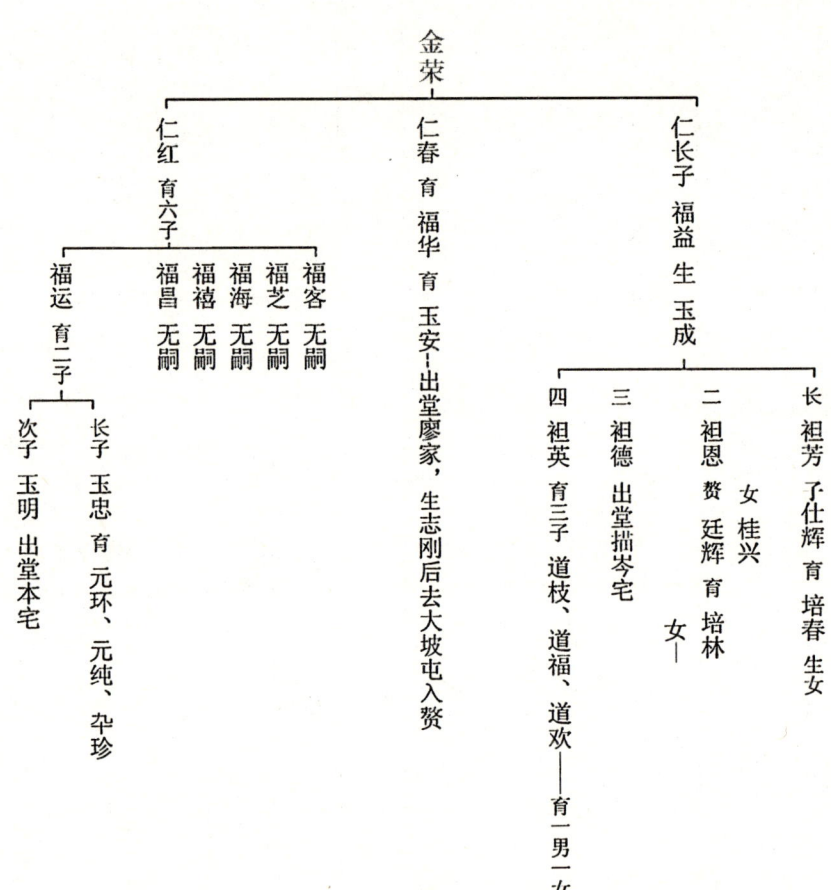

财发支脉

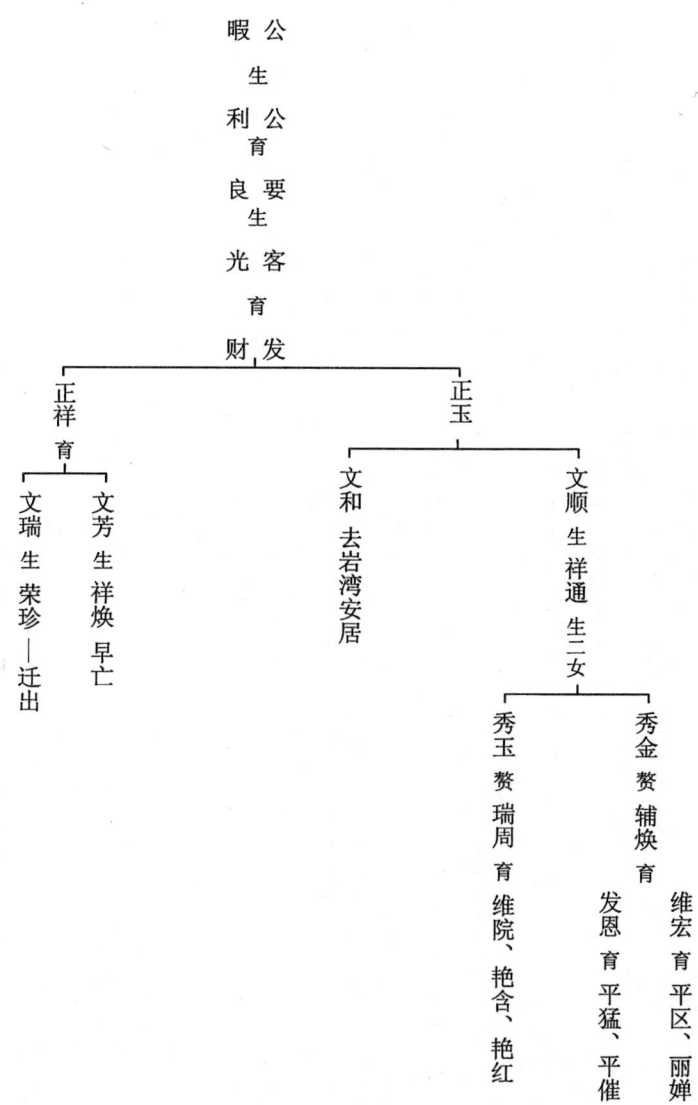

光清之子金昌支脉

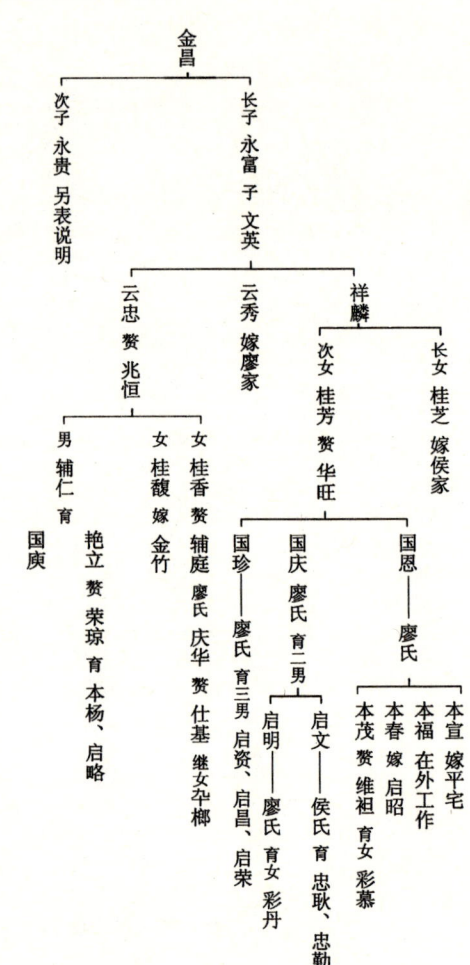

光清之子金唐支脉

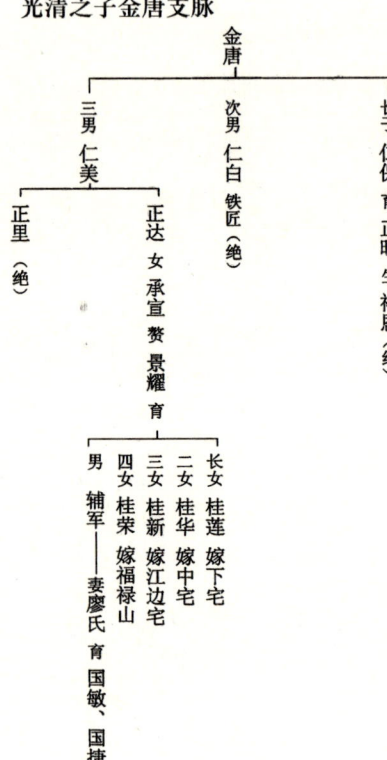

附录1 马城寨宗支

永贵支脉

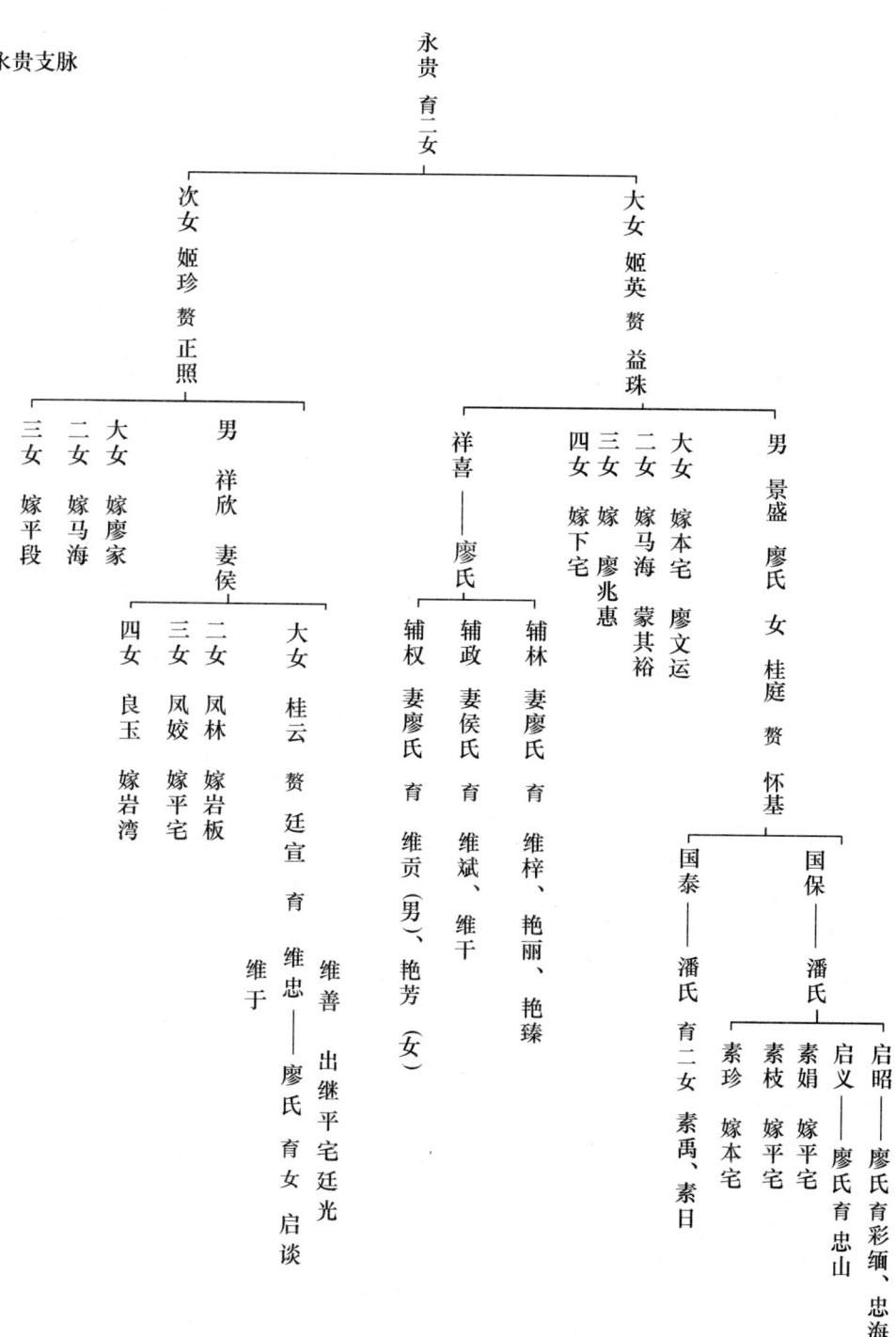

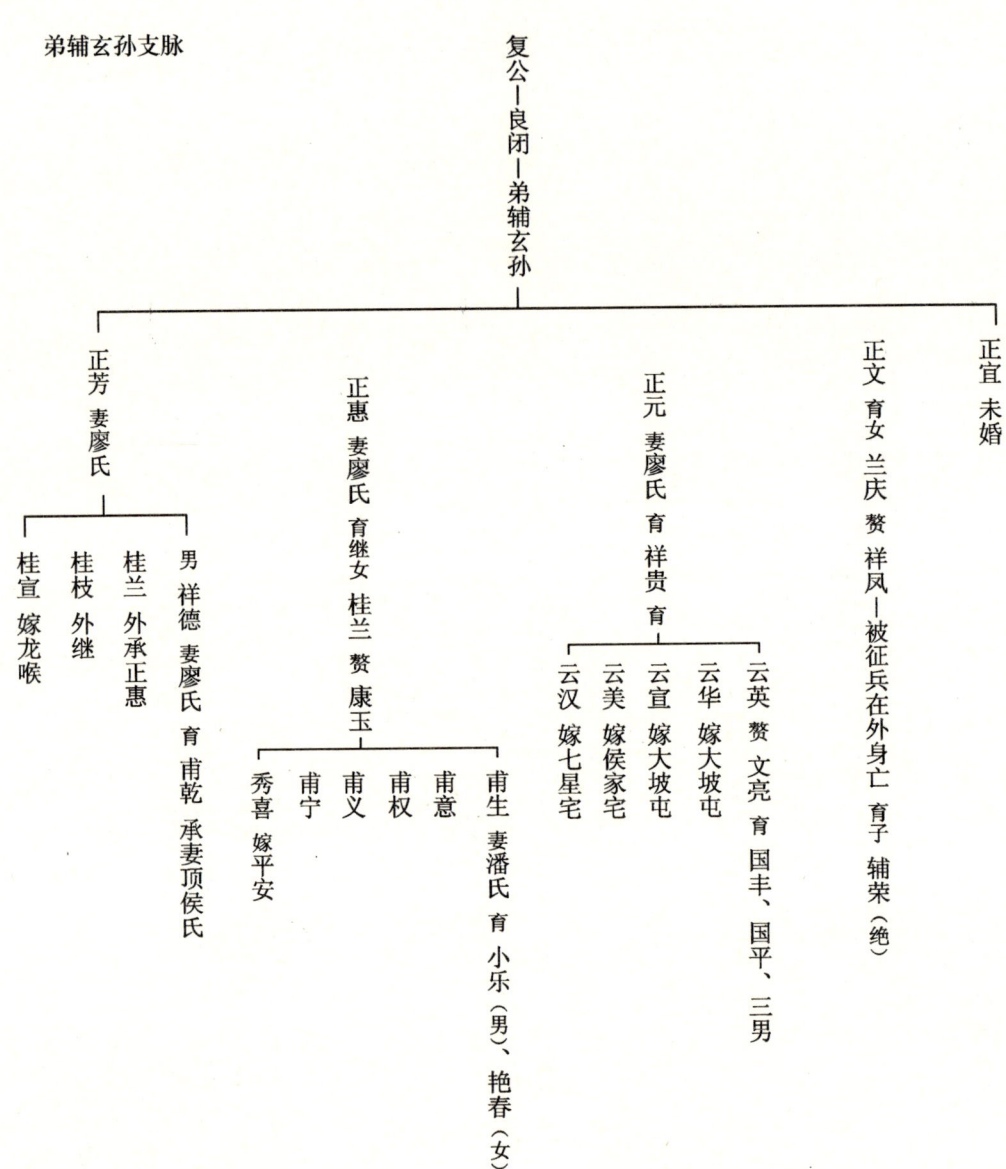

弟辅玄孙支脉

附录1 马城寨宗支

金七支脉

寅公之孙云享之子廖光禄 膝下育四子

- 长子 金七 长房
  - 长男 昌连 妻陈氏 育二子
    - 景富 兄弟未婚
    - 景林 接少瑶三子 国芳为继儿 妻廖氏 育 汉丰——曾氏 育 光泉
- 次子 金义
- 三子 金武
  - 次男 昌茂——黄氏 育 次子 黄世时 随母下堂移居皮度顶黄姓
    - 长子 景玉 出堂田宅
    - 女 出嫁石月
- 四子 金照
  - 女 嫁岩湾仁富为室

良群支脉

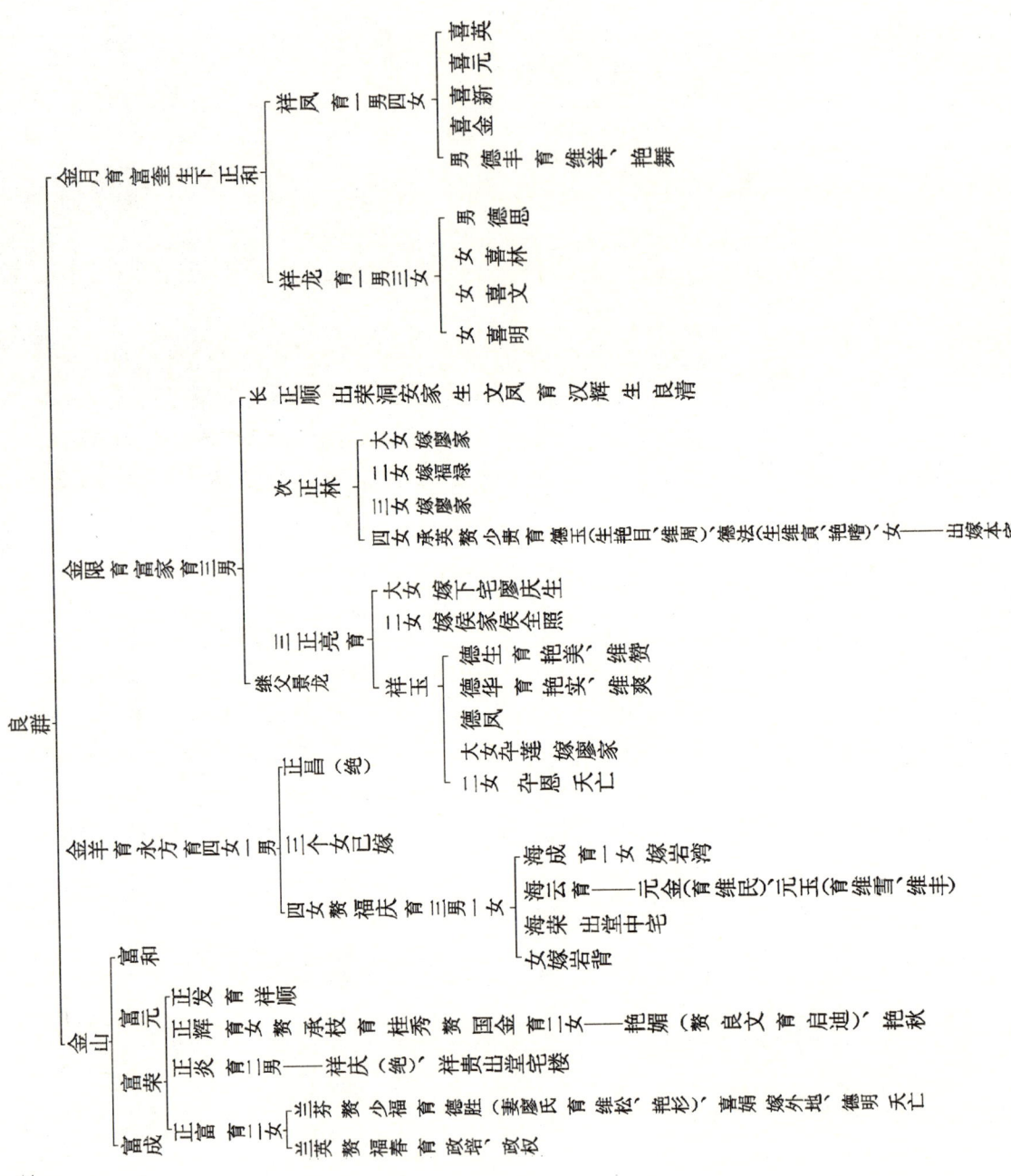

附录1 马垅寨宗支

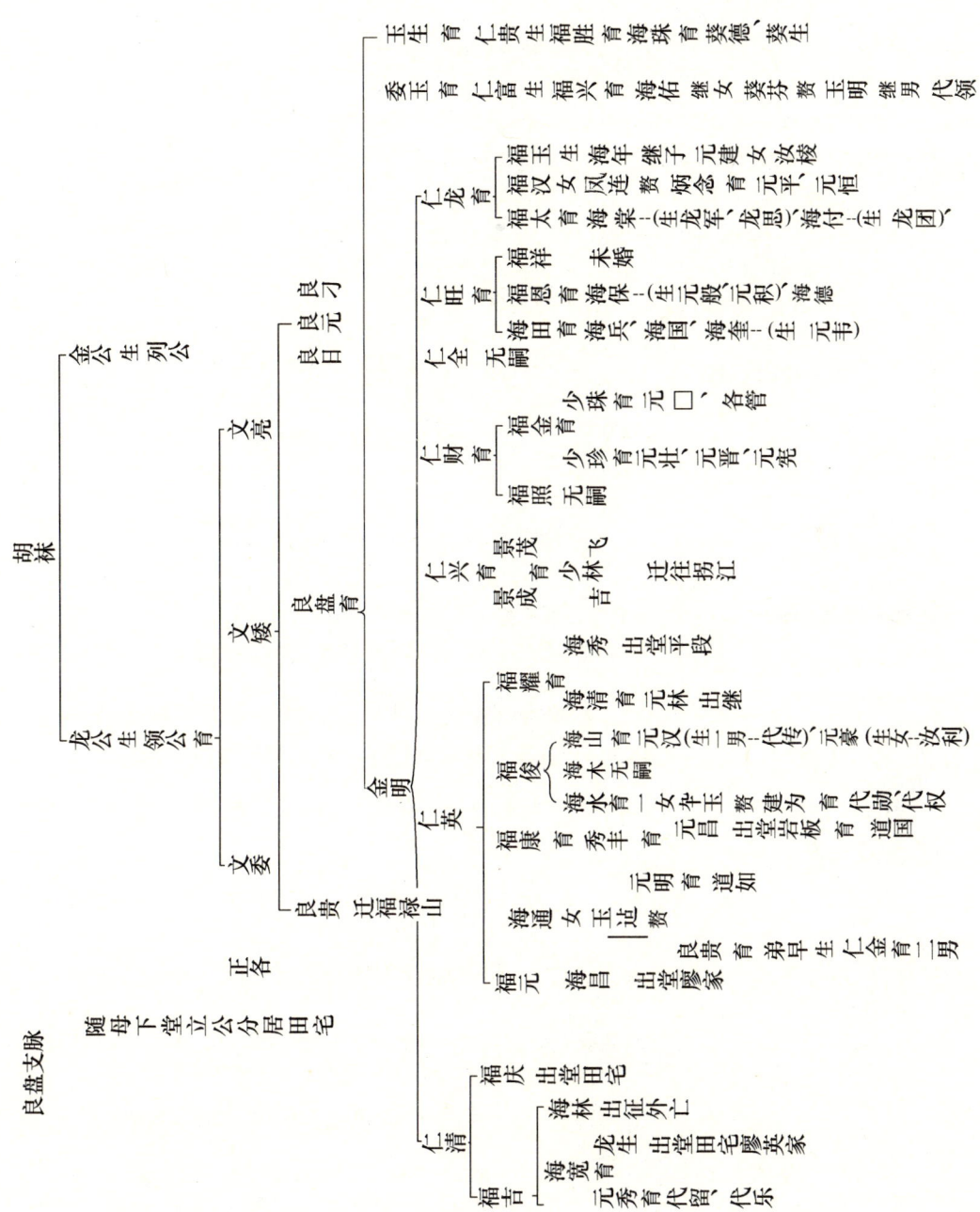

良告 育 永贵
良结 育 永明 生 金棉
良养迁往江边寨
仁亮
福旺 女 兰连 赘 海荣 女——菊英、继男——清秀召女良劝
福保
前妻改嫁岩湾正元 育 祥贵
后妻改嫁平宅昌仁 育 瑞荣
仁古
福昌 出堂廖家宅
福德 无嗣
福安 无嗣
仁底
福美 育 海忠 育
瑞明 住二龙 育 良兴
瑞周 出堂平安村田宅
瑞芝 育 良全、良干
瑞支 出堂本屯
福玉 育 海丰 生 元富 生二女——本棉、本妍
仁寿
福荣 育 海吉 生 瑞龙 育下 良区
福秀 生三男
□□□□
海芳 无嗣
海宣 女 云华 赘 瑞交 育 良勇
福贵 生 海平 育 元召（住二龙 生 良杰）、元坤
仁道
福利 生 海珍 育 瑞凤 育 艳奎、艳海、艳妮
长男 福堂
海恩 育 元均（育下 淑会）、元新——出堂平安
海庭 育 元梓 住桂林
海光 育 元文 住桐木宅
海华 女 云禧 赘 汉宏 育 代权、代胜
海富 育 元义
次男 福英 出堂八滩

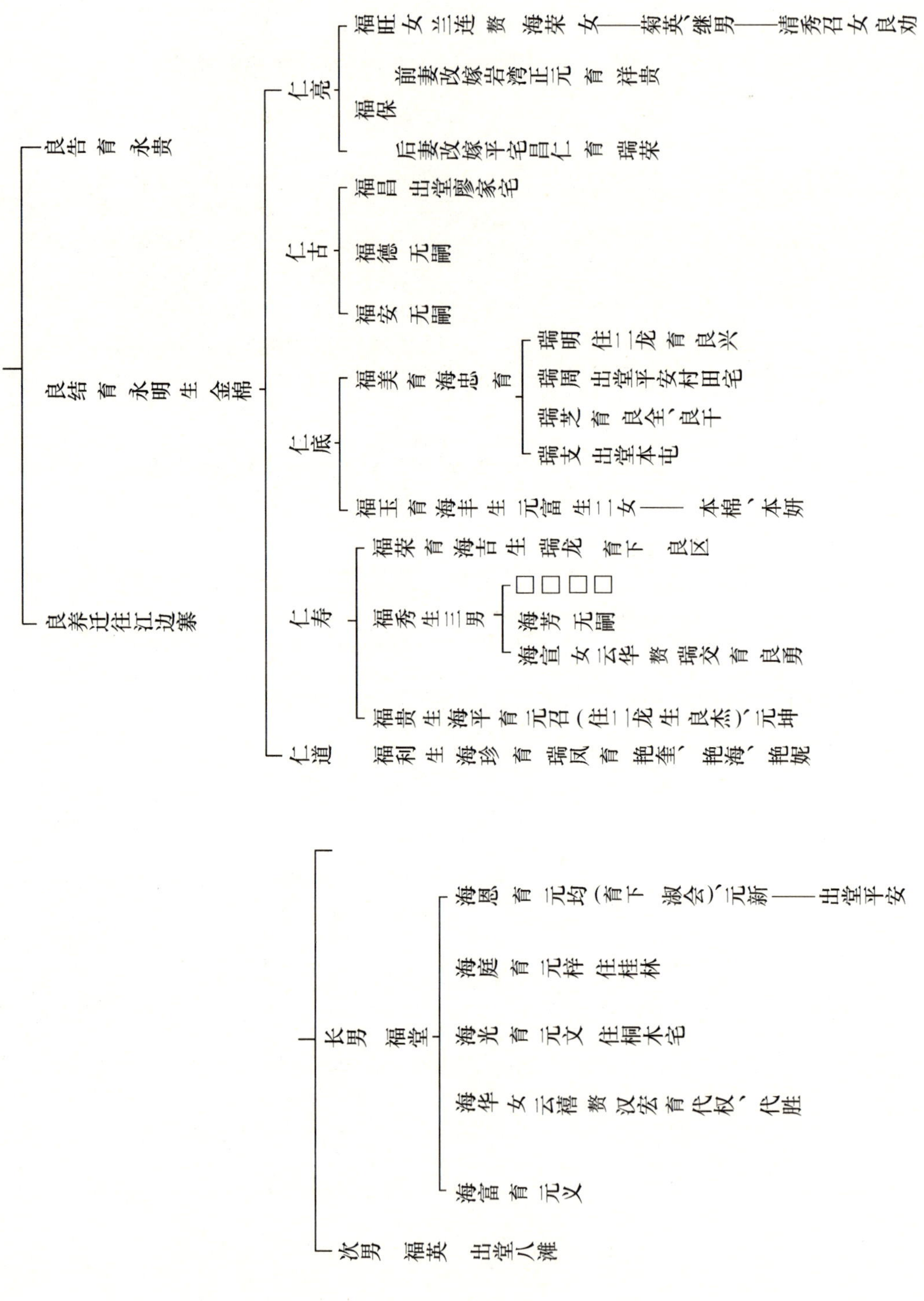

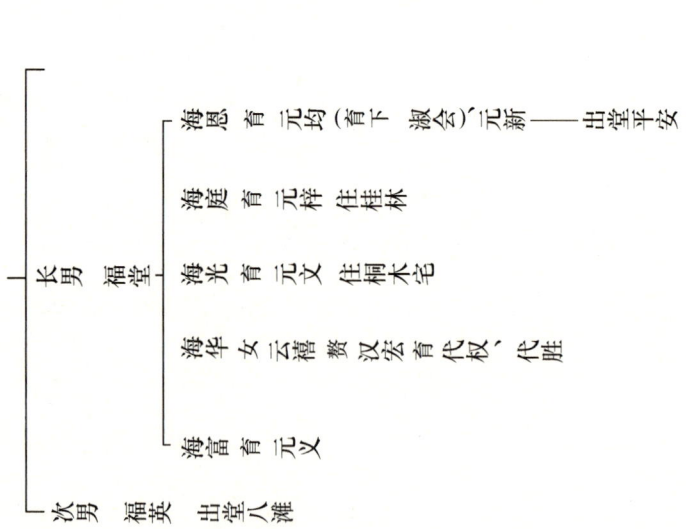

附录1 马城寨宗支

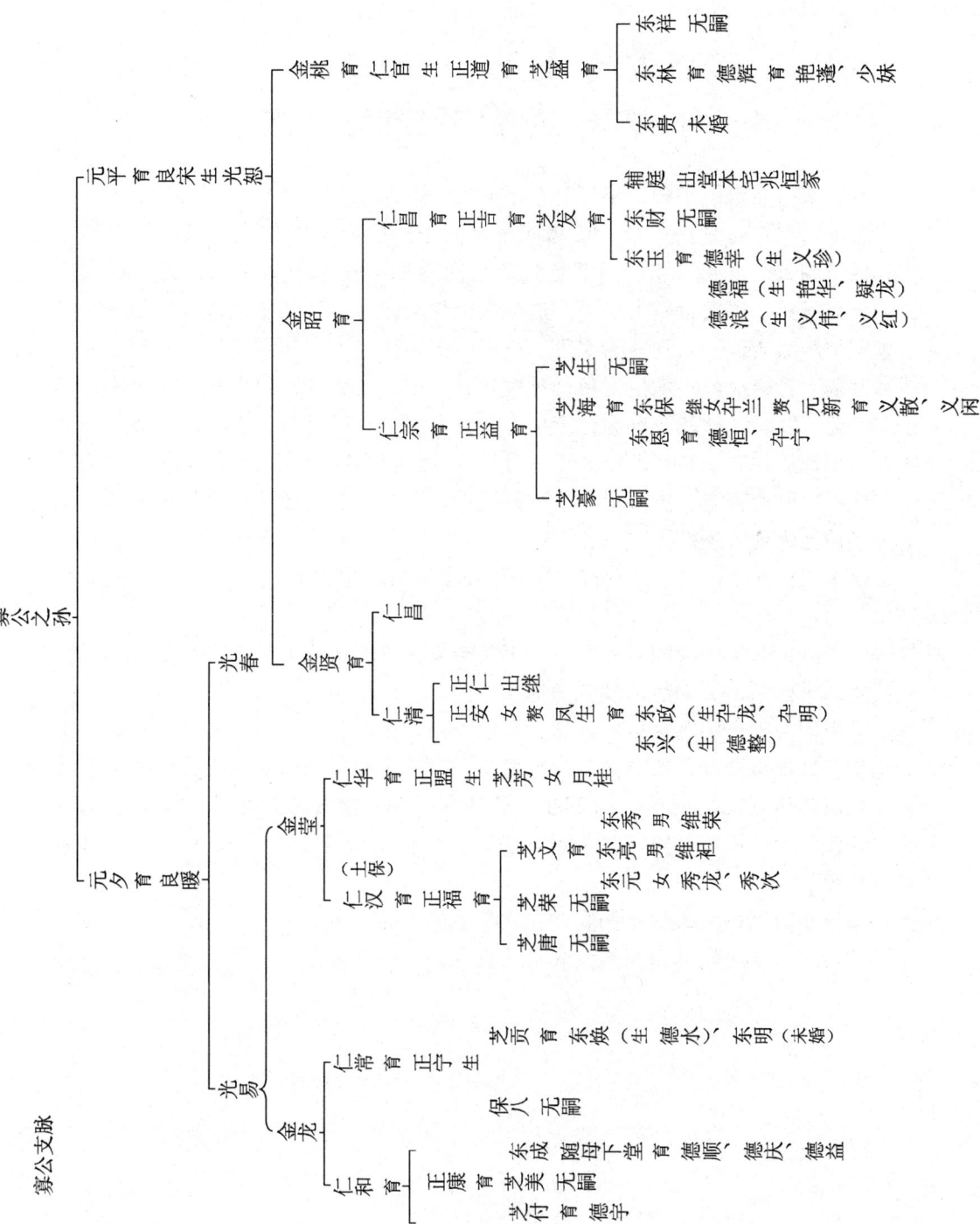

附录2 龙脊乡廖氏家谱

亘古昔祖原籍山东省，出世是东昌府大巷口人氏。

宋神宗二年二月初八日，迁移回至粤西省庆远府南丹州河池县，历有数十代。后于明太祖洪武二年，因瑶造反，自祖避回，兄弟三人，长广道、行次广德、广兴行三。离地行敬大房，广道奔入全州武营，弩箭经年；次房广德迁往灵川廖家塘廖家店，开店置业为生理；三房广兴即往兴安富江洞明塘大巷口，安家耕耘基业，育男廖公，承生万甫，孙胜鸾、胜尾，玄良环，曾贵相，远孙文庄四子，钦盟、钦义、钦聪、钦耀，产男育女，安居溶江蕉岭塘，安家耕耘田土，后于新寨两地居住，于神宗万历九年三月初六日，上祖廖公承去价置买地土，说中潘仁星、廖胜斋言定，置买溶江下五排四甲人潘公朝、潘金芽、潘银前、潘文礼等山场地土十处（下略）。

次于康熙四十二年二月初二日，祖父廖顺枝、廖世邦，去价银二十两买得茶山。

三于雍正八年庚戌四月初九日，祖父廖文修、廖文甫，凭中潘昌贵、潘昌虎去价银二十四两，买得潘昌现茶山地（下略）。

上祖廖公承契买莫家地土之后，育生子孙，育胜斋、顺枝、登泰、登仁，为此均匀各处地土分开，所有茶山地土两亩，金行山一概归付长孙登泰承受取折管业，仍居壮界安家，承收归回溶江蕉岭新寨受用。次孙登仁承受祖业，龙脊一带，任凭开山，耕土开田，基业附养子孙。各处义（宁）兴（安）两邑分枝各处（下略）。

奉旨布政司杨大人尝恩例受监生太学生廖承翰一员。

钦命广西提督翰林编修秦大人赏给正九品一员廖金全。

附录3 依古历碑

盖闻天下灵坛，自汉明帝始立庙寺，由来久矣。窃思鬼神之为德，其盛矣乎。视之不见，听之则闻，当昔

仁天敕封　广福侯王大自漫江口出世得道
　　　　　摩王大帝自西州关口出世得道

明朝敕封　三将太子主相三郎五通八相郎君历来护国，世界远播，利济乡民，求之则应，叩之则灵，谁不沾护佑之恩。前祖于乾隆丙辰（1736年。——笔者注）之春，修在裕先牛塘、李家田背两处地基，系三甲（龙脊十三寨约在清嘉庆初年被分为上、中、下三甲。——笔者注）共奉七十九载。次于嘉庆甲戌（1814年。——笔者注）之夏，兑移坡牛安座。自上甲半共奉四十五年。三于咸丰己未（1859年。——笔者注）季春朔一日巳时吉旦，众村分移至此，净地安座，于孟冬朔，亦未刻十灵福登殿。俱各诚心往来朝叩，得甚方便。上议毛呈三寨共祭十分，廖、侯二村共祭十分，是系均匀奉祀敬养，惟沾百福联臻，千祥云集，圣恩不朽，民敬不废。为此刊刻来历，永以为记。

（落款姓名略）

同治元年（1862年。——笔者注）壬戌岁杨月上浣吉旦同立

附录4　兴安县西外区龙脊团添丁会布告

　　为布告事照得，今日文明国家许人民自由集会结社，无非令人讲兴利除弊，以图地方自治。而学会、农会、商会布满天下，若会员能振作精神，竞争进步，以图富强，未尝不占于优胜地位。今我辈设会，意不在此。因吾辈命运乖违，欠缺子息，恐后启之无人痛，先灵之谁靠，不已，而推定相续之人，或同宗或异姓，以承吾之财产。宗支使数百年继续之权，一旦失于他人之手。此中景况，难向人言。不但此也。一家相聚，难免无同异之心，父子同居或具有彼此之见。有善无可劝勉，有恶无从规戒。不已，前派代表赴县呈请县公署。马知事批"状悉，准尔承祧备案，自行勒碑，永远竖立通衢"。此批如是，而集同况之人结一社会，又何敢望优胜于社会上也，只求宗支香烟不替，家庭相督有人。或内外房族稍有差池，可于社会讨论，互为劝勉，互为警戒。设此会者，非庆也，实自悲也。然无子而有子，无孙而有孙，螽斯衍庆，麟趾呈祥，又何尝与家族有异同也，切切此布。

　　民国十七年岁次戊辰二月二十三日　会员廖笔周、侯永连、潘润德、廖文英、潘永团、陈庭英、侯庭甫、潘玉章、廖吉欢、蒙吉清、陈富朝、陈昌保、廖昌庭、潘保生、潘美玉、罗尧德、潘日甫、侯益定、廖肇光、廖王达、廖文杰、廖正安、廖昌兴、廖昌永、廖昌宁、廖王屏、廖华安、廖吉祥、廖昌儒、廖益秀、潘安兴、潘安凤、潘安武、潘昌元、潘光荣、潘王禄、潘光庭、潘光华、潘昌英、潘蒙善、潘仕明、潘仕成、潘凤元、潘胜丰、潘富友、潘光星　同立

附录 5　Liaokangying 1996 年 9 月 19 日日记

1996 年 9 月 19 日

村召开紧急会议

修路问题：17 日县视察组到平安回去后便说：公路改由其他地开到龙脊，到龙脊后用便道至平安。

1. 造价何线花钱多？
2. 土地赔偿何线易些？
3. 土地赔偿平安没有土地赔偿。
4. 由平安上可搞旅游一条龙，开发龙潭金竹壮家—黄洛瑶寨—平安梯田。

派代表 Liaofulin、Liaoyuanzhuang、Liaokangying 下县。

附录6　Liaokangying 1997年2月28日日记

1997年2月28日
村部召开会议
到会人员：Liaodongyu、Liaoguoquan、Liaoguoxing、Liaodaoyong、Liaokeyi、Liaoyuanzhuang、Liaoyuanxin、Liaodezheng、Liaohanyong、Liaodepei、Liaohanhong、Liaokeren、Liaozhengpei、Liaoyuanxiu、Liaokezi、Liaoqiyi、Liaopeichun、Liaodehui、Liaodefeng、Liaodaofu、Liaoweikuan、Shiguijiao、Liaowenchun、Liaoyichun、Liaoaiju、Liaodeqiong、Liaoguojie、Liaodeyu、Liaodaohe、Liaodaowei、Liaoguozhou、Liaotingquan
研究工作：
修公路工作已实现了
1. 成立指挥部
2. 施工方案和方式
3. 开路集资方面
4. 土地调整
一、公路指挥部组成人员：
　　（一）指挥长：
　　　　　副指挥长：Liaozhengpei、Liaoyuanxin、Liaodaoyong
　　（二）会计员：Liaoguoxing
　　　　　出纳员：Liaoqiyi
　　　　　施工员：Liaoguoquan、Liaoyichun
　　　　　爆破员：Liaoyuanzhuang、Liaolong'en
　　　　　管理员：Liaofulin、Liaohanhong
　　　　　记工员：爆破员兼
　　　　　炊事员：Liaokeren、Liaoguojie
　　（三）各组负责人：
　　　　　1组：Liaokeyi、Liaodezheng、Liaodeqiong
　　　　　2组：Liaoqiyi、Liaopeichun、Liaodehui
　　　　　3组、8组：Liaoyuanzhuang、Liaozhengpei、Liaoyuanxiu

4 组：Liaoguoquan、Liaoguoxing、Liaodepei

5 组：Liaoyichun、Liaohanhong、Liaolong'en、Liaoguozhou

二、施工方案：任务分到组（由各组安排到户）。

三、集资方案：每个人口 10 元。

ABSTRACT

The object of this research is Ping'an Zhai, a Zhuang village located in Longsheng Autonomous County in Guangxi. The method of investigation is participant observation and depth interviews. It uses the framework of ethnography, to describe the rural society re-construction process in modernization, reveal its views of economic and social transformation and analyze its inherent laws in the changes.

On the basis of two historical processes of China's rural modernization—economic changes and the enforced effort that the state controls rural society—the research will be done through analyzing the processes of economic re-construction and social re-construction in the view of the theory of social transformation.

This study first takes a look at the economic transformation of Ping'an Zhai. Ping'an Zhai has a traditional small-scale peasant economy in which production and consumption is by each family unit for the purpose of survival. In this village, the majority of farmer families live their lives at the edge of surviving, the working method is "survival rationality". In this kind of survival economy, the features of "the moral economy" and "the rational peasant" present at the same time. To the peasants who have been living in bad conditions for a long period, survival rather than profit maximization is the first concern. Nevertheless, they do have a sense of rationality in survival.

Up to 1949, Ping'an Zhai existed with the same conditions as the Lu Village that FeiXiaoTong investigated, a place that modern economic influences had barely touched. Because the productivity was too low to absorb capital, ownership of the land was unlikely to expand, and so, the surplus laborers had been bound to the disperser lands. Regarding the issue of how to develop industry, China was conflicted with the western countries. Before China's semi-colonial semi-feudal status was solved politically, the industrialization of China's cities was difficult to develop enough to absorb surplus laborers from rural areas. Before 1949, there was no modern industry in Longsheng County even whole Guangxi province. Ping'san Zhai economy was on the way of involution for the pressure of farmland population.

After the establishment of People's Republic of China, new political power reached deep to rural villages, further more, it developed around rural economies, reorganizing them through campaigns of land reformation, fixed grain production, purchase and sale quota collectivization. But in this process, the Ping'an Zhai economy involution continued due to the farmers were bound to their limited lands even more strictly, with no alternative except for farming. Ping'an Zhai economy, restrained by collectivist involvement developed slowly or even stood still for a long time.

With the commencement of China's economic reforms and opening up to the outside world in the late 1970's, the situation began to improve. During the 1990's, new roads brought in tourists, Ping'an Zhai was taken into the great market of tourism. Tourism served as a motor for economic development and diversification to the extent that nowadays Ping'an Zhai economy has progressed, becoming less dependent on agriculture. It eventually reduces its reliance on less rewarding work and stagnant small-scale farming, moving away from traditional agriculture economy and became increasingly more modern.

Another aspect this study has paid attention to is the social re-constructuring of Ping'an Zhai. During the late Qing and early republican era, the state brought local administration under central control and had local authorities serve the interests of the central state. Ping'an Zhai somehow experienced reconstruction of the political and social order. Previously, state power exercised in Ping'an was built on the basis of a sort of military organization, a system of "baojia" and "tuanlian". However, local power consisting of the Zhai elders "Zhailao", had somehow weakened the state power, developing into the ethical and social order.

After the suppression of the Yao minority group uprising in 1933, the government promoted the policy of Xinzheng, "new government policy", which made a profound change in local political life. As a result of the Xinzheng, the Zhailao system lost its preeminence as the dominant power stabilizing village society. The Xinzheng was only partially successful and still depended on the cooperation of village leaders, unable to avoid what Prasenjit Duara called "state involution", but somewhat different. There was resistance by some, and other Zhailao who chose to cooperate with and formalize their status in the new government often saw their connection with and influence over the people weakened. Furthermore, the government just wanted Zhailao to complete its goal, mainly taxation, allocate levying and social custom improvement etc, but not the government principle transformation. This meant that it was hard to implement the Xinzheng and overall it failed to establish a standardized system of governance. As a result, the local power chose negative treatment to avoid the state power, or paced back and forth between the state and village while the state's benefit was in conflict with the village's, so the chain of power linking the state to the local authority was very frail.

After 1949 when new China had been established, Chinese villages experienced an intensive process of political reconstruction. From the time of land reform to the people's commune, Chinese farmers established the new economy and social order through class struggle. By the time the people's commune was established, the state power became involved in all aspect of village social life and farmer's nearly lost all of their rights. Their daily activities were controlled by state ideology; and the independence of rural society was dispelled. From the viewpoint of the relationship between the state and rural society, this meant state power has dominated the community authority. It seemed to have advanced national-construction, however, the centralization of the people's commune system which was established on the basis of direct plan economy was unable to solve the five basic problems of the national system construction, state identity, legitimacy, penetration, participation and distribution which was in crisis.

In the 70s and 80s of the 20th century, having been through the people's commune system experiment, the central government and Chinese people profoundly realized that state power must have the inseparable relationship with society. Thus, the Ping'an village, like other villages in China, started the practice of villagers autonomy. The essence of villagers autonomy is to reconstruct the relationship between state and local society. But, because its mechanism and organizational function were not suitable to construct a market economy, the autonomous villages had the condition of the mechanism uncoordinated and the function withered.

This dissertation believes that the Ping'an village economic change represented one type of transformation that approaches "the market economy", away from the agricultural economy type, which might be summarized as "the Ping'an pattern". It is the creation of the Ping'an village people in modern times and the result of a traditional agricultural community docking with outsider information society. It is representative of Chinese countryside economy development, and it will play an exemplary role in exploring the modernization way for Chinese, particularly for those living in the west of China.

Though the economy develops, the villagers autonomous mechanism laid down conditions that have caused some local social problems such as the "3. 25 Event", reveals disharmony of local society, and its political significance cannot be ignored. As a case of the disharmony of Ping'an society, it is the expression of the imbalance of rights and in the final analysis, it is the result of social and institutional reconstruction not well matched with economic development in the social transformation. That is, in a time when market took the place of redistribution and became the mechanism of resource allocation, interest distribution is no longer dependent on the state, but on the interest game in the market and society, for which the corresponding interest coordinative mechanism has not been founded or improved, as is made manifest in the contradiction between the diffused petty farmer and market and government.

To fulfill economic prosperity and create harmony in nature and society, the most important thing is to have benign relations between the farmer and the market, and the farmer and the state. But to promote interaction between the farmer, the market and the state, we must raise farmers' ability and the organizational level, and integrate them into a systemic framework, making it a part of new system, and meeting the market needs. The key is to further complete the village autonomous system. To do so, we must have the creativity to cultivate and construct a professional economic organization, reconstruct village social basis, and develop the resources of village autonomous organizations. At the same time, we must establish and construct various economic professional organizations in the mold of modern and scientific democratic organizational form. We need to establish new government relations, principles and rules on the basis of advancing the rural organization, and to establish modern citizen status through powerful restriction and protection.

后　　记

　　以往每写完一篇论文或一部书稿，心情总是轻松愉快的，可这次却难以平静。敲完最后一个字，长长地舒了一口气，起身推开窗户，抬眼仰望星空，月光下的夜是那么的寂静安宁，思绪却如一匹脱缰的马，在无垠的天际间驰骋。2003年暑期，我在时隔10多年后鬼使神差地重访平安寨。也许是受那剪不断的"乡土情结"支配，徜徉在山寨中，好像沐浴在春风里。迎面而来的童叟老妪，一个个都像是我家乡的父老乡亲，他们朴实、慈祥的一颦一笑使我感到亲切，他们直面困难，勇于进取，抓住机遇，发挥优势，谋求发展，勤劳、勇敢和智慧的品格让我钦佩不已。于是，我马上作出了一个决定：要写一部有关他们的书。从此，我的思绪就一直被它所缠绕。尽管我乡村人类学研究的积累和经验不丰富，走进他们的生活，那山村的生活是似曾相识却又似雾里看花，但我却一直在密切地关注它，苦苦地思索它。日月如梭，光阴似箭，几年时间过去了，我也草就了这部书稿。虽算不上成功之作，却凝聚着自己的心血。更重要的，它承载着一个农民的儿子对乡土的深情，寄托着我自从学以来的梦想。

　　这个梦想的源头要回溯到1981年。这是一个普通的年份，但在中国人类学史上却是不平凡的一年。就在这一年，中国人类学的恢复迈出了重要的一步，中山大学复办了人类学系。这一年对一个16岁的农家少年来说，也是难忘的。他走出山村，南下羊城，来到这所由国父孙中山先生创办的高等学府，第一次接触到了人类学，第一次从梁钊韬、张寿祺、容观琼等学人身上感受到了中国老一辈人类学家的风范，也从周大鸣、乔晓勤、张建世等年轻人类学家的风采中体会到了人类学的魅力。从此，这个少年执著地耕耘在人类学这块田地上。尽管没有多么惊人的业绩，但却始终默默地坚持着自己的追求。因为长辈们的学识和人格魅力始终激励着他，他的心中始终萦绕着一个梦想：有一天要成为像他们那样的人，书写"山野村夫"的酸甜苦辣、所思所想、所作所为，为他们的福祉出谋献策。

　　1988年，这个少年成了一名人类学硕士。他怀揣梦想回到自己家乡。那里有他熟悉的父老乡亲，也有人类学所钟情的"他者"。他立志要在这里建功立业。他为此努力着，奋斗着。在他身边有许多良师益友，在需要时给他力量。这力量伴随着他品尝人间酸甜苦辣，度过那苦乐年华，坚守着他自己的那一个梦想。

进入新世纪，这个少年已是"研究员"，而且有了一系列的荣誉称号，但他清楚地知道，如果把这些光环作为"成功"的标志的话，未免过于浅薄了。他决心要出去"闯荡"。所以，两年后，他离开工作了14年的广西民族研究所，来到了广西民族大学（时称广西民族学院）。到2005年，这个少年已年届四十，步入中年。自古以来，人们把这个年龄段定性为"不惑之年"，但这个中年人却依然有梦。于是，2005年这个普通的年份，又注定地成为对这个中年人来说具有特殊意义的一年。为了延续梦想，他在相隔20年后，再次成为学生，来到他仰慕已久的、曾是中国北派人类学大本营的中央民族大学攻读博士学位。于是，他重又出发了，在新的时空，从零开始。在这里，他如饥似渴地阅读，凝神屏气地捕捉和体会，试图走进费孝通、林耀华、潘光旦、宋蜀华等人类学大师的心灵。在这里，他同样遇到了许许多多的良师益友。徐杰舜教授一如既往对他鼎力提携；周大鸣、王建民、张海洋、蓝林友等老师，不吝点拨赐教，常如醍醐灌顶，拨云见日，使之受益匪浅。

现如今，这个有点笨拙的中年人扎根南疆，依然在人类学民族学的沃土上耕耘。他能走多远？自己也不十分乐观。但他是幸福的，因为他有梦，一直在追；还有情，那诚挚的师生之情、同事之情、朋友之情，是他一生享用不尽的宝贵财富。既如此，夫复何求？！

感谢所有为本书写作和出版给予了支持和帮助的人。内人刘颖华辛勤操持家务，爱子李建韬聪明乖巧，活泼可爱，自觉学习，成绩优良，让我得以无后顾之忧，全身心地工作。这浓浓的亲情是我一生最宝贵的财富，我会永远珍藏心底。廖翠云、廖辅林、申双林等平安寨乡亲在我调查过程中，热情接待，积极配合，那一份份人间真情令人感动，我将没齿不忘。中国社会科学院考古研究所的傅宪国，广西民族研究所的覃圣敏、白耀天、李桐，广西博物馆的郑超雄，广西考古研究所的李珍、覃芳、熊昭明，广西壮学会副秘书长黄继先等，为本书的调查、写作出谋献策，科学出版社的宋小军、杨明远，为本书的编辑出版费神劳力，呕心沥血，这至纯至洁、至高至尚的情谊，我要铭记终生。

是以为记。

李富强

2008年11月28日